谨以本书献给中华人民共和国成立70周年

著名画家董辰生先生特为本书而做

我的父辈在抗战中

（三）

中国人民抗日战争纪念馆 编

中共党史出版社

图书在版编目（CIP）数据

我的父辈在抗战中．三 / 中国人民抗日战争纪念馆编．-- 北京：中共党史出版社，2019.12
ISBN 978-7-5098-5406-8

Ⅰ．①我… Ⅱ．①中… Ⅲ．①抗日战争—史料—中国
Ⅳ．① K265.06

中国版本图书馆 CIP 数据核字 (2019) 第 241297 号

出版发行：中共党史出版社
责任编辑：韩冬梅
复　　审：姚建萍
终　　审：汪晓军
责任校对：申宁
责任印制：谷智宇
责任监制：贺冬英
社　　址：北京市海淀区芙蓉里南街 6 号院 1 号楼
邮　　编：100080
网　　址：www.dscbs.com
经　　销：新华书店
印　　刷：北京汇林印务有限公司
开　　本：170mm × 240mm　1/16
字　　数：260 千字
印　　张：18.5
印　　数：1—5070 册
版　　次：2019 年 12 月第 1 版
印　　次：2019 年 12 月第 1 次印刷

ISBN 978-7-5098-5406-8
定　　价：43.00 元

此书如有印制质量问题，请与中共党史出版社出版业务部联系
电话：010-82517197

序

金秋十月，瓜果飘香。在庆祝中华人民共和国成立 70 周年之际，《我的父辈在抗战中》（三）经过两年多的紧张编校，终于与读者见面了。这是继 2015 年、2017 年《我的父辈在抗战中》（一）和《我的父辈在抗战中》（二）相继出版后，由王太和同志策划、协调，35 位抗战将领后代共同完成的又一硕果。

作为中国人民抗日战争纪念馆馆长，本人长期关注抗战题材图书的出版。有一次，我去北京某图书大厦购书，看到书架上的《我的父辈在抗战中》（一）和（二），经询问工作人员得知，这两本书卖得非常好，几度脱销，又几度紧急进货，出现读者争相传阅的火爆景象。这既体现了读者们对抗战将领和抗战英烈的无比崇敬之情，也从侧面折射出他们对抗日战争历史的极高关注。有鉴于此，王太和同志再度与我馆洽谈，希望赓续《我的父辈在抗战中》（一）和（二）的体例和风格，出版《我的父辈在抗战中》（三）作为续辑，将来条件成熟，继续编写下去，出版（四）（五）（六）……

《我的父辈在抗战中》（三）由 35 位抗战将领后代共同编写，他们中有的已经年高九旬，罹患重病，行动不便，但一听说邀请他们撰写回忆父辈抗战的故事，立即发动全家上下齐上阵。有的负责去图书馆、档案馆搜集资料和档案；有的负责录音、整理、打字；有的负责联系其他亲历者，还有的远赴战斗发生地现场踏勘。一篇篇满含深情、史料丰富的好文章背后凝聚了大量辛勤的汗水，在此向各位抗战将领后代表示深深的谢意。

本书收录了35位抗战将领的感人事迹，其中既有中华人民共和国的开国元勋、八路军总司令朱德元帅，也有血洒中条山的国民党军中将寸性奇；既有拿笔作枪的杰出新闻工作者邓拓，也有与日军肉搏、壮烈殉国的“硬仗将军”王甲本……这些文章虽然体例、风格各异，但无一不是抗战将领后代们的心血凝结而成，可谓情感真挚，感人肺腑！

此次出版的《我的父辈在抗战中》（三）所涉及的抗战将领有35位，加上此前出版的《我的父辈在抗战中》（一）（二）所涉及的74位，人物重复者不累计，总计达102位，可谓初具规模。尽管如此，与波澜壮阔的14年抗日战争中所涌现出来的无数英雄英烈而言，仍只是沧海一粟。今后如果有机会，我们仍将与王太和同志等抗战将领后代合作，不断深入挖掘更多更动人的抗战故事，不断呈现给广大读者朋友。

习近平总书记指出：“伟大的中国人民抗日战争，是中国人民近代以来争取独立自由史册上可歌可泣的一页，是中华民族历史发展进程中饱经沧桑的一章。”深入开展抗日战争史研究，“让历史说话，用史实发言，着力研究和深入阐释中国人民抗日战争的伟大意义、中国人民抗日战争在世界反法西斯战争中的重要地位、中国共产党的中流砥柱作用是中国人民抗日战争胜利的关键等重大问题”，是抗战类纪念馆不可推卸的光荣职责。

李宗远

2019年10月

目录

坚持统一战线大方略 真诚团结共赴国难

——抗战时期朱德与卫立煌的交往

◇刘建

朱德【1886.12 ~ 1976.7】

四川仪陇马鞍场李家湾人。1909 年考入云南陆军讲武堂，同年加入中国同盟会。参加了辛亥革命。1913 年后在滇军任营长，副团长，团长，旅长。曾参加护国、护法战争。1922 年赴德国留学，同年加入中国共产党。1925 年到苏联学习军事，次年回国。1927 年在南昌创办国民革命军第 3 军军官教育团，参加领导八一南昌起义，任起义军第 9 军副军长。1928 年 3 月参与领导湘南起义，任起义部队第 1 师师长，4 月任工农革命军第 4 军军长，5 月任红军第 4 军军长。

1930 年起任红军第 1 军团总指挥，红一方面军总司令，中央革命军事委员会主席，红军总司令。参加了长征。全民族抗日战争时期，任中央军委副主席，八路军总指挥（后改称第 18 集团军，任总司令）。

抗日战争初期，朱德灵活运用我党的统一战线政策，通过耐心的宣传、引导和真诚的帮助、合作，促使当年曾以"剿共"闻名的卫立煌改变了对中国共产党的偏见，走上与八路军友好相处、同心抗日、共赴国难的道路。

在日本帝国主义侵略中国，中华民族最危险的关头，中国共产党大力倡导抗日民族统一战线政策，团结全民族力量共同对敌。

1936年12月1日，毛泽东、朱德等暨全体红军发表《致蒋介石书》，要求蒋介石停止内战，一致抗日。为了尽快实现向抗日战争阶段的转变，朱德要求全军努力做好群众工作和友军工作，努力促成抗日民族统一战线的形成。

◇抗战时期，朱德与毛泽东研究抗日作战方针。

1938年1月12日，晋南重镇临汾，天寒地冻，雪后初晴，一片洁白如银。下午4点左右，八路军总司令朱德与副总司令彭德怀，师长林彪、贺龙、刘伯承和副参谋长左权一行到达临汾，拟同第二战区将领一道前往洛阳参加蒋介石召开的一、二战区军事会议。时任第二战区副司令长官兼前敌总指挥的卫立煌对朱德慕名已久。这次卫立煌与朱德坐在一个车厢，两人有了一次长谈的机会。当卫立煌听到朱德出身贫寒，为寻求真理，早年参加同盟会、追随孙中山的经历的时候，感到和自己年轻时的情况颇为相似，情感上产生了共鸣。在这次长途行车中，朱德以过去几十年来中国人民反对帝国主义、封建主义斗争的实际，以及中国人民抗击日本侵略者而英勇斗争的历史，向卫立煌阐述了自己的信仰和追求，宣传了中国共产党的抗日方针、政策和主张。朱德所讲的抗日救国道理，给卫立煌留下非常深刻的印象。从此，两人之间的友谊便逐渐开始建立起来。

◇ 1937 年 12 月，朱德在山西洪洞县八路军总部会见美国记者露丝等人。前排左起：康克清、露丝、丁玲。后排左一左权，左三朱德，左五彭德怀。

洛阳军事会议后，在研究第二战区开展对敌作战问题时，卫立煌心中仍然没有数。有些国民党军官失去抗战信心，认为华北的仗不好打，一再宣扬退过黄河把守潼关的论调。针对这一情况，朱德及时向卫立煌指出：我们必须坚守华北，不能退过黄河，也不能全指靠韩信岭，要有多方面的考虑和准备。朱德向卫立煌分析我方天时、地利、人和的优势，着重讲“得道多助，失道寡助”的道理。对于朱德的军事才能和长者风范，卫立煌由衷钦佩。他感到朱德讲得很有道理，在思想上有了很大的转变。他表示：“今后我要继续和八路军合作，向八路军学习，和八路军一道坚持华北抗战，决不退过黄河。”朱德也在不同场合赞扬卫立煌积极抗日的态度和英勇作战的精神，使卫立煌倍感亲切和深受鼓舞，增强了坚持华北抗战的决心。

时隔不久，迎来春节，卫立煌带领部下到八路军总部给朱德等人拜年。朱德为其召开隆重的欢迎大会。会上，朱德高度评价了卫立煌及其部下在忻口战役中的功绩。卫立煌听到朱德的赞扬，非常兴奋。八路军西北战地服务团在会上表演了许多反映抗战、反映国共合作的文艺节目，卫立煌看后不禁赞叹，八路军政治工作搞得这样好，这是常打胜仗的重要思想武器。他向朱德表示："我们也要组织这样一个战地服务团，加强政治工作。"朱德非常赞同。

很快西北战地服务团的共产党员赵荣声被派到第二战区长官司令部，任卫立煌的秘书。在卫立煌的支持下，第二战区长官司令部成立了一个战地工作团，吸收进步青年50余人。朱德每次到卫立煌部，都要抽时间听取我地下党员关于战地工作团的汇报，并在政策、方法、策略等方面给予指导。其后，为策应徐州会战，加强对平汉铁路和津浦铁路日军的袭扰、卫立煌从他所属的部队中抽调六个团交给朱德指挥，这既是友好和信任的表示，也是有意让所部在实践中向八路军学习。对此，朱德嘱咐刘伯承、贺龙等，要帮助卫立煌部侦察和警戒，以免受到敌人的袭击；要用一切方法帮助友军进步，并以虚心诚恳态度对待友军，切戒骄傲。对此，卫立煌深为感动，更加增强了对八路军的信任。1938年4月，他力排众议，拨发给八路军大批军用物资，并明确表示："第二战区的军队受我指挥，凡是打日本的我都一样看待。18集团军打得好嘛，我们就要充分供给。"

1938年8月，朱德回延安参加中共六届六中全会，途中路过第二战区司令部，受到卫立煌的热情接待。临别，卫立煌赠送朱德一支钢笔和一块手表，以作纪念。

1938年底，卫立煌接任第一战区司令长官，进驻洛阳。他没有忘记朱德同他团结合作、共同抗日的情谊，同意八路军将驻洛阳通讯处改为办事处，公开开展工作。后来，蒋介石为限制八路军，下令关闭除重庆、西安以外的其他八路军办事处，经我们多方工作，卫立煌直接向蒋介石力陈争取，使八路军驻洛阳办事处得以保留并继续开展工作。

在华北战场，朱德率领八路军的英勇抗战，不仅赢得了全国人民的拥护和支持，使蒋介石也不得不佩服朱德的军事才能，在卫立煌建议下，他同意把山西的一部分军队和八路军一起组成第一战区东路军，由朱德统一指挥。1939年4月，朱德举办了东路军政治工作训练队，以提高友军政治和军事工作的能力。朱德这种坚定灵活地贯彻和运用抗日民族统一战线政策，配合友军作战，顾全大局、身先士卒的精神，赢得了友军的信任和尊敬。卫立煌对他身边的人讲：朱玉阶对我很好，真心愿意我们抗战有成绩。

随着抗日民族统一战线的发展，八路军在敌后迅速壮大，中国共产党的影响也迅速扩大。抗日战争进入相持阶段后，以蒋介石为代表的国民党亲英、亲美派集团，表现出很大的妥协倒退倾向。由于日本的诱降和英、美对日本的侵略采取绥靖主义政策，也由于国民党对共产党领导的人民武装力量的发展壮大的畏惧，蒋介石集团的反共倾向明显增长。1939年1月召开的国民党五届五中全会，制定了“溶共”“防共”“限共”的方针。于是国民党增派一些部队和游击武装到华北敌后进行“限共”“溶共”，制造磨擦。这样，就严重恶化了抗战初期那种国共合作、团结抗日的良好气氛。1940年4月初，蒋介石严令卫立煌调兵向八路军进攻，卫一方面不得不亲自从洛阳到晋南召开军事会议，部署向八路军进攻，以虚张声势，做给蒋介石看，实际指示嫡系将领按兵不动，消极应付；另一方面，又私下派人送信给朱德，希望八路军作出适当让步，以免事态扩大。

1940年4月12日，中共中央电告朱德，希望他能和卫立煌会晤，进行和平协商，解决作战区域划分等有关问题。这时蒋介石要卫立煌去重庆汇报情况。行前，卫立煌迫切希望与朱德见面。这样，当卫立煌到晋城后，朱德应邀前往。经过友好协商，八路军从团结抗日的大局出发，对国民党作出主动退让，对日军继续积极进攻，使紧张的形势逐渐缓和。

1940年4月25日，朱德应卫立煌邀请，从八路军129师师部出发前往洛阳。5月5日，抵达河南济源县，这里已是太行山的尽头、黄河岸边。他站在太行山上，面对黄河，即兴赋诗一首：“群峰壁立太行头，天险黄河一望收；两岸烽烟红似火，此行当可慰同仇。”这就是他著名的七绝《出太行》。诗前题道：“一九四〇年五月，经洛阳去重庆谈判，中途返延安。是时抗战紧急，内战又起，国人皆忧。”这首诗充分体现了朱德对“抗战紧急，内战又起”的忧心和此行的大无畏气概。

朱德一行到达洛阳后，卫立煌分别以第一战区司令长官和河南省政府主席名义两次为朱德举行欢迎大会，高度赞扬朱德率领八路军在对日作战中的功绩。朱德发表讲话，通报了八路军对日作战情况和华北抗战形势。他说：“这些都是我们团结合作、共同抗日所取得的。”他指出：“全国人民需要这种团结，国民党的大多数需要这种团结，共产党、八路军坚决要求这种团结。只有日寇、汪精卫、汉奸、投降分子和磨擦专家害怕这种团结。这种团结必须建立在进步的基础上，只有这样才能克服困难，争取抗战的最后胜利。”

朱德开诚布公地同卫立煌商谈了制止磨擦、合作抗日问题，很快达成划分作战区域的协议。朱德还遵照中共中央指示，提出八路军扩编、增饷等要求，卫立煌在自己的职责范围内都极力帮助解决了这些问题。并将3月间被国民党27军在同善镇、15军在垣曲北垛抓捕的三四十名八路军兵站人员以及在晋东南等地抓捕关在西工兵营中的八路军人员统统放回。

朱德的鲜明立场和真诚的态度，赢得了卫立煌的真心钦佩，两人结下了深厚的友谊。正如康克清回忆说：“朱老总说过，卫立煌这个人可靠。他和卫立煌的关系不同一般，无话不谈。”从这种友谊中可以看到，中国共产党的领导人贯以国家民族利益为重，以人民利益为重，真诚团结卫立煌进行工作的真实情况。这些工作对卫立煌与八路军团结抗日起了重要作用，也对卫立煌后来的思想转变产生了好的影响，历史对此已作出了结论。

（本文作者：朱德的外孙，全国政协委员，解放军装备学院原副院长、少将）

耿飚参加红军东征抗日和『红大』学习

◇耿莹

耿飚【1909.8 ~ 2000.6】

湖南醴陵人，原名耿俊勇、耿润德，1925 年 5 月加入中国共产主义青年团，1928 年 8 月转为中国共产党党员，1925 年 5 月参加革命工作。

1930 年 7 月起任中国工农红军第 3 军 9 师参谋、干部教导队队长，红一方面军 1 师 3 团参谋长、2 师 4 团团长、9 师参谋长、1 师参谋长。参加了长征。到达陕北后，入抗日红军大学第一期学习。1936 年冬起任红四方面军第 4 军参谋长。抗日战争爆发后，任八路军第 129 师 385 旅参谋长。后任 385 旅副旅长兼参谋长、政治委员。曾兼任陕甘宁边区陇东分区警备司令部副司令员。1941 年 7 月入延安中共中央党校学习。1944 年起任晋察冀军区副参谋长。抗日战争胜利后，任晋察冀野战军参谋长，北平军事调处执行部中共方面通讯处处长。

病榻之上，耄耋老人回忆半个多世纪以前的征战生涯和学习经历，充满幸福、愉悦，细节、人物、情景历历在目，令人动容，备受教育。

我的父亲耿飚在遵义会议后，任红 1 军团第 1 师参谋长，他率部参加了四渡赤水、再克遵义、南渡乌江，从云南境内巧渡金沙江等许多重要战役战斗。红军长征抵达陕北后，他又率部参加了东征战役。对于这段经历，是我在父亲住进 301 医院时聊起的。当时本不该让一个年迈近百岁的老人，在住院期间回忆这段往事，但看到父亲已陷入了回忆，而且他的整个精神是愉悦的，我就舍不得打断他的回忆，而这时我的心情是一言难尽……

掩护部队渡河东征

1935 年 12 月 17 日，中共中央在陕西安定县（今子长县）瓦窑堡召开了政治局会议（又称瓦窑堡会议）。瓦窑堡会议决定东征后，部队开始做思想技术上的准备。首先恢复了红 1 军团 3 个师的建制，并把红一方面军命名为中国人民红军抗日先锋军，彭德怀为司令员，毛泽东为政治委员。红 1 军团的第 1、第 2、第 4 师为右路军，由彭德怀指挥；红 15、红 28 军团为左路军，由徐海东、刘志丹指挥，待命渡过黄河。

因为打通抗日路线，意味着穿越山西，而要到山西就得首先渡过黄河，当时有人担心过河后回不来。毛泽东认为，只要把渡口掌握在红军手里就没有回不来的道理。

父亲告诉我，他那时是受伤住进卫生院，当整编东征的消息传来后，他立刻找了院长戴济民（人称戴胡子）要求出院。戴济民给他检查了伤口，坚决不同意，强调危险期未过，还拿出书来给我父亲上解剖课。但戴济民熟知我父亲的脾气，最终没能拗过他。戴院长还给我父亲炖了一大盆羊肉，还有馒头，让他好好吃饱，吃饱了好赶路。父亲讲的时候像个调皮的孩子，昂头笑个不停。

恢复后的红一师，由陈赓任师长，杨成武任政委，杨得志任副师长，谭政任政治部主任，我父亲耿飚任参谋长。师下辖1团、13团，全师约3000多人。

我父亲与杨成武、杨得志、谭政是老搭档。陈赓更是老熟人，他们一见面，陈赓师长就调侃我父亲把腿上的“绑腿”错打在脖子上，不会影响找对象吧？

渡河准备工作在紧张地进行着。但由于天气突然变暖，黄河冰面开始解冻，原先踏冰过河的方案行不通了，决定改为船渡。但渡河工具又奇缺，他们就在当地老乡的帮助和指导下，学习制造“羊皮筏”。大家动手，每个筏子是由六张吹满空气的羊皮扎成，而每个筏子可以乘上一个班的战士。由于羊皮筏不怕磕碰，划起来也容易，因此很容易掌握，就不用请老乡帮忙了。经过周密侦察和策划，第一师把渡口定在沟口附近，于1936年2月20日晚8点，向对岸进发！

我父亲坐的是第一批羊皮筏子过河的。开始是偷渡，他们划羊皮筏子与黄河浪头作斗争，皮筏旋转而不前进……他们登陆不久，敌人发现了他们的意图，信号弹照亮了河面。这时他们从偷渡已改成强渡，奋进的每个战斗中的羊皮筏子好像得知指令迅速前进。最终渡河成功！他们登岸不久，就占领了三交镇，发出了“东进抗日通令”。当时的山西被“土皇帝”阎锡山把持着，他本与蒋介石有矛盾，各怀鬼胎，但由于红军已进山西，他不甘心，便急调他的外号“满天飞”的王牌军独2旅，前来堵截红军。他做梦也没有想到的是，这个王牌军被我父亲他们先击溃旅部和一支先头部队，然后冒着大雪，又将另一个团包围在关上村，连夜展开决战。

“满天飞”的确不好打，因阎锡山有自己的兵工厂，他们供应充足，一点也不吝惜弹药。天气也来加劲，正赶上"倒春寒"，白毛风一刮，冷得异常。父亲他们正面攻击未得手，便改为侧翼包抄。把"满天飞"打成"遍地滚"。关上村是在一条大川里，残余敌军企图突围，被我军居高临下地打了回去。由于很多兵油子扔下枪跑了或藏了，但第二天这些"漏网鱼"，还是被父亲他们打扫战场时给驱赶出来。敌旅长只身逃回太原，被阎锡山撤职查办。就此一战，阎锡山的王牌军"满天飞"就此寿终正寝。

这一次胜利，使中国人民红军抗日先锋军士气大增，全军继续向同蒲路进发。在兑九峪与敌人再次交火，又歼敌两个团。但由于战前的情报不准确，敌人越打越多，原来敌人不是通报的五个团，而是三个师加一个炮兵旅，共 14 个团之众。当时，毛泽东当机立断下令撤出战斗。各位指挥员和战士都很高兴，因为他们一天吃敌人的两个团，够本了。

两战皆捷，父亲他们又散布出去佯称打太原，阎锡山只得厚着脸皮向老蒋求援。因我左路军离太原几十公里。阎锡山急调各部向北集中，这时晋南成了空虚之地。右路军调兵南下，兵发汾河流域，一举攻占了介休。

占领介休后，部队得到了很好的休整、补充。从介休沿同蒲路南下，一直打到侯马。阎锡山躲在太原市不敢出来了。蒋介石早有染指山西之心，接到阎锡山的求救，调动了 20 万大军。毛泽东立刻命抗日先锋军撤回河西。当时，我父亲是负责回师部队的殿后，在吉县，关麟征率敌 25 师仓促地追上来，离开他的大部队，当了"出头鸟"。我父亲奉命收拾这个"出头鸟"。放了两个营在正面埋伏，两个营兜屁股进攻，先把他打乱，再将正面埋伏的两个营奇兵突起，把敌 25 师一个团一口吃掉。那一仗，我父亲亲自率领战士们拼刺刀，歼敌 800 多人，残余落荒而逃。后来，我父亲他们从被俘的军官口中才知道，敌人是抢占黄河渡口，想把我们抗日先锋军堵在河东。果然，父亲掩护大部队安全渡过黄河后，敌人的 20 万大军才到河东，打炮也没有用了。

父亲愉快地回忆：东征的 75 天，歼敌万余人，扩红四千，筹集到大量军需物资，带回延安使用了几年。更加欣慰的是：抗日先锋军在山西大片地区播下了革命的种子，抗日力量开始发展壮大。

进入“红大”学马列

父亲讲：打日本，要研究他的路数，这叫“知己知彼”，尤其是各指战员。为迎接即将到来的抗日高潮，党中央开办了中国人民抗日红军大学（简称“红大”），以便培养干部走向抗日前线。

1936年6月1日，“红大”开学典礼在瓦窑堡米粮山一座庙宇前举行。1937年1月19日，抗日红军大学改名为中国抗日军事政法大学（简称“抗大”）。

第一师被调到红军大学学习的有耿飚、杨成武和谭政。之后不久，杨得志调到第二师任师长，陈赓率第一师参加了东征。我父亲深感学习深造的机会难得，下定决心好好学习。

“红大”设在依山城镇瓦窑堡。当时中央是调林彪来任校长，由毛泽东兼任政委，由罗瑞卿任教育长。当时“红大”第一期分三个科。父亲他们这些师以上的干部为第一科。科长是我父亲的老上级陈光、政委是罗荣桓。瓦窑堡是中央驻地，毛泽东等中央领导都住在这里。到了6月21日，敌人突然袭击瓦窑堡，中央机关移驻保安县（今志丹县），“红大”也随中央迁往保安。

在去保安的路上，这群年轻的学员一路高歌，我父亲用三角架给大家照相，算是见证“红大”学员革命斗志昂扬的革命乐观主义精神。背对相机打拍子是彭加伦，大家都叫他“加伦将军”。

到了保安县，从地貌上发现保安县曾经辉煌千年。北面是长城，城内不时可见残留城郭的痕迹。学员们选择了城外那些蜂窝似的山洞为校址。这些窑洞不知荒废了多少年，大家边看边唠叨，哇！这“宝贝”不少哇！有厚厚的羊粪，成窝的腐草，野狼吃过的兽骨，还有多年守护山洞的“蝙蝠军团”。来吧，有意思，这群师以上的“首长”们，撸起袖子完成“清洁工的干活”。笑声一片，真是团结就是力量！没多久，他们清理好卫生，自制了石黑板、石粉笔、石桌、石凳、石床、石枕，连油灯都是石头的。

后来毛泽东来看红军的这所“最高学府”，风趣地说：古人云，“洞中方七日，世上已千年”。你们可都成了神仙了，好好“修炼”吧。天下无事，你们在这里参“禅”悟“道”，天下大乱，你们就出洞下山，救苦救难。我们参的是马列主义之“禅”，悟的是中国革命之“道”。一语道破大家的主课，一生都要参的“禅”与悟“道”。对这个“最高学府”，关注的人很多。在三大主力会师后，刘伯承也经常来看他们。除了一科外，还有二、三科，培养初级指挥员。老师们都全力以赴，有毛泽东、洛甫（张闻天）、林彪、李德、凯丰、吴亮平、博古（秦邦宪）、杨尚昆、李维汉、周恩来经常以形势报告形式，负责给他们上时事政策课。

当然蒋介石也很关注，不断派飞机来撒传单，嘿！正是时候，父亲他们缺什么，这老蒋“运输大队长”就送什么。没有纸，他从天上送传单，就成了学员们的“文房四宝”之一——纸。而且纸上还有信息。有一天大家正在讨论课文，见罗瑞卿神秘地背着手进来，满脸神秘的微笑，大家很好奇。原来老蒋把所有人的“悬赏身价”都提高了。撒的传单内容，除了反共外，还有每个人的“悬赏身价”值多少现大洋。这下可热闹起来了。有人说叫罗瑞卿给老蒋打个电话商量一下，能不能预支一份，先买纸。罗瑞卿说：对！脑袋我先保管着，就怕龟儿子付不起。后来张爱萍、宋裕和等还编排成了小戏。罗瑞卿扮演蒋介石，给蒋介打电话要“赏钱”。在“红大”那段时间，那种“团结、紧张、严肃、活泼”的生活，一直到现在都令老人思恋不已。父亲的回忆激活了每个他思念的战友，激活了他那时 20 多岁的青春之心。父亲能够到“红大”学习的机会不易，他虽然是工人出身，但文化底子很差，要“啃”那些高深的战役学、经济学、国际问题，真是很吃力，只有加倍努力。后来他得到一本《伏龙芝学院战术讲义》，他用了十几天时间，全部用蜡纸缮刻，油印发给大家。至今他自己的那本还保存着，珍贵至极。

我父亲在“红大”学习期间，中央红军进行了西征。不久，又传来三大主力红军在会宁会师的消息。红四方面军到陕北后，周恩来副主席通知我父亲，军委决定调他到四（方面）军去任参谋长。周副主席是用商量的口气和我父亲说的，但我父亲也说出他的想法：愿意留在一方面军，对四方面军不熟悉。

后来，毛泽东主席又约见我父亲。那是个冬天的晴日，我父亲陪毛主席沿着保安城墙边的一条小河，边走边谈。毛主席说：“这条河像不像你们醴陵那条绿江？”我父亲说：“夏天像，冬天不像。”毛主席说：“对头。叫你去四方面军，去哩。”我父亲坦白地说了他对周副主席说的原话。主席看了我父亲说：“已经决定了，不愿意也得去啰。”我父亲又问了具体任务是什么，毛主席说：“政治任务，具体地说，就是反张国焘路线。”我父亲想，他是去当参谋长，这是“政治任务”，应该派政委或者政治部主任才合适。毛泽东笑着说：“你这个小同志呦！一条河，你分出夏天和冬天，一个任务，你分出政委和参谋长。人家只要参谋长嘛，事在人为，参谋长也能完成政治任务。”我父亲明白了，便表示服从组织分配，并请示怎样开展工作。毛泽东说：“送你两句话：开始跟着走，然后赶上前去。”主席在讲此话时，右手在胸前做推了再推的手势。这时我父亲坚定的心已明了，并向主席保证：坚决按主席的指示办。

12 月 8 日是父亲他们毕业的日子。这就是毛泽东主席说的：参“禅”修“道”出师了，要出洞了，下山了。这天，罗荣桓把一大叠有关毕业手续的表格办妥后交给我父亲，几位同学还搞了点肉，算是送行。之后，父亲即刻上路，奔赴远在盐池一带的红四方面军军部。

（本文作者：耿飚之女，中国华夏文化遗产基金会创会会长）

王从吾的抗战往事

◇王春江

王从吾【1910.2 ~ 2001.9】

河南内黄人。1927 年夏加入中国共产党，1927 年参加革命工作。

抗日战争爆发后，在濮阳、内黄边地区组织抗日武装，兼任当地抗日武装第 4 支队政治部民运部部长。1938 年起任中共冀鲁豫省直南特委书记，冀鲁豫省委委员，冀南区党委委员、民运部部长兼豫北地委书记，八路军冀鲁豫第 2 支队政治部主任。1941 年至 1945 年在延安中共中央政策研究室工作，任延安中共中央党校一部组教科科长。

抗战初期，王从吾在河南濮阳、内黄、滑县一带恢复建立党的组织，组建抗日武装，开辟敌后抗日根据地，为冀鲁豫根据地的建立和发展奠定了基础。他光荣地当选为中共七大代表，并在七大上被选为中央候补委员。

我爷爷王从吾于1910年3月出生在豫北边陲化村，这里当时属直隶省濮阳县第九区，1949年全国解放后划归河南省内黄县。爷爷在兄弟姐妹中排行老四，原名进先，小名争立，上有一个哥哥，两个姐姐，下有两个弟弟。爷爷从小在本村上学，因为他的父亲王念恩是有名的梅花拳点传师，他一边上学还跟着父亲练习梅花拳。

1927年春，我爷爷经赵纪彬和李大山介绍加入中国共产党，先后担任化村党支部书记、中共濮阳县委书记、中共濮阳中心县委书记，在濮阳、内黄、滑县一带从事农民运动。

一、恢复建立党的组织，领导群众抗击敌寇

1936年3月29日，爷爷在大名县涨汪村被捕入狱。在大名狱中，他受尽酷刑，始终坚贞不屈，被判刑8年。

1937年七七事变以后，全国抗战呼声高涨，爷爷联合狱友绝食要求改善生活、阅读报纸，关注抗战时局。同年10月，国民党军宋哲元部与日军在大名打仗，地方组织担架队人员不够，需从监狱中选用强壮一些的犯人补充担架队。爷爷当时刑伤已经平复，而且年轻力壮，被选为担架队员。当时战斗非常激烈，场面十分混乱，在敌机轰炸城里的时候，爷爷趁机钻进奔跑的人群，逃出了牢狱。

爷爷曾担任过中共直鲁豫特委组织部长，对这一带非常熟悉。他很快

找到党的负责人刘大风，恢复了党的组织关系。

爷爷越狱回到地方以后，宋哲元部已经败退到新乡一带，冀鲁豫边区的三角地带空虚。八路军驻第一战区联络处处长朱瑞随国民党第一战区司令部退居邯郸，指示张玺迅速恢复老直南地区各县党的组织，重新建立直南特委，组建地方武装，开展抗日游击战争。11月，中共直南特委成立，朱则民任特委书记，刘大风任副书记，王从吾任组织部长，刘汉生任宣传部长。直南特委领导河北省南部的大名、濮阳、清丰、南乐、东明和河南省北部的内黄、滑县、汤阴等县党的组织。1938年春，刘晏春将山东省的濮县、范县、观城三县党组织关系转入直南特委。同年6月，朱则民调任冀鲁豫边区省委宣传部长，王从吾接任直南特委书记。

全国抗战爆发以前，直南、豫北地区党组织遭到敌人的极大破坏，党的许多领导人被捕入狱或转调其他地区，基层党组织陷于瘫痪或半瘫痪状态。

中共直南特委重新组建成立后，我爷爷根据中共北方局的指示精神，重点致力于恢复建立各县区党的组织。沙区是爷爷的家乡，这里党的组织一直在农村持续不断地活动。抗战全面爆发以后，平杰三、刘玉峰、张增敬、张怀三率先建立了中共濮内滑中心县委，平杰三任书记。在濮内滑中心县委的领导下，井店、化村、千口、河道、太平、江村、齐村、邵村、柴村、店当、南野庄等村庄的党支部也先后恢复建立起来。到了1938年底，这里已恢复建立139个农村党支部，恢复发展党员2000多人。蒋中岳从安阳出狱回到濮阳，爷爷指派他在濮阳、滑县边恢复党的组织，成立了中共濮滑工委，恢复了在当地长期坚持工作的老党员贺霖良、张海月、张建廷、李广录、王云田等的组织关系，建立了一大批农村党支部；指派安法乾恢复成立了中共清丰县委，成立了梁村、古城、吉村、店上、王庄、杨楼、翟家等村党支部，发展了一批新党员；指派老党员郭献瑞、刘同方、陈仰贤组成中共南乐县临时工委，郭献瑞任书记，并建立了城关、韩张、福坎、西邵、城西5个区委，恢复了40多名失掉党组织关系的老党员的党籍。同时，爷爷还指派刘晏春恢复建立了山东省西部的濮县、范县、观城、寿张、莘县等县党的组织。1938年秋，直南特委还委派了内黄、滑县、汤阴三个县的县长。汤阴县县长刘汉生还武装收编了卫河西的土匪武装，组建了抗日游击队。

1939 年 2 月，中共直南特委在沙区后化村组织召开特委扩大会议，爷爷主持传达了中共中央六届六中全会精神，强调必须坚持党在抗日战争中的领导权，党的主要工作应放在战区和敌后，大力巩固华北，发展华中，扩大抗日根据地。同时将中共直南特委划分为直南、豫北两个地委，爷爷以中共冀南区党委代表身份兼任豫北地委书记。这时候，直南地委已有党员 6000 余名，豫北地委有党员 9000 多人。

在恢复发展党组织的同时，中共直南特委还在广大农村发展组建了农民抗日救国会、妇女抗日救国会、青年抗日救国会、青年抗日先锋队、儿童团等民众抗日救亡群众团体。在各级党组织的领导下，这些民众团体以合法的组织形式，开展轰轰烈烈的抗日救亡活动。

二、组建抗日武装，开辟敌后抗日根据地

1937 年底至 1938 年春，国民党军队在直南、豫北稍有抵抗便节节败退，各地专员、县长借机搜刮民财随军南逃，卫河两岸一时呈现无政府状态。20 世纪二三十年代军阀混战时遗留下来的散兵游勇和地方豪绅，乘机纷纷招兵买马拉杆插旗自立为王，一时间土匪遍地，司令如毛。

中共直南特委成立以后，爷爷和他的战友们即着手建立自己的抗日武装。1937 年 11 月，国民党 181 师石友三部退驻到南乐县元村一带，该师学兵队队长张克威、教官袁也烈是共产党员。爷爷和刘大风他们通过张克威、袁也烈的关系，借用 181 师的名义建立一支由共产党领导的抗日游击队，在党组织的号召下，很快就组建了有 50 多人的一支抗日武装。不久，181 师南下，爷爷他们又与河北民军高树勋部的上校参谋、共产党员唐哲明取得联系，争取了一个“河北民军第 1 路第 4 支队”的番号，并把原来由平杰三组建领导的“抗日救国十人团”团员扩编到 4 支队，部队发展到 200 余人。1938 年 2 月 14 日（春节），4 支队到内黄县的井店活动，为壮大抗日武装力量，直南特委决定把在内黄沙区组建的抗日 8 大队与 4 支队合

并，8大队仅留有25人枪保持原番号继续活动。4支队在内黄沙区招收新兵，扩充部队，仅内黄县的千口村就参加新兵98人。不久，爷爷他们又成功改编了在内黄井店活动的绿林武装刘相友400余人，至此4支队扩大到1000余人。

同年3月，4支队和濮阳专员丁树本的保安团在濮阳小濮州、常庄与日军激战，毙伤日军约200人，缴获战马30匹、马盖步枪54支、手枪2支、轻机枪1挺及军衣、皮靴等一部。

小濮州战斗以后，国民党濮阳专员丁树本阴谋吞并4支队。当时正是与丁树本统战抗日的时候，为了防止被丁树本强行收编，又要维护统一战线，4支队离开沙区，开赴冀南肥乡南宫抗日前线，改编为八路军129师东进纵队第3团，后又改为7旅19团，成为八路军最为英勇善战的主力团之一。

4支队北上编入八路军主力部队以后，党在冀鲁豫边区一时失去自己的抗日武装。1938年7月，爷爷将4支队留下的一个连与濮县、范县的民众义勇军和清丰县的地方武装，合编成立了黄河支队，鲁德明任支队司令员，爷爷以直南特委书记身份兼任政治委员（后来由张炜接任），王鹏程任政治部主任。

1938年11月，刘汉生把在汤阴县当县长时组建起来的一部分武装带到沙区，在井店、千口、化村、太平一带整编，动员青年农民和年轻学生参加，重新组建了一支抗日武装——直南特委游击第2支队，由八路军115师344旅688团的鲍启祥任司令员，刘汉生任政委，爷爷兼任政治部主任。第2支队军事上归八路军115师344旅指挥，组织上归直南特委领导。不久，黄河支队政委张炜被开除党籍，黄河支队编入直南特委游击第2支队。1939年初，国民党滑县爱国青年县长陈曙辉，毅然率领300多人枪开赴沙区，加入直南特委游击第2支队，部队扩大到1300多人。

直南特委游击第2支队在特委领导下，转战濮阳、滑县、内黄、汤阴、清丰、东明、曹县、菏泽等地，开辟了沙区和鲁西南根据地。1939年3月，杨得志、崔田民率领115师344旅一部开赴冀鲁豫边区，在沙区整编为冀鲁豫支队，直南特委游击第 2 支队编为冀鲁豫支队第 3 大队，这时部队已扩大到 2000 多人。1940 年 4 月底，黄克诚率八路军第 2 纵队在沙区内黄县南整编，第 3 大队改编为第 2 纵队新编 2 旅第 6 团。不久，黄克诚奉党中央毛主席的指示，率新 2 旅、344 旅南下支援新四军，开辟豫皖苏抗日根据地，第 6 团随军南下。1941 年皖南事变后，第 6 团改编为新四军 8 旅 24 团。苏北极其惨烈的大胡庄战斗、中心开花的陈集战斗、艰苦卓绝的阜阳反“扫荡”等大战、恶战，都有 24 团拼死战斗的身影，24 团为开辟和保卫苏北根据地作出了不朽的贡献。

独立大队是继 4 支队和第 2 支队之后，由爷爷和他的战友们组建的第 3 支抗日武装。

1939 年初，直南特委以卫河大队（清丰、南乐）、硝河大队（内黄）、10 大队（滑县）和东明县大队为基础，吸收濮、滑、东、长 4 县抗日救国会及地方小股武装，组建成立了独立大队。1940 年，独立大队发展到 12 个连 2700 人，有长、短枪 2000 余支，轻机枪 8 挺，并有少量骑兵。

1940 年 4 月，独立大队在濮阳县紫桂圆改编为八路军第 2 纵队新编第 3 旅第 8 团，成为冀鲁豫军区主力团之一。

爷爷和他的战友们，在组建抗日武装部队的同时，还非常注重建立和发展县区地方武装。至 1939 年底，各县都不同程度地组建起来了自己的抗日武装，为冀鲁豫根据地的建立和发展奠定了基础。

三、当选七大代表，参加延安整风

1939 年 7 月，爷爷当选为中共七大代表，将代表中共冀南区党委出席在延安召开的党的第七次全国代表大会。冀南区的党代表还有于汉光、马国瑞、杨春华、杨俊亭、陈华增、朱德兴、袁泽民、牟海波等人，爷爷和于汉光、马国瑞为冀南区代表团负责人。9 月 8 日，冀南党代表在武装部队护送下，从南宫、威县交界的大宁村出发，途经巨鹿、隆平，在尧山县西横跨平汉铁路，于 1940 年元月到达中共中央北方局驻地武乡王家峪。根据北方局指示，党代表在这里等待太行、太岳、山东党代表，并由北方局

◇ 1946 年冀南区党委领导同志为欢迎王从吾、欢送李菁玉合影。
前排左起：刘志坚、郭森、李菁玉、王从吾、孟夫唐、马国瑞。

负责组织代表学习党的理论。4 月，北方局决定将冀南区党委划分为冀南和冀鲁豫两个区党委，冀鲁豫区党委由王从吾任书记兼冀鲁豫军区政委（未到职），下辖直南、豫北、鲁西南 3 个地委，15 个县委和 2 个工委。经过短期学习修整，山东、冀南、太岳、太行 4 个区的代表 50 多人，跟随聂荣臻率领的讨顽部队，经过正太铁路、跨过同蒲路，从神木渡过黄河天险。代表们历时一年多，行程两千里，通过敌人 3 道大的封锁线，于 1940 年 9 月底胜利到达延安。

代表到达延安，首先要进行代表资格审查。爷爷在 1940 年 12 月 25 日，经七大代表资格审查小组审查，通过了出席会议的代表资格。

爷爷到达延安不久，被借调到中央政策研究室。研究室主任王若飞，工作人员有陶铸、张鼎丞、徐运北、王从吾、雍文涛、何英才、刘俊秀等，爷爷在研究室负责根据地的政权政策研究。他根据冀南在建立抗日民主政权正反两方面的经验教训，并借鉴其他地区的做法，撰写了《华北政权的一般情况》发言提纲，分别从抗战前华北旧政权的概况、华北新政权的取得、新政权的巩固问题 3 个大的方面进行了深入细致的论述。

1941 年底，爷爷和徐运北从政策研究室调回中央党校，任党校一部组教科长，后来还曾担任过党校基层党支部副书记、书记。当时中央党校校长是邓发，教育长是彭真。

1942年2月1日，毛泽东在中央党校作《整顿党的作风》的报告。毛泽东在报告中确定了整顿党的作风的任务、目的和指导思想，向全党宣布整风运动开始。

2月28日，中央政治局作出《关于党校组织及教育方针的新规定》，停止党校原课程学习，全部改为学习党的整风文件。当时规定的学习文件是:《中共中央宣传部关于在延安讨论中央决定及毛泽东同志整顿三风报告的决定》，毛泽东《整顿党的作风》《反对党八股》《(农村调查)序言》《反对自由主义》《在陕甘宁边区参议会上的演说》，中共中央《关于调查研究的决定》《关于延安干部学校的决定》《关于在职教育的决定》《关于增强党性的决定》，陈云《怎样做一个共产党员》,《斯大林论党的布尔什维克化》《〈联共党史〉结束语》《宣传指南》等。

爷爷参加工作以后，常年奔忙于党的工作，无暇系统地学习理论，他来到延安感觉到处是明媚的蓝天，人人是可敬的老师。面对如此丰富众多的学习资料，爷爷欣喜若狂，以无比渴望的心情，如饥似渴地研读马列著作和学习文件，边学习边做了大量的笔记。延安整风提倡理论联系实际，爷爷在学习中，认真结合工作实践，深刻反思自己，并通过开展积极的批评与自我批评，从思想上、理论上提高了对马克思列宁主义、毛泽东思想的认识，从而更加自觉地从组织上和实践中按照党指引的路线前进。

1943年3月11日，中央书记处成立来延安干部处理委员会，徐向前任主任，李井泉任副主任，爷爷为委员会成员，委员会机关驻绥德。委员会根据中央书记处《关于华北华中来延干部的处理意见》，依托中央军事学院，对整批和分散来延干部和学生进行分类组织学习培训，再分配选送到中央党校或西北党校学习。

1945年初，爷爷参加了中央召开的华北座谈会，在听取了彭德怀《关于华北问题》的报告后，他结合工作实际作了发言。在发言中，爷爷重点回顾了在开展武装斗争中的问题和不足，结合李立三路线处处搞暴动、抗战初期在与丁树本的统战中不要政权，放弃武装，一切服从统一战线的错误思想，既肯定了在党的领导下，人民群众英勇斗争的革命热情，又批判了李立三路线和王明路线给党和革命事业造成的损失。

在座谈会期间，爷爷还和晁哲甫、杨得志、徐运北、刘汉生、刘耀先等同志，把抗战以来的活动进行认真梳理，撰写了《冀鲁豫边区抗日根据地发展史略》。

1945 年 4 月 23 日，爷爷参加了在延安杨家岭召开的党的第七次全国代表大会，会上被当选为候补中央委员。

1945 年 8 月 20 日，晋冀鲁豫中央局成立，爷爷被指定为中央局常委会委员，任晋冀鲁豫中央局组织部长。同年 10 月，爷爷和彭真、李富春乘坐美军军调小组的飞机，离开延安，回到太行，又开始了新的征程。

（本文作者：王从吾之侄孙，北京国魂咨询中心主任）

抗战初期刘忠在抗大的战斗生活

◇刘杭

刘忠【1906 ~ 2002.8】

福建上杭人。1929 年参加中国工农红军，并加入中国共产党。抗日战争时期，历任抗日军政大学第 3 大队大队长，第 6 分校校长。1941 年起任晋豫联防军司令员兼八路军 129 师 386 旅副政治委员，太岳军区第二军分区司令员。1945 年任晋冀鲁豫军区 386 旅旅长。

1937 年至 1939 年底，刘忠先后任抗大第 3 大队、第 4 大队队长，带队抓好训练的同时，挖窑洞作示范，开荒大生产，还亲赴国民党部队谈判，化解磨擦，力促共同抗日，留下了珍贵的抗战记忆。

我的爷爷刘忠是福建上杭人，1929 年参加红军并加入中国共产党，经历了中央苏区历次反“围剿”作战和两万五千里长征，后在抗大学习和工作。

防敌机轰炸　挖窑洞作示范

抗日战争全面爆发后，抗大原部队的学员大部分都调到前线部队去作战了，抗大第二期时我爷爷刘忠之调到 6 队，任队长。那时全国各地大批知识青年来延安抗大学习，没有房子住就发动各队学员自己挖窑洞。罗瑞卿副校长亲自组织指挥，他知道我爷爷是泥瓦匠出身，便让我爷爷勘察地形，画出图样。我爷爷接受罗副校长的指示，立即动员，带各区队长和队的管理员到现场勘查，分配地段，计划每个区队挖 8 个，队部挖 6 个，共挖 30 个窑洞的计划。接受指示当天，我爷爷他们就回去就准备工具，第二天，全队人员动工作业，以 10 天的时间完全挖好。我爷爷所在的 6 队首先挖，为给其他队作出示范。罗副校长带各队长来我爷爷的六队现场参观，他指示各队按 6 队计划施工，但要因地制宜。6 队挖完后立即请当地技术工人安门窗、打火炕。我爷爷他们队很快搬住窑洞了，抓紧训练，于 1937 年 11 月毕业。我爷爷毕业后调 3 大队任大队长，其他学员被分配到前线和各地区去发动全国人民参加抗日战争。

抗大第三期是 1937 年 12 月招生，1938 年 4 月结束训练。第四期招收全国知识青年更多，全校扩大到 8 个大队。如 1 大队住瓦窑堡，大队长苏振华、政委胡耀邦；2 大队住柳树店，大队长何长工；3 大队住延安城外新挖的窑洞里，大队长方正平；4 大队住延安城外东关，我爷爷任大队长；5 大队住延安城内府衙门，大队长冯达辉；6 大队住洛川，大队长韦国清；7 大队住绥德，大队长许德超；8 大队是女生大队，与我爷爷大队同住东关，大队长张琴秋（女）。那时各大队均设政治协理员，仅 1 大队设有政治委员。我爷爷他们 4 大队政治协理员是黄志勇。王建安、郭延祥、罗华生先后任 4 大队副大队长。政治主任教员陈志芳、军事主任教员李国华。4 大队有 10 个学员队，分设 2 个支队，1 队队长洪学智兼任第 1 支队长，8 队队长白浪兼任第 2 支队长。3 队、7 队学员是女生。还有一个直属军官队，学员都是国民党军队派来训练的军官，大部分是尉官，也有一部分校官。抗大第四期的军事训练加强了。因抗战进入高潮时期，日本帝国主义占领了武汉、南京、上海。八路军深入敌后，建立抗日根据地，在平型关歼灭日军一个旅团，激起了日军的惧怕和报复。于是，日军派大批飞机多次轰炸延安。延安开始没有防空设施，各个单位和群众都有伤亡，我爷爷他们大队被炸伤亡一些学员。日军飞机经常不断地轰炸延安，影响着训练。我爷爷他们 4 大队 1938 年 7 月开学到 12 月毕业，结束了第四期教育。

迁移到蟠龙，开荒大生产

由于日本帝国主义的飞机不断地向延安轰炸，中央军委决定延安的机关院校做适当分散，避免无谓的伤亡。我爷爷他们 4 大队 1939 年 2 月奉命转移至延安以东 90 华里的蟠龙，训练第五期学生。离开总校直接领导到蟠龙，大队的独立性较大，干部有所变动。调李干辉来任政治协理员，洪学智任副大队长兼第 1 支队长，唐凯为第 2 支队长，王诚汉为第 3 支队长。各支队分散借助群众的窑洞和房屋，自己加以粉刷整理。因蟠龙的地方不大，人户不多，在粮食、蔬菜等供应方面，都发生了困难。大队党委讨论决定，动员动员教职学员自己动手，一面进行教学，一面开荒种地，以克服供应的困难。经过政治动员后，全大队人员的劳动热情很高。蟠龙地区人口少，荒地很多，党委号召每人开荒地1亩，每队种菜地2亩，要求各支队保证完成，力争超过。抗大从第三期起，学员队支部就公开了，这次开荒，支队领导起着很大的作用。如各学习组间、区队间和各队间互相提出挑战与应战，党团员带头搞得热火朝天，干劲十足。革命青年有朝气，谁也不愿意落后。但因没有劳动经验，几乎百分之百的学员，手上都打起了水泡，有的打了好几个。学员说这是我们来学习红军光荣传统的成果，有的学员说：校歌里唱的艰苦奋斗、英勇牺牲是我们的传统，我们应说到做到；还有的学员说我们进抗大，不仅在课堂上学，而且要在实际劳动锻炼中成为一个坚强的抗日战士，这样才能算真正的抗大学员。这确实达到了艰苦奋斗作风教育的目的。我爷爷他们4大队开荒种地取得了丰硕的劳动果实。如各队种的菜，有菠菜、茄子、水萝卜和小白菜等，到4月下旬5月初，有的队就吃上了自己动手种的菜，全大队开荒地近1000亩，种有小米、高粱、玉米，如收成好秋季可收到粮食十几万斤。但未到收割季节我爷爷调离了4大队。由于学校干部变动，我爷爷调到瓦窑堡3大队工作，4大队长由罗华生接任。

坚持统战工作，消除国共磨擦

1939年5月25日，奉中央军委和校首长命令，我爷爷由4大队调到3大队任大队长。原因是3大队住瓦窑堡，在陕西省的子长县，离延安180华里。该县当时还是国民党管辖的区域。国民党的县长田杰生很顽固，企图驱逐我3大队离开瓦窑堡。于是他派了国民党军第86师驻榆林的步兵一个团和骑兵营，由上校团长胡道通率领，于5月中旬开到瓦窑堡，要抢我3大队的住处，有意来与我军闹磨擦。这事不能让步的。毛主席说："人不犯我，我不犯人，人若犯我，我必犯人。"当时情况很紧张，大家积极准备战斗。在这种情况下，中央军委调我爷爷去指挥3大队，抗击国民党的磨擦。罗瑞卿副校长找我爷爷当面指示："要充分做好战斗准备，但我们不先打第一枪，为消除磨擦需要想方设法做好统一战线工作，一切服从于抗日战争。”我爷爷到职时，3大队党委为造声势便于反磨擦，让全大队整顿出城，列队欢迎我爷爷，并召开了欢迎大会。3大队8个学员队，编2个支队，学员912名，都是来自全国各地的知识青年，有一部分是国民党军初级军官。原大队长方正平，政治处主任钟伟已调离，现有政委黄志勇、副大队长郭林祥、训练处长胡汉标、副处长任白戈、政治处副主任邓可运等同志。这些同志都是大队党委委员，我爷爷提议开个党委会，把中央军委指示和罗副校长的精神向党委传达，并共同讨论目前的斗争形式和对策问题。黄志勇主持当晚的党委会，首先听了陈钦、聂凤智两个支队长的汇报。他们说：“自国民党的68师部队开来后，学员因没有打过仗，情绪很紧张，各队都做了防御工事，白天上课，晚上加强岗哨。但至今为止还没有发生过冲突。他们贴出标语要我们退出市区，我们也贴出标语：你们应开上前线打日本！”经过党委讨论的对策是：对国民党军86师部队，加强做统战工作，做到“又团结又斗争，在斗争中求团结”。军事上积极加强战备，但力争不要打起来，我爷爷提议以他个人名义写信给国民党86师上校团长胡道通，看他何意。其信的内容是，现在处于民族危机，我们两党两军不应该有摩擦，国共两党要合作领导抗日战争，精诚团结，共赴国难，并表示愿意同他面商。党委一致同意我爷爷的提议，于5月27日上午，派参谋把信直接送给胡道通。胡道通看信后表示同意与我爷爷会见，并提议28日上午10时，在县政府，县长田杰生一同参加。5月28日上午，我爷爷同黄志勇政委，带两个随员准时到了县政府。胡道通、田杰生在衙门前迎接。面谈过程中，我爷爷说，只有在国共两党合作的基础上，建立全国各党各派各界各军的抗日民族统一战线，领导抗日战争，才能战胜日本帝国主义。抗日军政大学训练的学生来自全国各地，根据我党中央指示，作短期训练后，就到抗日前线去。我爷爷的一番话得到了胡、田二人的赞成。接着，胡、田二人还邀请我爷爷参加欢迎宴会。在酒宴间，田杰生提出第二天下午县政府还要办酒席也表示欢迎。第二天上午发了请帖。大家研究决定留郭副大队长、邓副主任掌握指挥部队，必须提高警惕，以防意外。经过几次来往，我爷爷他们发现胡道通这个人还较开明，表示愿意同八路军团结抗日。6月3日，胡道通主动找我爷爷和黄志勇政委私谈。他说：“已同田县长谈了，以团结抗日为重，应该消除隔阂。”他已报师长建议开回榆林。6月6日，他又报告我爷爷说：“师长命令部队开回榆林，明日开拔。”我爷爷他们表示欢迎。经过这段统战来往，我爷爷他们做了不少工作，瓦窑堡的国共磨擦问题消除了。他们如实地向中央军委和抗大首长作了汇报，同时抓紧学员的军事政治教育工作。

3大队奉命由瓦窑堡转移到敌后抗日根据地晋察冀边区，当时国内形势是投降的危机加深，国共两党磨擦加紧，大资产阶级一部分动摇，这是由于日本诱降及国际压力而来。党中央为保卫陕甘宁边区，坚持华北敌后抗战与华中游击战争及巩固国内团结，克服投降危机，于1939年6月14日，决定抗大和陕北公学组成八路军第5纵队，向华北敌后迁移，到敌后办校，加强抗日干部培养。迁移工作统归罗瑞卿、成仿吾指挥，7月上旬东渡黄河，延安仅留抗大第三分校。校首长为便于战斗行动，各大队改称为团的番号，我爷爷他们3大队改为抗大第3团。转移开始，抗大3团、4团组成前卫纵队归我爷爷和罗华生指挥，于7月9日各在原地出发，以4天行程到达延水关，渡过黄河，进入吕梁地区的永和县。因汾河水涨不易徒涉，情况发生变化，即令返回黄河西岸北上，取道清涧、绥德、米脂、霞县以北地区再次东渡黄河。我爷爷率团渡过黄河后，经临县进到兴县集结休息了几天，准备通过同蒲铁路敌人的封锁线。这时，我爷爷率的抗大3团由原来的前卫团转为最后的掩护队，与“联大”（陕北公学）一起成为第三梯队，于9月23日晚，由120师派两个营，掩护通过同蒲线。罗瑞卿副校长带领晋察冀军区第二军分区部队进到同蒲路东滹沱河上游来接应他们。10月10日，我爷爷他们胜利到达晋察冀边区灵寿县的陈庄地区，这是一个小长征，行程足足两个月。

◇ 1943 年刘忠任 386 旅政委兼太岳第二军分区政委时与妻子伍兰英、女儿刘青漳的合影。

这次抗 3 团由瓦窑堡向晋察冀军区迁移的任务胜利地完成了。在转移行动与战斗中，学员们得到艰苦锻炼，以前存在有些松懈散漫现象均大大克服了，特别是服从命令、遵守纪律方面进步很大。我爷爷率 3 团在灵寿县的陈庄、女庄和牛庄约驻三个月的时间，进行训练，效果很好，特别是战术方面。晋察冀边区是敌后模范抗日根据地，各种建设较为健全，物质资料大为改善，军区对 3 团很关照，被服服装得到补充，生活给养得到改善，使全团的教职学员的体力有所加强。经过近三个月的训练，于 1939 年 12 月 24 日举行毕业典礼，学员被分配到八路军各部队去工作，从此结束第五期。随后抗 3 团又领受新的训练任务，继续战斗。

（本文作者：刘忠之孙，德国拜耳（中国）有限公司不动产管理经理）

吴瑞林率部解放临沂城

◇吴继云

吴瑞林【1915 ~ 1995.4】

原名吴尚德。四川巴中吴家河人。1928 年加入中国共产主义青年团。1932 年参加中国工农红军，同年转入中国共产党。抗日战争时期，任中共鲁东南临时特委书记，八路军山东纵队第 2 支队政治委员，中共泰山地委军事部部长，鲁中军区第一军分区司令员，第二军分区司令员，山东军区警备第 2 旅旅长兼政治委员。

在 1945 年 9 月解放临沂城的战役中，吴瑞林率山东军区第二军分区所部采用坑道爆破战术，打开突破口，率攻击部队经过 10 余小时的激战，逐巷逐屋争夺，歼灭了城内全部守敌，胜利攻克了临汾城。

1945 年 8 月日本政府乞降前夕，长期占据鲁南重镇临沂城的日军向津浦路南段和徐州撤退。临沂城周围一些据点的伪军大部分随日军也向徐州集结，但留下的伪军仍有五六千人固守临沂城。白沙埠战斗胜利结束之后，时任山东军区第二军分区司令员的我父亲率军分区警卫营投入解放临沂城的战役。

三次攻城未果

8 月 15 日，从白沙埠战场调出的二军分区 11 团在团长陈宏、政委董超的率领下，带着攻城的炸药和器材，对临沂城北门发起迅猛攻击。在强大火力掩护下，经过 5 个小时的激战，采用爆破手段，城北门楼的三道古城门已炸开了两道。正当爆破第三道城门时，滨海军区二军分区攻城指挥所赶到现场，令 11 团全部撤出战斗，攻克临沂城的任务由他们来执行。11 团来不及请示，只能遗憾地撤出战斗。我父亲在攻克白沙埠后，向临沂城进发到达 11 团团部时，才得知这一情况。两支兄弟部队在各自执行任务的具体作战行动中出现的这一小插曲，虽是由于战事变化急剧和山东军区新部署来不及下达所致，但终于丢失了一次不应丢的破城战机；否则，如两支兄弟部队协同破城，则结局就很可能是另一个样子了。事隔两日，滨海二军分区改从临沂城南关发动进攻，利用与城墙一样高的美国教会医院三层楼房作为制高点，组织轻重机枪掩护突击部队登梯子强攻。战士们前赴后继，英勇奋战，两次攻上城墙，但因守敌火力严密，两次被击退下来，攻城战斗又一次受挫。

这时山东军区司令员兼政委罗荣桓获悉后，急令山东军区参谋处派人带着军区特务团和教导团来临沂战斗前线指挥。在滨海2军分区指挥所，大家最终确定由山东军区特务团、原教导2旅4团（老红军团，当时归滨海二军分区指挥）和鲁中二军分区11团协同攻城。如何攻城，待看了地形后，召集担任攻城任务的3个团的团、营干部开会进行研究。大家认为，攻城时间以夜间为好，11团夜攻炸开两道古城门，仅伤亡70余人，4团日攻未成反伤亡300余人，这两次战例就证明了夜攻对我有利。爆破时间最好从黄昏以后开始，并提出由11团3营担任爆破任务，特务团和4团3营担任突破任务。会议最后决定，8月20日夜间3时，从东、西两面发起攻击，东面先攻，西面后攻，两面由11团3营先实施连续爆破，特务团、4团3营和11团3营于5时实行突击，其余部队为第二梯队。这次虽实行了连续四次爆破，但由于城墙太厚，炸药包爆炸的威力有限，仅将城墙上的两个炮楼摧毁，城墙外壳被剥下了100余米宽的一层皮，未能炸开城墙。执行突击任务的特务团、4团3营和11团3营两次架梯登城突击，均被城墙上明碉暗堡里的守敌击退到城墙外的护城河内，突击受阻，攻城再次受挫。攻城各部共2000余指战员被敌人火力压在护城河内，一时难于撤出，伤亡很大。

在这种情况下，罗荣桓打电话问我父亲攻城进展情况，我父亲如实作了汇报。他又电话询问了特务团团长程宗美、副团长黄国忠和4团3营营长姚克等同志。听了我父亲他们的汇报后，罗荣桓指示：（1）要坚决围攻敌人，你们谁都不能离开战场半步，要掩护护城河里的2000余名指战员安全撤出；（2）部队士气受挫，要加以整顿，指挥要改变，各部要在鲁中二军分区的指挥下统一思想，加强团结，协同作战；（3）要组织干部仔细察看地形和工事，发动广大指战员献计献策，研究作战方案，正反两方面的各种意见都要向他报告；（4）要我父亲尽快拿出方案向他报告，并问：“要多久才能打下来？”我父亲回答说：“按现在的情况看，最快也要15天。”他说：“好，你要先拿出作战方案，同时要从思想上、战术上和物资上做好攻城的一切准备，越快越好！”

三次战斗实践证明，包括鲁中二军分区的指挥员在内，他们对临沂城和城内守敌的庞大而又严密坚固的工事结构是了解得不深不全的。从我父亲在白沙埠战役正在展开之际，即抽派11团（虽带有足够的黄色炸药）直取临沂城的指挥行动看，显然低估了临沂城的坚固性和城内守敌的防御能力，犯了轻敌的错误。究其主要原因就是只知己而不知彼。后两次战斗失利亦盖源于此。我父亲因为直接指挥或参与了这三次攻城作战，至今回想起来，仍深感有愧于党，有愧于人民，有愧于当年英勇牺牲的干部和战士。当时，他听了罗荣桓的指示，感到自己肩上的担子不轻。指挥员的决策正确与否，关系到广大指战员的生命和战局的成败，一定要接受前几次的教训，把敌情彻底弄清楚，真正做到知己知彼。特别是原在大沙河以北的“皇协军”王洪久部趁我军第三次攻城失利，撤出战斗，重新调整部署之机，有1000余人窜进了临沂城，使城内伪军的兵力增至7000余人，加上临沂伪政权机关的汉奸特务和周围10余县区的伪政权机关的汉奸特务各1000余人，城内的伪军、伪行政人员接近1万，他们虽是孤军，但妄图负隅顽抗，决不可小看。

集思广益采用坑道爆破战术

遵照罗荣桓的指示，我父亲带着攻城的几个团的团营干部绕着城墙察看地形和敌人工事，边看边研究，最后又同临沂城我内线工作人员提供的新情报作了对照研究。原来临沂城的城墙厚12米，高15米，是用三合土筑成的，一般性的外部爆破不可能将其炸开。敌人在城墙上又加修了明碉暗堡，驻守这些墙堡的是经过挑选的1000余人组成的敢死队，防御严密，因而用从外部爆破城墙或架梯上墙的办法很难强攻取胜，甚至是不可能的，而付出的代价却很大。面对鲁南这样一座有名的古城，在没有大炮的情况下如何攻打，大家你一言，我一语，都在为此犯难。有同志还异常气愤地说：“恨不得从地下钻进去消灭掉这帮坏蛋！”第二天，当查看到城西北角时，我父亲向大家提出：“我们可以从地下钻进去打……”没等他说完，大家顿时活跃起来，都问怎么样才能从地下钻进去打呢？我父亲说："我们可以从这里挖条坑道，一直挖到城墙底下，搞内部爆破。这里的城墙上又建有全城最大的炮楼，内部爆破不但可以炸开城墙，还可以将这个炮楼炸他个底朝天！这不就是从地下钻进去打吗？"大家听了这个想法，都觉得有理，要他再具体讲讲怎么保证挖坑道，怎么个打法。我父亲说，以前曾两次见过挖地道，但都没有成功，一是因为地下大量渗水，二是因为敌人援军赶到。现在这里的条件看着不错，土质适合于挖坑道，采取内部爆破手段可能成功。但要先利用这里一个小高地修个地堡，架起两挺重机枪和两挺轻机枪，掩护部队在护城河上架一桥，到对岸再修几个小地堡，也架起机枪，然后在护城河边挖一通道，在炮楼下仔细测量距离，查看土质，再决定从何处挖坑道。大家都同意这些意见，就由11团去执行，并要岱崮英雄连即该团八连做好挖坑道的准备。从阵地回到指挥所，又和各团营干部就坑道长度和宽度、土方的处理、遇到石头怎么办、怎样利用高地观察敌情、敌人出击怎么打等问题一一作了研究，并确定对策。一夜之间，11团即在城外西北角一高地上筑起地堡，架起四挺机枪，护城河上的桥也架成了，河边的地堡和通道也构筑完毕。鲁中二军分区的几位领导干部研究后，由我父亲带鲁中二军分区作战科长马连辉、11团团长陈宏、11团3营营长张栋和教导员展明以及八连连长冯万德等同志到了河边地堡进一步查明了土质，确认适合挖坑道，并就地研究了挖坑道的位置，测算了长度和坑道作业所需时间。我父亲立即将坑道爆破攻坚歼敌的方案报告给罗荣桓，他表示同意，要他们写成书面报告，经批准后实施，并指示所需炸药和子弹由鲁中、滨海两军区调运。根据这一指示，我父亲提出请山东军区和鲁中、滨海两军区拨运1500公斤黑色炸药、2万枚手榴弹、2万发机枪子弹。由马连辉拟就"万万火急"的电报，派骑兵送请罗荣桓批示，罗荣桓批准了这一请求。

这样，在护城河两岸高低地堡火力的掩护下，紧张的坑道作业开始了。按照计算，坑道长300米左右，高2米，宽1.5米。11团3营8连第一天挖进了15米，如照此速度日夜轮班挖，10天内即可挖到城墙底部。加上一天装炸药、堵地洞的时间，整个坑道作业需费时十一二天，9月10日前可展开进攻。一切落实后，又向罗荣桓作了报告请示，获得批准；他还指示部队要好好发挥参与攻城的几个团各自的特长，加以统一部署，务必夺取战役的胜利。在罗荣桓的直接领导下，攻城部队除了使用四个主力团和一个警卫营以外，还调动了临沂城周边三个军区的四五个独立团和县区武装，总共将近 2 万兵力，把临沂城团团围住，以严密火力控制城内守敌不敢轻举妄动，对临沂城西北 20 余公里李家圪子王洪九部也加强防备，从而保证了坑道作业的成功。与此同时，由鲁中二军分区参谋主任王全珍负责，一面组织铁匠打“两挂钉”，组织木工准备木料，以作挖坑道之用的支撑架；一面组织起 5000 余民兵和民夫，从本军分区筹运了 250 公斤黄色炸药、500 公斤黑色炸药、1 万枚手榴弹和 5000 米导火索，从山东军区和鲁中军区筹运了 1000 公斤黑色炸药、2 万发机枪子弹和 1 万米导火索，从民间筹措了 200 条麻袋和 600 个草包，以作爆破攻击之用。经过 10 个日日夜夜的苦战，挖成坑道长 310 米，直达西北角城墙底部，又以一天时间通过坑道运进了 1500 公斤黑色炸药，内加 150 公斤黄色炸药，安上了电力导火索，在炸药堆的外层又填堵上 35 米厚的装满沙土的麻袋和草包，再打下几十根木桩，以加强阻力，防止炸药爆炸后从坑道口爆出。

总攻激烈战斗

一切准备就绪后，经罗荣桓批准，定于 9 月 10 日实施坑道爆破，发起总攻。按照罗荣桓的指示，我父亲以原教导 2 旅 4 团担任第一突击部队，一部置于城西北角，主力置于城南面待机；鲁中二军分区 11 团和警卫营担任第二突击部队，主攻西北角，特务团置于东面待机，其余为预备队。另由王全珍直接组织两个步兵连和两个民兵连负责向突击部队运送弹药（先由民兵连将弹药箱送到城西北角突破口，再由步兵连随突击部队跟进运送），由鲁中二军分区政治部主任孔繁彬负责救护运送伤员。突击部队的团指挥所设于距爆炸洞口 300 米的地堡内；我父亲的指挥所，设于距突破口 350 米处的地堡内，当突击部队向突破口两翼发展以后即要转移到突破口的西城墙上。10 日夜，按预定时间点燃了导火索，连续轰隆之声震天撼地，火光照亮了临沂城的西北角，坑道爆破成功了。西北角的城墙爆开了一个 120 米的大缺口，大炮楼也炸飞了。教导 2 旅 4 团一个营立即由爆破口发起两次突击，遭到突破口两侧城墙上暗堡里的守敌拼命抵抗，进攻受阻。这时，我父亲立即命令第二突击部队的第一、二两个梯队迅速出击。11 团 1 营营长彭玉龙率该营（第一梯队）冲上西北角城墙，站稳脚跟，由突破口向城墙东侧攻击前进；警卫营营长董至相率该营一连（第二梯队）紧跟一营冲上西北角城墙，亦站稳脚跟，由突破口沿城墙西侧向南攻击前进。眼看两翼进攻渐渐得手，我父亲又命令第三梯队即 11 团 3 营巩固突破口阵地；第四梯队即 11 团 2 营和经过休整的教导 2 旅 4 团的一个营为预备队，做好向城内纵深攻击的准备。为了掌握城墙上和城内纵深战斗进展，当一、二梯队向两侧推进到约 300 米以外时，三梯队在突破口西城墙上用麻袋沙包临时给我父亲搭了个小地堡作掩体，我父亲的指挥所就移到这里。当两翼攻击作战推进到离北门楼和西门楼仅有 200 米左右时，我父亲命令三、四梯队和教导 2 旅 4 团一个营，除留下守卫突破口和保护指挥所的一个连的兵力外，其余全部向城内纵深攻击前进。随着东面和南面守敌的兵力减弱，又命令特务团和教导 2 旅 4 团两个营分别从东、南面架梯攻城，配合一、二梯队对城墙上的守敌形成夹击之势，得手后亦向城内纵深攻击前进，从而对城内各据点守敌形成南北夹击之势。同时，严令各围城部队在护城河的岸堤上要严阵以待，严密监视城门楼和城墙各处，严防城墙上和城内守敌突围逃跑。

城墙上的战斗异常激烈，真是惊心动魄。为了鼓气，敌人给 1000 余人的“皇协军”敢死队每人配备了一把匣子枪和一口关公式大刀，妄图凭借暗堡顽抗。我两翼突击部队每前进一步，都要付出一定的代价。为了减轻伤亡，我突击部队按照预先确定的对策，准备了装满土的麻袋和草包，攻击中就用以筑成临时的防御“土墙”。当敌反击时，就以这种“土墙”作掩体，使用爆炸手雷、爆破筒和手榴弹，一打一大片，摧毁一个地堡后，用机枪掩护把“土墙”向前推进，再打下一个地堡。打久了，“土墙”散袋了，没法移动，战士们就凭着敌人的尸体为掩护打击敌人，最后向敌人展开了肉搏战。这时，我父亲和团指挥所的同志在城墙旧掩体里商定，要立即将特别预备队投入战斗。这个预备队由 30 个大汉组成，每人配备一把匣子枪，100 发子弹，持一杆七尺带钩的长矛，专门对付敌四五尺长的关公式大刀。这样一个地堡一个地堡的攻坚战和长矛对大刀的肉搏战，进行了 10 余个小时，消耗了 2 万余发机枪子弹和 1 万余枚手榴弹，终于歼灭了“皇协军”主力敢死队，包围了北门城楼和西门城楼，迫使两个城楼的守敌见大势已去，遂打死其小头目和一些特务，举起白旗，向我突击部队投降。我一、二梯队各留一个班控制这两个城门楼，其余亦分路向城内敌各据点展开攻击。当 11 团 3 营攻占城内天主教堂以后，我父亲又将指挥所移至该教堂的钟楼，以便指挥巷战。

转移时，他用电话向罗荣桓报告了战斗进展情况。罗荣桓高兴地说：“祝贺全体攻城指战员同志们取得的胜利，祝他们继续奋勇前进，彻底消灭一切顽抗的敌人！同时，所有攻城部队都不得伤害城内人民，不允许对城内商店和资本家有任何侵犯行为，违者要按纪律论处！”我父亲立时向各战斗部队传达，各部严格地执行这一命令。向城内纵深推进的五路攻击部队经过 10 余小时激战，逐巷逐屋争夺，歼灭了城内全部守敌，于 9 月 11 日胜利攻克临沂城。

◇ 1945 年 9 月，刚刚解放临沂时吴瑞林（前排左一）与战友们合影。

战后，部队举行了入城仪式，鸣礼炮10响，召开了祝捷和誓师大会。两个军分区的首长、地方行政主任和县长、战斗英雄、劳动模范、支前模范、各界人民群众参加了大会。在大会上，我们对英雄模范人物进行了表彰，工、农、青、妇等群众组织代表讲了话，公审枪决了从数千俘虏中清查出的10名罪大恶极的特务、汉奸以平民愤，并作了消灭“皇协军”王洪久余部的战斗动员。对部队从8月15日开始的历次攻城作战中伤亡的近3000名干部和战士，妥善地进行善后工作，所有伤员均送往后方医院治疗，阵亡烈士由攻城部队的政治部门负责安葬，立了烈士墓碑，并通知家属，对家属进行了慰问，发了抚恤金。对因爆破攻击而难免遭受损失的群众，父亲他们从缴获的物资中抽拨出一部分，都一一给予补偿；借用了群众的麻袋、草包、木料、箱子、绳子等物件的，也都一律予以相应的偿还；对被抓受害的群众（包括大批青年妇女），有病的帮助治病，有伤的帮助疗伤。凡俘获的“皇协军”和带枪的汉奸由军分区负责处理，特务、叛徒和伪秘密组织人员由我公安部门负责处理，伪专员、县长、区长和维持会长交山东省政府和行署处理。对伪军俘虏，一律实行优待政策，愿意回家的，都发给路费遣还。对击毙的伪军，则挖坑予以深埋。各部缴获的枪支和弹药，一律清点上报；敌伪库存物资，统交山东军区后勤部接管。

◇ 1945年冬天，吴瑞林（左）刚到辽南，与长子吴继云和其二舅（时任辽东军区情报处科长）合影。

临沂城的解放，我军虽付出了较大代价，但取得了丰富的经验。正如罗荣桓当时总结的，我军在战略进攻中，要实行夺取中小城市、孤立大城市的战略，这才是正确的方针。临沂城解放不久，山东分局、山东省政府和山东军区即移驻此城。后来华中局和新四军也移驻到这里。一时，临沂城成了我党我军在山东乃至华中作战的指挥中心。

鲁中二军分区部队乘解放临沂城的浩然声威，又奉命投入了消灭王洪久余部的战斗，取得了最后的胜利。1945 年 9 月，遵循中共中央的指示和山东分局、山东军区的决定，为执行党中央“向北发展，向南防御 ”的战略方针，我父亲即跟随山东军区政治部主任萧华由胶东渡海向东北进发了。

（本文作者：吴瑞林之子，原航天部退休干部）

莫文骅参加中共七大盛会

◇莫按临

莫文骅【1910.1 ~ 2000.5】

曾用名莫万。广西南宁亭子村人。1926 年加入中国共产主义青年团。1929 年参加百色起义。1930 年转入中国共产党。抗日战争时期，任抗日军政大学政治部主任，八路军留守兵团政治部主任。1942 年任南下支队副政治委员。

1945 年 4 月 23 日至 6 月 11 日，中国共产党第七次全国代表大会在延安胜利召开。莫文骅作为七大代表参加了这一历史盛会，他对大会盛况的回忆依然让人心潮澎湃、难以忘怀……

在延安整风运动取得圆满成功的基础上，1945 年 4 月 23 日至 6 月 11 日，中国共产党第七次全国代表大会在延安胜利召开。

我父亲莫文骅是在留守兵团任政治部主任时（1942 年）被选为七大代表的。会前中共中央组成了以彭真为主任的代表资格审查委员会，对代表资格进行审查。他当时是一个小组的组长，负责本小组的代表资格审查工作。小组成员有陈赓、聂鹤亭、宋时轮，还有几个从白区来的同志。审查工作是非常严格的，都写了自传，讨论通过。

1945 年 4 月 23 日下午 5 时，期盼已久的中国共产党第七次全国代表大会在延安杨家岭中央大礼堂隆重开幕了。我父亲第一次参加党的全国代表大会，他置身于这庄严的会场里，心潮激荡，百感交集。

七大会场布置得庄严朴素。主席台上悬挂着毛泽东、朱德的巨幅画像，鲜红的党旗挂在两边。会场后面的墙上是“同心同德”四个醒目的大字。两侧墙上的标语是“坚持真理”，“修正错误”。特别引人注目的是主席台上方悬挂着一横幅：“在毛泽东的旗帜下胜利前进！”这些标语口号集中体现了延安整风运动的精神。主席台上只有几张条桌和十来把木椅。代表们坐的是长条靠背椅。

出席七大的代表共有 755 名，其中正式代表 547 名，候补代表 208 名，代表着全国 121 万余名共产党员。分为中直、西北、晋绥晋察冀、晋冀鲁豫、山东、华中和大后方等 8 个代表团。大后方代表团是指蒋管区和沦陷区的。西北代表团的团长是高岗，副团长是贺龙。

◇ 1937 年，莫文骅（右）、张爱萍（中）、刘亚楼（左）在延安合影。

由于战争和其他原因，这次大会距 1928 年召开的党的六大已有 17 年。这次会议负有总结以往革命经验教训、迎接抗日战争胜利的使命。会上，毛泽东代表中央委员会作了题为《论联合政府》的政治报告。这个报告是毛泽东亲自起草的。共有三个版本，一个是毛泽东在大会上讲的，一个是代表手中发的，再一个是公开发表的。报告里有些内容对我们现在的改革仍有一定的指导意义。如："我们共产党人根据自己对于马克思主义的社会发展规律的认识，明确地知道，在中国的条件下，在新民主主义的国家制度下，除了国家自己的经济，劳动人民的个体经济和合作经济之外，一定要让私人资本主义经济在不能操纵国民生计的范围内获得发展的便利，才能有益于社会的向前发展。"从这可以看出，毛泽东的高瞻远瞩、深识远虑。

4 月 25 日，朱德向大会作了《论解放区战场》的军事报告。在 5 月 14 日、15 日两天时间里，刘少奇同作了修改党章的工作报告。在报告中，第一次将毛泽东思想写进了中国共产党的党章。周恩来作了《论统一战线》的重要讲话。任弼时、陈云、李富春、陆定一、张鼎丞、乌兰夫、叶剑英、彭德怀、陈毅、高岗、聂荣臻、林彪以及各代表团团长等作了大会发言，日本反战同盟代表冈野进，朝鲜独立同盟代表朴一禹也在会上发了言。

会议期间，始终洋溢着民主、团结、融洽的气氛。由于在大会之前，通过整风学习，大家把有关宗派主义、山头主义等造成的危害，以及个人的意见、建议都讲出来了。中央对这些问题也进行了处理，并作出了正确的结论，所以七大的会议上，就不再提这些问题了。大家心情舒畅，情绪振奋，发言热烈。在讨论毛泽东《论联合政府》的政治报告、刘少奇关于修改党章的报告、朱总司令的军事报告时，代表们都是一致通过。在代表们的一致要求下，会期也一再延长。

七大前，日军的飞机多次飞临延安上空轰炸，军民伤亡较大。为了保障七大会议的顺利召开，党中央特地调集了防空部队，加强了安全保卫工作。七大期间，延安是比较平静的，没有遇到敌人的骚扰和破坏。

◇ 1938 年，延安留守兵团司令员萧劲光（右）、政治部主任莫文骅（中）、385 旅参谋长耿飚。

七大期间的业余生活轻松愉快。代表们在抗日前线，难得有片刻的闲暇。他们到了延安，就好像到了家一样。这些过去生死相依的战友，由于战争环境，天各一方，音讯渺茫。延安相见，兴奋异常，叙不完的亲情，话不完的友谊。会议间隙，举行体育活动和文艺晚会，每星期六晚上还举办舞会。延安的鲁迅艺术学院和留守兵团部队艺术学校等文艺剧团给代表们演出了节目。在大会前，还演了《甲申三百年祭》《李秀成之死》等话剧。

然而，世界反法西斯战争的形势发展很快。5月2日，苏联红军攻克柏林，法西斯希特勒服毒自绝。5月8日，德军无条件投降，协议在柏林郊区签字。5月9日，斯大林在莫斯科向苏联人民发表讲话，宣布法西斯战争的胜利。消息传来，整个延安沸腾了，代表们也同苏联人民一起分享胜利的喜悦。大家受到了鼓舞，也充满了抗日战争胜利的信心。除了开庆祝会，还放映了《列宁在十月》《列宁在1918》等苏联电影。这些影片有的是译制好的，有些没有译制的就由苏联回来的同志当场口头翻译。

大会后期，在高度民主和高度集中相结合的基础上，经代表们充分酝酿和讨论，选举产生了一个包括各地方、各岗位、各种经历的优秀人物在内的、有威信的、空前团结的新的中央委员会。其中，包括王明等几位犯了错误的同志。开始，大家有些想不通，特别给王明提出了很多意见。毛泽东在作关于选举的报告时解释说，从党的历史经验来看，对于过去犯错误的同志不应一掌推开，只要他们承认错误，并决心改正错误就行了。毛泽东还在另一次会议上这样说，这些人的错误，是在一定的历史条件下犯的，经过整风，已经把问题弄清楚了，就不应太着重于个人的责任。治病救人，与有不同意见的人合作共事，是毛泽东的一贯思想。经毛主席一再说服工作，王明、博古等才以稍过半数的票当选。

6月11日，历时50天的第七次全国代表大会终于完成了历史赋予它的使命，胜利闭幕了。那天的执行主席是彭德怀。在闭幕式上，朱德、吴玉章、徐特立等老同志发表了热情洋溢的讲话。接着由毛泽东致闭幕词，即今天我们所见到的《愚公移山》。正如毛泽东所说的，这是一个团结的大会，胜利的大会，它确立了党的新民主主义时期的总路线；第一次将毛泽东思想作为我们党的指导思想写进了新党章；选举了新的中央领导机构，全党在毛主席的旗帜下达到了空前的团结统一。

（本文作者：莫文骅之子，原海南鑫泰丰投资公司董事长）

王明贵抗战中三负重伤

◇王晓兵

王明贵【1910 ~ 2005.6】

吉林磐石人。1934 年参加东北人民革命军汤原游击队。1936 年加入中国共产党。抗日战争时期，任东北抗日联军第 6 军 3 师代师长。1942 年赴苏联，任苏远东方面军第 88 独立步兵旅营长。

时光荏苒，往事如烟。每当回忆战争年代的往事，王明贵总会抚摸着身上伤疤，深情地怀念那些牺牲的战友和并肩战斗的同志。战火早已熄灭，硝烟早已散去。战争的疮疤留在了他的身上，可故事却永远铭记在后人的心里。

我的父亲王明贵几十年戎马生涯，在枪林弹雨中冲杀出来，多次负伤。父亲曾向我讲述过他在东北抗战期间三负重伤的经历，令我久久不能忘怀。

第一次负伤：黑金河阻击战

那是 1935 年 4 月，我父亲是汤原游击总队“五、七”队的战士，当时黑龙江大地刚刚解冻，汤原游击总队联合“中侠”队、“青山”队等几支义勇军部队，伺机进攻日军占领的汤原县城。汤原游击总队和“中侠”队在汤原镇东部的黑金河集结，“青山”队在汤原镇西边集结。这个消息不知怎么传出去了，日军二三百人乘汽车从佳木斯出发，直奔黑金河进行“讨伐”。发现敌情后，中队长冯治纲率领“五、七”队占据了黑金河东北山上的炮台，进行阻击。同时命令其他部队立即转移。父亲和战士们占据有利地形顽强抵抗。在激烈的战斗中，日军发射的一枚炮弹突然在炮台上爆炸。父亲头部负伤，昏倒在地，随即被埋在土堆里。战友们从土堆里把父亲扒了出来，发现他头部被炸伤，鲜血不停地往外流，但是还有一口气。于是立即用担架抬他迅速撤离了战场，走了两里多路之后父亲才慢慢地苏醒过来。

父亲被送到汤原县格金河上游的周把头木营养伤。那是汤原游击总队的后方，设有后方医院，院长是裴成春（裴大姐），还有几位女战士担任护士。女战士李再德当年才 17 岁，是一个朝鲜族小姑娘。在裴大姐的指导下，李在德先用纱布蘸了盐水，为父亲清洗伤口，洗去泥土，擦干血迹，然后再用镊子小心翼翼地把父亲脸上和头部的炮弹碎渣，一片片、一粒粒地从伤口的血肉中取出来。最后用棉花蘸白酒对伤口进行消毒，再用纱布包扎起来。那时没有麻药，也没有酒精和消毒药品。只有盐水、白酒和棉花、纱布，那就很不错了！父亲说，他忍着疼痛，任凭女护士用镊子在伤口处捅来捅去。裴大姐说：一定要把炮弹片取净，否则伤口容易感染，化脓了，就不好办了。

汤原游击总队后方医院，是一座木刻楞的房子，原先是伐木工人的工棚。在裴大姐和李在德等同志的精心照料下，一个多月后，父亲的伤口愈合，他立即返回部队参加新的战斗。由于当时医疗条件差，60 年后才发现，仍有几块弹片残留在他的头部没有取出来，成为那场战争留给父亲终生的纪念。

◇王明贵（中）和抗联老战士李在德（左）、李敏（右）合影

2004 年，当年为父亲取头部炮弹皮的原抗联六军后方医院女战士李在德（今年 100 岁）和抗联老战士李敏（今年 94 岁）去医院看望我父亲。父亲身披当年抗联第 6 军被服厂制作的军服、头戴北满“抗联军帽”与两位老战友合影，他们的笑容是那样甜美！

第二次负伤：激战西宝山

1936年春，我父亲任东北抗联第6军青年连连长。当年夏，上级派他到东北抗日联军政治军事学校学习。这所学校，由北满抗联总司令赵尚志任校长，李兆麟、冯仲云分别任教育长。通过四个月学习，他不仅初步掌握了基本的军事理论、军事指挥常识和马克思主义的政治理论，特别是中国工农红军的游击战术和党提出的抗日民族统一战线思想，使父亲的政治觉悟和军事素质得到很大的地提高。父亲还光荣地加入了中国共产党，父亲曾说：抗联政治军事学校的学习，使他实现了从一个战士到一个军事指挥员的转变。1936年11月毕业后，他被任命为抗联第6军第3师副官长兼8团团长，协助周云峰师长指挥6军3师对敌作战。

1937年12月的一天，3师骑兵部队进驻汤原县新城镇附近的西宝山一带。当天中午，哨兵发现约300余名伪军乘马爬犁从东、南、西三面向我3师师部驻地包围。父亲立即通知各团进入阵地准备作战。战斗打响了，敌人的机枪架在九五高地上向我部驻地猛烈射击。3师全体指战员利用村落的高墙、房屋做掩体沉着应战，但因地势不利，我军处于危急状态之中。在这种被动的局面下，父亲与周云峰师长商定，由周师长指挥7、9团继续固守在这个村屯中，顶住敌人的进攻，父亲率领8团冲过敌人扼守的高地，占领了南面的一座村庄，形成夹击敌人之势，然后伺机转移，摆脱敌人。父亲指挥8团骑兵部队，冒着敌人的猛烈火力，终于攻占了南面的一个村屯。

进屯后，父亲下马清点人数，忽然一位战士发现他左腿棉渗透了鲜血，大喊了一声：“副官长，你左腿挂花了！”由于在突击时精神高度集中，父亲并没有察觉到负伤，直到这位战士发现后，父亲才觉得左腿剧痛难忍。两名战士把父亲背进一间老乡的住屋。父亲把左腿架一条长板凳上，战士向老乡借来一把剪子剪开棉裤腿，这才发现子弹是从小腿后面打进去的。父亲用手摸了摸小腿的上部，卡在骨头缝中的子弹头还没有穿透皮肤，只是鼓了一个包。当时，外面的战斗还在进行，时间不等人，又无处寻医找药，父亲眉头一皱，决定立即把子弹头取出来。父亲让老乡找来一把圆头老虎钳子和一把剃头刀，用煤油和沸水进行了简易消毒。父亲让一个战士用剃头刀把伤腿鼓包处割开。因为没有麻醉药，那位战士就是不肯下手动刀。于是，父亲决定自己动手。父亲让两个战士使劲按住他的左腿，他左手按住子弹头鼓包处，右手执刀，迅速割开了伤口，殷红的鲜血顿时涌了出来，子弹头也露了出来。原来卡在小腿骨缝里的是一粒三八子弹。父亲让一名战士用老虎钳子把子弹头薅出来。可是那位战士不知是胆怯，还是子弹头卡得太紧，他使劲薅了两次，都没薅出来。父亲疼得满头流汗，他火了，大吼一声："你个孬种！换个有劲儿的来！"这样，上来一个大个子战士，只见他双手握紧老虎钳子，两眼一瞪，猛劲一薅，只听咔嚓一声，子弹头一下子被薅了出来！一股鲜血也喷出来了，溅了那位战士一身！说时迟、那时快，父亲当即用准备好的纱布，一下子就按住了伤口，血止住了。然后，几个战士七手八脚用老乡送来的新棉花和绷带，连着棉裤紧紧地包扎起来。父亲说，这次手术，虽然骨头有些劈裂，流血很多，但疼痛减轻了许多。

外面的枪声还在不停地响着，时不待人，父亲让战士把他扶上战马，他又继续指挥战斗。父亲指挥八团的战士占据有利地形，向敌人发起猛烈射击并佯装进攻，使占据九五高地的敌人处于两面夹击的被动局面，这样敌人终于仓皇撤退了。

这次战斗结束后，父亲由地方抗日救国会安置在汤原县梨树园子屯的王悦家养伤。王悦是抗日救国会会员，十分可靠，还专门请来一位医生为我父亲重新处理了伤口。为了保证父亲的人身安全，医生走后的当天便送父亲到西山包他舅父老赵家隐蔽。赵大爷更是忠厚、朴实，以耕地为业，憎恨日本鬼子和汉奸走狗，拥护抗日联军。为了使父亲尽快痊愈，老赵家从南大林子请来一位专治黑红伤的中医，用祖传医术给父亲治疗，仅十几天就全部排除了脓血，伤口愈合良好。在父亲养伤期间，赵家和邻居对抗联伤员关怀备至，还捕鱼给父亲增加营养。这种情谊使父亲非常感激。在这十余天内，伪政权两次派人调查父亲的来历，都被赵家和邻居们机智地掩饰过去了。父亲的伤基本好转后，赵家又用马爬犁送父亲回到梨树园子屯的王悦家。

◇ 1984 年王明贵慰问汤原革命老区与王悦的儿子及家人合影留念

几十年以后，父亲依然没有忘记支援抗联和为他疗伤掩护的人民群众，一直惦记着王悦和老赵家的家人。20 世纪 80 年代，时任黑龙江省军区顾问、黑龙江省政协副主席的父亲，赴黑龙江省汤原县革命老区终于见到了王悦的儿子和他们的后代。我父亲拉着王悦儿子的说手说："多亏了老区人民的支援，我们抗联才能取得一个又一个胜利！到什么时候，我们都不能忘记人民群众啊！"

第三次负伤：养病西北河

1938 年夏，为了粉碎敌人进行的"三江特别大讨伐"，北满抗联部队进行了西征。1939 年，北满西征部队在李兆麟将军率领下组建了东北抗日联军第三路军，父亲任第 3 支队支队长，转战在大、小兴安岭和松嫩平原。1939 年 11 月下旬，敌人的冬季"大讨伐"开始了，日军、伪军、警察、特务多如牛毛，对抗联部队封锁得更严，战斗更残酷。父亲回忆道："我率领 3 支队匆匆走出绥棱县境，一天下午行至欧根河左岸某大屯休息

◇ 1980 年抗联老战士回访伊春抗联老区。前排左 4 王明贵，后排右 5 王福臣。

时，听到群众报告敌情，便立刻转移，使得日军扑了空。此后，我们的队伍又绕到克音河，利用河堤与尾追之敌进行周旋，又乘机深入平原。但狡猾的日军指挥官，利用优势兵力，以前堵后追的毒辣战术，企图逼迫我军背水一战，妄图致我全军覆没。在紧急情况下，3 支队从克音河左岸的周家油坊过河后，被敌人分割成两部分，走了很长一段路，部队才集合在一起。”这次遭遇战，父亲的战友关树勋同志英勇牺牲了。

3 支队又回到山区欧根河畔后，前往通北县活动，那是 1940 年 1 月下旬的一天上午，3 支队袭击了柳毛沟日本移民团伐木场。战斗打的十分激烈，日本移民开拓团，虽然不是正规军，但也是由全副武装的退伍军人组成。在激战中父亲右侧大腿根部负伤，子弹卡从右大腿肌肉穿过，这次负伤是最痛的一次。只好撤出战斗。战士们用担架将父亲抬回南北河东岸的密营。战争使抗联越来越聪明，频繁作战负伤是司空见惯的事情，好在他们有常备的疗治“红伤”的偏方药膏，将伤口用盐水或白酒清洗后，只要糊上这种药膏，保证治好。回到密营后，后方医院的人员将父亲的伤口处理好，贴上红伤药膏后，将他送到离密营十几里外的一个地方养伤。

他的养伤处在一望无际的密林深处，虽然天气寒冷，但空气新鲜，阳光充足。父亲身边只有警卫员王福臣一个人。当年王福臣 20 岁，是一个十分机灵的小伙子，他在山边找了一个适于居住的山洞，用树干和树枝搭成一个木床，床上铺上茅草和干树叶，睡起来十分舒服。洞口用树枝掩盖，即隐蔽，又可保温，洞里再点燃一堆篝火，可以御寒。王福臣原是6军3师警卫连的一个排长，为人忠厚老实，作战机智勇敢。1938年夏，师部选他做父亲的警卫员，一直在父亲的身边。在养伤期间，王福臣时刻警惕敌人的偷袭，还要做饭、买药，十分辛苦。在王福臣的精心照料下，父亲的伤口很快愈合了，能拄着拐下地活动，只是大腿的肌肉还是十分疼，走起路来一瘸一拐的。

在父亲养伤处附近还有一座马架子房，住着一位50多岁的老王头，他负责交通站的工作。无论哪个支队派人到总指挥部办事，都得事先通过他联系。这处交通站是保密单位，不允许随便进入。所以父亲在这里养伤两个多月，老王头严格执行纪律，一次没有来过，只是王福臣去取了两次寄养。

1940年2月中旬，三路军总指挥张寿篯（李兆麟）开完中共北满省委第十次常委会之后，带领指挥部的同志来到南北河密营，获悉父亲在附近养伤，就特意来看望。见到久别的上级领导和总部的同志们，父亲特别高兴。张指挥带来了慰问品，仔细地询问了我父亲负伤后的恢复情况，还向我父亲传达了省委的有关决定。

张指挥到来几天后的一个下午，突然侦察员回来报告："伪军讨伐队正在寻找我们的住址，已经离这不远了。"张指挥和同志们都担心父亲在转移中不能走长路而发生意外，他们提出用担架抬着父亲走。可是父亲倔强地向领导表示："我能走！附近的地形我十分熟悉，来个把敌人，奈何不了我！"父亲执意让指挥部的警卫部队保护领导和机关先撤走。父亲说："只要给我踩出一条撤退的路，留下一挺机枪和四五名战士就可以了。"张指挥思索了一下，同意了我父亲的意见，总部的同志们撤走了，按我父亲的要求在森林密布的雪地里，踩出了二条不同方向、有十多里长的山道。

总指挥部离开这里的第二天上午，伪军讨伐队摸上来了，敌人的先遣队有20多人，在父亲养伤的山洞里没找到一个人影，就大声嚷嚷起来。埋伏在附近雪坑里的战士对敌人行动都看得清清楚楚。父亲一声令下，机枪、步枪一齐向敌人射击，打死打伤一半，其他的都趴在雪地上不敢抬头。随后，战士们立即撤离，沿着密林中雪地上踩出的山路后退了两华里。他们选好地形，等了不到半小时，敌人就追上来了。他们又打了半槽机枪子弹，敌人伤亡的是队伍前头的几名尖兵，后边的伪军听到机枪的开裂声，都隐蔽起来，趴在雪地里不敢动弹。第二次转移，战士们又乘机后退了三华里，可是等了两个多小时敌人也没来。中午，父亲他们几个人在木沟河找了宿营地，设了警戒，警惕地观察是否有敌人的动静。次日，派出的侦察员回来报告，敌人中了两次伏击，吃了亏已经跑掉了，没发现跟踪的迹象。第三天，父亲他们又返回了南北河东岸密营。不久，父亲的伤腿痊愈返回了部队，又率部冲杀在抗日战场上。

（本文作者：王明贵之子，曾任黑龙江省政府办公厅政务信息中心副主任）

王耀南在晋察冀灵活开展『麻雀战』

◇王太岳

王耀南【1911 ~ 1984.11】

江西萍乡人。1922 年至 1926 年参加安源煤矿工人运动。1927 年参加湘赣边界秋收起义。1930 年加入中国共产党。土地革命战争时期，历任红 4 军军部特务营排长、连长、副营长，瑞金红军学校排长，红一方面军总部工兵连连长，公略步兵学校工兵主任教员，红一方面军总部工兵营营长。参加了长征。全民族抗日战争时期，任八路军第 115 师工兵营营长，独立支队第 1 团副团长，第 129 师工兵主任兼新编 10 旅第 28 团团长。1941 年任晋察冀军区工兵主任兼第四军分区 5 团团长，武装部部长，第三军分区司令员。

王耀南在抗战实践中总结提高"麻雀战"的游击战术，因地因时灵活运用，化整为零、以少胜多，以弱胜强，多次袭扰日军，消灭其有生力量，沉重打击侵略者的气焰。

我的父亲王耀南在抗日战争时期，不仅创造了地雷战和地道战，而且在此基础上，通过对敌作战实践，总结提高了一种新的游击战术——"麻雀战"。父亲经常在部队做报告时说，"麻雀战"是在抗日战争最困难的时期，我们多次与日军作战的实际斗争中总结出来的一种战术打法，是毛主席提出游击战战术的一种。它的特点是忽聚忽散，忽隐忽现，声东击西，神出鬼没，使敌人攻无目标，战无对阵，首尾难顾，到处挨打。"麻雀战"这种打法，常常使敌人遭受了伤亡，却不知道子弹是从哪里飞来的。这样就使日军伤透脑筋，处处受袭扰，疲惫不堪，无法组织优势兵力对我抗日根据地军民进行围攻和"扫荡"。

创造运用"麻雀战"

1941 年父亲在八路军晋察冀军区任工兵主任兼第四军分区 5 团团长。他回忆道，"麻雀战"的运用在第四军分区还是比较普遍的。在军区大会上团政委萧锋做过介绍，军区的《抗敌三日刊》和分区《火线报》，也多次进行过经验报道。这一战术的运用是我父亲总结了对敌作战的经验，并在 5 团最先搞起来的。运用这一战术，在 5 团是非常广泛的、活跃的。这一战术技术的运用必须因人而异、因地而异、因战而异。夜战、近战以"青纱帐"为主要掩蔽体最为合适，运用的也最为灵活。我晋察冀军区四分区在华北大平原对日军作战主要是化整为零，以少胜多，以弱取强。因此有效地运用这一战术，对消灭日军在华北地区的有生力量，是起着举足轻重的作用的。

“麻雀战”的目的主要还是为了消灭敌人的有生力量，阻滞日军“扫荡”“蚕食”我根据地和游击区，破坏我晋察冀军区机关，保存我实力。“麻雀战”的打法主要是以小变多，各个击破为主；以灵变巧，三五成群为辅，变化无常。进行“麻雀战”，在实际战斗中我父亲和他的战友们总结出大致有三种手段。首先就是袭击，用以打击驻地之敌。战士们熟悉地形地物，摸清敌人的活动情况，抓住其规律，乘敌不备，给以袭击。其次，就是伏击，用以打击运动之敌。在敌人必经之地，一面或多面设下伏兵，拦头斩腰打尾巴。或者用几个人引敌入套，用排枪、地雷伤之。再有就是狙击，高度分散，严密隐蔽，瞅准机会，用冷枪杀伤进犯之敌。对于离队、掉队的单个敌人，或少量敌人，以及敌据点周围的步哨、门卫，则更是八路军带领民兵实行麻雀战的打击对象。

“麻雀战”的实施当然必须适合当时的战斗需要，必须适当配合地道、地雷战来运用，它们是一个有机的整体。日军在这一年的秋季大“扫荡”中，“蚕食”我抗日游击区。我5团和县民兵大队巧妙地运用这一战术，使日军理杉混成大队多次遭到沉重打击，也使日军毛崎旅团惊恐万分，暴跳如雷、惶惶不可终日，最终达到破敌“扫荡”之目的。

父亲说，当时那些日子，战事频频，狠打了几个漂亮仗，端了鬼子一个炮楼，缴获了2挺轻机枪和20多条三八大盖。关键是弄到了一批弹药，好好地武装了部队和地方县大队的民兵。他把部队分成若干个战斗小组，经常带领部队和民兵骨干，不断地袭扰敌人、疲惫敌人。采取时而分散、时而集中的方式，打得鬼子顾头不顾腚，搞不清哪个是正规军，哪个是民兵。

有一次，我父亲他们得到内线情报，日军驻南甸镇的指挥部第二天要在那里召开“庆祝胜利大会”。我父亲命令部队午夜就开始作战斗准备，把迫击炮架在离南甸镇三里路的小北庄一带，严密隐蔽好。第二天上午，我父亲用望远镜观察后，问机炮连长把握性怎么样，连长目测距离后说：“没有问题，保证打住。团长，你就下命令吧。”当日伪军刚集合好要开会时，我父亲一声令下，突然一顿迫击炮弹掉在会场里，敌人死伤一大片。他们的庆功会开不成了，只好在晚上悄悄地开了个追悼会。

父亲说，那段时间，萧锋政委分工带3营和直属队的四个排及刚组建的几支民兵队和便衣队，在青纱帐里打冷枪，放冷炮，鼓捣铁路，不断杀伤敌人。我父亲要求3营长保护好政委，在采取“麻雀战”的同时，打了就跑，让敌人弄不清方向，搞不清人数，有效地杀伤敌人，消耗敌人的有生力量。他们边打边跑，敌人看不见、摸不着，急得直骂娘。有时他们伸向建屏、正定、灵寿这些县城的敌人纵深地带去，到处打伏击、捉汉奸、砸伪乡公所。我父亲带1营和直属侦察连一直摸到石门市（今石家庄市）郊外的西兵营，突袭了日军毛崎旅团的司令部，西兵营附近的陆军医院和飞机场里，也响起了他们的枪声和地雷爆炸声。副团长和参谋长也各带一队袭扰敌人，与此同时，我父亲他们也在侦察敌人的情况，准备为下一阶段打击敌人提供可靠的依据。

为了进一步扩大对敌战果，我父亲对萧政委说，你找政治处主任和各营教导员开一次会，一定要选择孤立的敌人据点，采取政治争取。这样可以瓦解敌军，宣传我八路军对日政策，并可配合我们奇袭、爆破敌人据点。这一阶段我父亲他们率领部队采取“麻雀战”、地雷战、地道战和主力攻坚等多种作战方法，灵活多样地攻克了不少敌人的据点，拔掉了不少敌人的伪乡公所，攻占了觉石院村，毙敌一个军曹，随后又陆续攻下江家河、小刘庄、河西村、屯头村等许多敌人的据点，消灭了日军一个小队32人和伪军四个连；切断了敌人的几条主要交通线，遏制了日军“蚕食”我根据地的气焰。

破袭日军军火库

一段时间，他们取得了不小的胜利，军区副司令员萧克多次来电话，表扬我父亲打得狠、打得好，减轻了军区的压力。一天晚上，我父亲在作战室里，向李镜参谋长和作战参谋们特别强调团里的作战计划，给同志们讲作战可能会遇到的困难和解决的办法。

我父亲对着李参谋长说：“老伙计，要解决弹药，有两个办法。一是刚才开会讲的，搞鬼子的弹药库。你一定亲自带侦察连去侦察一下。第二是我们自己造一些，光靠分区发的，我们这个大团是不够用的。不花钱，搞些土造的。”

“团长，你说的倒容易，谁会造？全团都等着你带领打仗呢！你也不能天天搞些炸药吧。”我父亲觉得这些话还没有完全讲到李参谋长心里去，就接着说：“你在这个团里当领导，也有好几年了，干部的祖籍结构还不清，我们团湖南浏阳和江西萍乡籍的干部不少。造炸药他们都是骨干，这些同志的老祖宗就会生产花炮。我们把他们集中起来一讲就都明白了。”接着我父亲又讲：“参谋长，你尽快落实这项工作。”

李家庄是远离县城的小村，孤立地坐落在各村的交汇处旁。侦察连长带着侦察分队回来了，详细地谈着情况。这村子不大，十几户人家，村子被日军“蚕食”后剩下的人就更少了，多数是老人、妇女和儿童。但是它的战略地位很重要。日军“扫荡”进山，这村子是必经之路，它也是连接各镇与村落的交通枢纽。日军在李家庄驻扎着一个军曹。这个军曹是有些来历的，他是日军中队长的传令兵，刚派到村里来守弹药库的。他得到长官重用，才上任当军曹的。村里还有一个连的伪军，有两挺轻机枪。这些情况都是村里内线通过交通员送出来的。那时日军强征民工修筑了两个碉堡，挖了三条封锁沟，工事之间相互连接，就是为了阻断老百姓与八路军的联系，是个易守难攻的村子。日军除了“蚕食”地盘外，还经常出来“清乡”，搞家家相联，户户相保，出了问题株连十户。这在当地也是不错的模范村了。其实敌人的传令兵当个军曹并不是主要的，重要的是让他掌管全中队的军火库。日军山本中队长认为，越是城镇，土八路越要搞日军的军火。越是偏远山区，越不会引起八路的注意，军火存放得越保险。军火存放在李家庄，一来可以补给供应，二来小村落已“清乡”多次，伪保长是日军翻译的父亲，可靠、保险。

日军来了一个小队、几个军曹，就把滹沱河的水搞得浑浑浊浊的。日军带上伪军把滹沱河南岸回水以西的温塘镇、焦家庄、炉台村、西盘石、长由村、兵台村、革苏和白灵的老百姓们都祸害苦了。鬼子“蚕食”地盘，老百姓遭了大罪了。

李家庄原先也是八路军5团团部的驻地，日军那一段“蚕食”的很厉害。他们征集了不少民工修盖了五排大瓦房，当作弹药库和伪军住的地方。5团只好暂住在七级村，离那里有11里路。现在看来，时机成熟，该收拾它了。

父亲说，下午4时，侦察员又报告了李家庄周围和通往村子的几条小路及15里地以内临村的情况。我父亲把将要战斗的具体打法告诉参谋长，而后召集各营长开战前会议。李参谋长详细地将这次战斗进行了布置，他谈得很细，包括预备队的位置，各路口的兵力部署及部队展开的动作，对各营要求的也很严。谢副团长主要讲战斗结束后，部队撤出战场的时间和集结地。我父亲命令各营、各直属连必须在此次战斗中克服困难，取得胜利，以及出发的时间。

父亲回忆时说，那天会议结束后，他想，这次战斗是打敌人的武器库，日军戒备很严，必须集中兵力打好这一仗。否则，今后5团的困难就更大了，弹药就更少了。我父亲分析着战斗将会出现的问题，在头脑中演练着战斗情景。

拂晓，5团分散行进，来到了李家庄附近的青纱帐里。我父亲叮嘱各营长绝不能恋战，天透亮之前必须结束战斗。攻击目标一定要明确，速战速决。

特务连摸掉了村外两个哨兵。1营首先发起进攻，一阵排子枪声猛地惊醒了这个村子。参谋长带2营佯攻村东小平房，将敌注意力吸引过去。

团政治处于主任带县民兵两个排，袭扰离李家庄最近的北白石村和中管村驻扎着的伪军们。他们带了四五个铁铳，轰轰的声响好个热闹。

日军和伪军一听枪响，慌慌张张地“哇啦哇啦”乱喊，乱作一团。肖政委带着民兵们早就将连接几个村子的电话线剪断了，岗楼上的探照灯也被打瞎了眼。

3营康营长和团警备连跃过敌封锁沟，迂回到敌背后，炸掉路障，一阵猛冲，消灭了不少敌人。警备连从侧翼助攻，炸死了碉堡里的伪军。日军急了，组织队伍进行抵抗，3营伤亡较大，9连牺牲的同志也很多。总支书记刘福带领担架队迅速转移负伤的同志，将大部分伤员都安置在村西小树林里的安全地带。

当时因日军兵力高度分散，1营已冲进敌人驻地大院，虽有机炮连掩护，但作用不大，机炮连没什么子弹，全连的子弹不够轻机枪用的。这时，日军军曹冲出碉堡，指挥着日军和两个排的伪军抵抗着。敌人因天黑，搞不清是主力部队来了，胡乱开着机枪。伪军顾头不顾腚，瞎放枪。1营3连打得灵活，为了搞到弹药库，分成几个战斗组，多次冲锋，进到院后两颗手榴弹就解决了问题。伪军们没一个敢吱声的，吓得都钻到床底下了。战士们冲进弹药库，搬起子弹箱就跑。不一会儿工夫就搬完了弹药，很快撤回安全地带。

父亲这边的日军还在顽强地抵抗着他们的攻击。战斗进行了40分钟。营长报告，敌人弹药全部被我缴获。我父亲命令一连掩护，全团迅速撤退，让司号长吹号通知各营、连分散撤退。

我父亲率部回到七级村宿营地，政治处的干事们安置伤员和牺牲的同志。参谋长和主任向军区、分区的领导汇报5团此次战斗的情况。我父亲粗略地看了一下，搞了日军4000多发子弹，100颗手雷，还有一些炸药。

打击滹沱河两岸敌人

为了更好地在有利条件下开展运动战和攻击战，结合5团的具体实际情况，我父亲提出了新的作战想法，搞掉日军在李家庄以西、滹沱河中段近300里地、20几个村子的全部炮楼和碉堡，部队化整为零、各个击破，在行进中跳跃式地消灭敌人，当然要灵活多变。作战参谋汇报了他们侦察的情况。滹沱河这一沿线，有日军一个中队，伪军一个营，有少数汉奸和特务。日军大部分与河南岸的日军进山“扫荡”，村、镇空虚，仅少部分留守人员。但他们的武器精良，弹药充足，仅汉奸、特务队，就有20条短枪。副团长给同志们讲了此次作战的要求，主要是袭扰敌人，利用地道、地雷，伏击、奇袭消灭敌留守人员，瞅准机会，搞他一下子。县委领导已布置民兵同志们配合5团的这次行动，县里领导也要求将滹沱河边的十几个村，或更多的村内红薯窖、地窖子连成一片，形成气候，实行地道战。

父亲说，下一步专门搞地道战对付敌人。现在的主要任务是用“麻雀战”的办法打击滹沱河两岸的敌人。这么长的战线，又这么多的村子，我们必须要统一认识，才能有效地消灭敌人。这次行动团里的领导全部下到连里，带上几个或几十个战斗小组消灭敌人。

一声令下，部队各自为战地出发了。这时我父亲说，他的心情很不平静。部队撒得这样开，又是在敌人鼻子底下打仗，一个大团这样做还没有先例。这次狠狠地打击了敌人，搞点经验出来，军区、分区首长非常支持我父亲的作战想法。萧克副司令员这段时间常到5团指导工作，鼓舞了全团同志的斗志。

几天后，我父亲让李镜参谋长从各单位尽快抽调100多名射击技术好，熟悉当地情况的干部和战士，组成25个孤胆射击小组，由他亲自指挥。从河西村出发，在江家河村、小刘庄、屯头村、北石殿、冯子店、赵南、杜家庄、燕川北、西柏坡、孟家庄、南滚龙沟、陈庄、革苏庄、朱豪村、路阿杰村、建屏、蚊潭庄、营口及合河口村镇一带迅速展开，以小组为伍，打打合合，分分合合。当然有的小队有时也跑到滹沱河南岸袭扰一下敌人驻扎的村庄。5团的各战斗小组经常钻到日军鼻子底下去活动，瞅到空子就打敌人的冷枪。这种打法非常有效，使敌人防不胜防。

一天清晨，江家河据点的日军在炮楼下练刺杀，一来一往，毫无戒备。张钦指导员带的射击组沉着地埋伏在村旁，等到敌人集合讲评时，一阵排子枪打过去，日军虽然纷纷抢先往炮楼里跑，但还是有五六个躺在那里爬不起来了，伪军吓得趴在地上一动都不敢动。

7连2排长带着射击小组，在北石殿村看见有个日军哨兵，端着枪神气活现地站在那里。2排长瞄准，一枪就把他打倒在门口。小组的人还想乘敌人出来收尸首时，再给他两枪，但等了许久，再也不见有人敢露一下头。

丁荣旋营长带着几个战斗小组到蚊潭庄附近，一部分人凭借着青纱帐的掩护，先后绑扎了十来个谷草人，战士们很有意思，像是玩木偶戏一样，叫它们用各种姿态，这一下，那一下，不断地变换位置，和日军、伪军见面；一部分人打冷枪、放铳。四尺多的铁铳，每人一个，十几个战士一齐放，再加上放些土鞭炮，比过年还热闹。几个司号兵吹起了牛角，“呜呜”声，一会儿强，一会儿弱，像是一大群牛冲了过去。小小的“麻雀战”，让鬼子们搞不清来了多少部队，弄不清哪是主力、哪是游击队。大铁铳一响，自己人的耳朵都震得嗡嗡响。这声响吓得鬼子惊恐万分，猫儿到炮楼里到处射击。有几个喜爱逗乐的战士，把自己的旧军帽挂在草人头上，上下一动，就听见一阵尖细的“嗖嗖”声掠过，玉米叶子落了，树枝断了，那旧军帽就在几分钟内，变成了多孔的凉帽。有的战士的军帽，戴在草人头上已千孔百洞，不再像帽子了，再给它换上另一顶，逗逗鬼子。战士都躺在玉米地的沟沟里，安全得很。

在燕川北村炮楼附近活动的射击组，看见有个日军小队长牵着一匹大洋马，像要有事出门的样子，当他的左脚正要跨上马背时，神枪手“啪”的一声，日军小队长连人带马都倒在地下了。

这个小小的“麻雀战”把滹沱河两岸的鬼子、伪军搞得呜呼哀哉。“麻雀战”的开展，一时打得鬼子、伪军闻风丧胆，坐卧不宁。出操不敢出，站队不敢站，以至吃喝睡觉，散步放风，都只好闷在那方圆不过二三十步的炮楼里。老百姓对部队这种打法给予了很高的评价，并且把射击组称作“飞行射击组”。

军区和分区对我父亲采用的“麻雀战”、地雷战消灭敌人的方法非常重视，首长们经常来电话询问战况，并及时给予新的指示。萧克副司令员也常常到5团检查工作。有一次军区萧副司令员、唐延杰参谋长和分区邓华、刘道生、易耀彩、王紫峰都来5团，听完萧锋的汇报后，萧克副司令员非要拿着铁铳放一下子，说过过瘾。我父亲说：“那可不行，耳朵受不了，我是个聋子，声音大也听不见，你们可就不一样了。”唐延杰参谋长说：“老萧，我红军时期在3军团时，就知道王耀南鼓捣这玩意有两下子。炸药这东西可不是闹着玩的，他说你不行，那就算了，要不然可要吃苦头了。”萧克副司令员说：“放一下子又死不了人，我就不信这个邪。”我父亲赶快走过去告诉3连长，少放些药，冒冒烟就行了，千万别出太大的声音。萧副司令员拿着铁铳，让战士点燃火捻，一声闷响过后，只见好多人都弄了一脸黑，易耀彩、王紫峰都跟着“沾光”。“王耀南，你搞的什么鬼，光冒黑烟，没个屁声，重来，重来。”萧副司令员说完，逗得大家哈哈笑。这时，邓华司令员叫我父亲，谈谈“麻雀战”的运用情况。没想到警备连的战士按正常装填将药填入铁铳之中捣实。萧副司令员拿着铁铳喊着点火，“轰”的一声巨响，吓了大家一跳，萧副司令员把铁铳丢得老远。我父亲跑过去看萧副司令员伤着没有。他和王紫峰主任两人用手比划着，谁也听不到说什么。我父亲一看问题不大，赶快让他们去休息。

◇ 1943 年 5 月，在攻打灵寿县城前，王耀南（前站立者）给部队训话，并宣布战场纪律。

过了好几天，我父亲到军区开会，见到萧副司令员，他还说：“王耀南，你搞得什么鬼，我的耳朵现在还嗡嗡响，啥子都听不清，我的耳朵要落下毛病，10 年以后我都要骂你。”唐参谋长说：“你还怪人家，不让你放，你就不听劝，还在那里逞英雄。”萧副司令员知道是说他，就装着什么也听不见，还什么什么的喊着。看热闹的同志们都开怀大笑起来。

首长们的确重视我父亲的打法。不光给分区，给晋察冀军区也起到了模范作用。“麻雀战”虽小，但这种战术在抗战最困难的时期，非常适用。军区、分区政治机关的同志把这一战术登在军区和分区的报刊上，很多同志都在传看，还在全军区推广。

（本文作者：王耀南之子，中国人民解放军总装备部北京机械士官学校原教员部高级讲师）

白辛夫在新四军4师9旅的抗战往事

◇白雪虹

白辛夫【1913 ~ 1995.10】

河南睢县人。1937年加入中国共产党，翌年参加新四军。抗日战争时期，任豫东游击3支队司令部副官，副官处主任，第3团供给处处长，新四军第6支队3总队供给处处长，第5旅供给处处长。1941年起任新四军4师第9旅供给部部长，第4师供给部部长。

白辛夫在任新四军4师9旅供给部部长期间，与工厂技术人员一道，认真钻研改进，解决手榴弹质量缺陷，把迫击炮改造为平射炮，并有效提高生产效率，有力支援作战。他和供给部门同志发扬艰苦奋斗精神，积极参与农业生产，开展合作社经营，厉行节约，度过了根据地最困难的时期。

1941年元旦过后，爆发了震惊中外的皖南事变。中共中央决定：新四军军部在苏北重新成立，下辖七个师。八路军第4纵队改编为新四军第4师，原第5旅改编为第4师第11旅，我父亲白辛夫被任命为第11旅供给部部长。2月，第4师在豫、皖、苏边区坚持了三个月的反顽斗争。由于敌众我寡，兵力对比悬殊过大，再加上部队长期作战，物资供应困难，非战斗减员较大，师直属队和第12旅奉命于4月底先后东撤到淮北苏皖边区，第11旅奉命仍在原地坚持同顽军进行周旋斗争，并负责收容部队遗留人员和收集分散储存在民间的武器、军需物资等。6月初第11旅完成任务后，奉命撤到洪泽湖以东、淮宝地区休整。在三个月的反顽斗争中，旅供给部被服厂和存放的军需物资，不但没有受到损失，而且还有所增加。我父亲把收集到的150余支枪和80余匹灰白色细布，全部随部队运到淮宝地区之曹家庄，受到师供给部的表扬。

解决弹药质量难题，改造研制平射炮

1942年7月初，4师参谋长张震找我父亲谈话，让他从第11旅供给部部长调任第9旅供给部部长，张震说："到一个新的部队，要多做调查研究，尊重领导，团结同志。一会儿彭师长和邓政委还要向你做指示。"随后我父亲由一位参谋领到邓子恢政委住处。邓政委对他作了指示，9旅是个有光荣传统的部队，是我新四军主力部队之一。旅领导都是老同志，你到职后要尊重和服从旅首长的领导。遇到困难多汇报与请示，切不可独断专行。9旅原归3师建制，归4师建制还不足一年，在作风和制度方面与4师有许多不同，以后要深入基层了解情况，多听群众意见，尽快适应新的工作。在工作中以身作则，廉洁奉公，发扬艰苦朴素的光荣传统。彭雪枫师长对我父亲说："我请邓政委给韦国清旅长和康志强政委写了一封信，由你带去。在今后的工作中，按邓政委指示办。"我父亲回忆说，邓子恢政委的这封信是用毛笔写的，信中有一段是：白辛夫同志德才较好，老成持重，较长期的做供给工作，具有较强的工作能力。我相信在你们的领导下，能够做好工作，完成你们所赋予的任务的。

7月底，我父亲向彭雪枫师长告别后，于当天中午到达第9旅部驻地——新韩圩子。他先到旅司令部，由参谋处长杨志雅陪同，见到韦国清旅长和康志强政委。我父亲将邓子恢政委写的信和行政介绍信一并呈上。两位同志先后阅过邓政委的信后，简略询问我父亲一些情况后即告杨处长安排他住下，同时让杨处长通知该旅供给部部长沈东，明天到旅部来。

第二天上午，沈东从旅供给部和工厂驻地洪泽湖西岸侯咀子到达旅部，先由旅首长找他谈了话。下午3时左右，韦国清旅和康志强对我父亲和沈东做了指示，除对我父亲接任旅供给部部长一职表示欢迎外，其主要内容是：首先，由沈东把工作总结一下，清理与结算各种账目，做好交接工作；其次，召开一次由各团供给处处长和旅供给部各股长、工厂厂长参加的部务扩大会议，向我父亲汇报工作；最后，在沈东协助下，安排好下半年的工作。当天下午，我父亲又到旅政治部看望了主任张震寰和组织科科长章征，并转交了党组织的介绍信。第三天，我父亲同沈东一起返回旅供给部。

沈东给我父亲介绍说，旅供给部部长常驻于后方，也常到前方领导供给工作。9旅供给部机关下设三个股，除粮秣股股长许展杰率全股干部驻在旅部南里许小许庄，以便及时保障对部队的粮秣供应随旅部行动外，其余各股和工厂均住在洪泽湖畔之侯咀子村，财务股长张峭峰，军实股长王云辉，工厂厂长李殿科，厂政治指导员张贵实，技术员王仲堦，供给部文书史书文。旅辖三个步兵团，第25团供给处处长宋成尧，第26团供给处处长梁汉群，第27团供给处处长程瑞年，旅团各级供给干部按编制配备齐全。沈东重点向我父亲介绍了工厂情况：工厂领导三个组，一是被服组，该组有30余名工人，缝纫机20台。主要是生产旅所辖部队的被服、装具等军需产品。二是皮革组。该组有8名工人，主要生产干部公文皮包、手枪套和指战员腰皮带、枪背带以及军用皮革品。三是军工组，该组有工人20余人，有老虎钳、机工具、风箱、化铁炉和翻砂造型模具等。主要生产手榴弹，翻修子弹，做刺刀，修理枪械和掷弹筒。上述工厂的工人，大多是从徐州、枣庄和淮阴等城市和厂矿区来的老技术人员。沈东还说，九旅工厂的军需产品和皮革制品在质量上比兄弟部队工厂的产品要好一些，但是军火产品尤其是手榴弹的生产还有些问题，希望我父亲能抓一抓，我父亲很感谢沈东的真诚相待。

为解决手榴弹质量问题，我父亲找厂长李殿科和技术员王仲增了解情况。他们告诉他，手榴弹质量存在的主要问题是：出手炸，威力小，不炸的比例大。虽然经过一年多的努力，到目前为止仍没有十分把握，还出现过在试投中出手伤人的情况。我父亲告诉他们，11旅军工厂已经很好地解决了这个问题，他会请11旅供给部部长秦卓然派人来帮助解决。现在一是要利用敌伪中内线和商人的关系，在城市和矿山购买优质的雷管、导火索、黄磷、赤磷、雷汞、玻璃粉等拉火原料；二是发动群众收集破铁锅、废农具等铁器，做铸造用。很快，11旅军工股长王允胜派了两名炸弹工来指导工作。在他们的帮助下，9旅生产的手榴弹已由出手炸改进为落地响，试投手榴弹全炸，手榴弹的破片提高到20多片，解决了手榴弹质量存在的主要问题，手榴弹的日产量能达到200余枚，大家非常高兴。我父亲告诉大家，工厂的空地上有几台做好的手推车，那是做土坦克用的。什么是土坦克呢？那要从日军的侵华战争说起。日军在占领区修筑了大量的碉堡，我军主要的火炮是迫击炮，迫击炮是曲射炮，它可以把隐藏在战壕里的日军打得落花流水，但对坚固的碉堡类垂直建筑都无可奈何。由于迫击炮打不了碉堡，所以大家才发明了这种土法子：就是用手推车，在手推车上蒙一床被子，浇湿了加一层土，再蒙一床被子浇湿再了加一层土……这样用三层被子两层土做成的土坦克，向敌人碉堡运送炸药，炸敌碉堡。这种土坦克虽然能挡住敌人的子弹，但是抵御不了日军的掷弹筒和手雷的打击。参加突击的人员往往死伤严重，攻下碉堡的概率也低。李殿科跟我父亲说，我们一直没有缴获到日军的九二步兵炮，我们缴获过日军飞机上的一挺机枪，三发子弹就能将碉堡打透，但机枪结构太复杂，无法仿制，现在只好还用这种土办法炸碉堡。我父亲问他，咱们能不能把迫击炮改为平射呢？李殿科说迫击炮太金贵了，没敢打它的主意。如果领导同意，他们可以想办法试一试。技术员王仲堦说，工厂钳工锻工技术力量比较强，老技工也多，总能想出解决的办法来的。我父亲让他们尽快拿出改造的方案，然后找旅首长请示汇报。随后，我父亲找到韦国清，汇报了研制土平射炮的想法。韦国清在瑞金红军学校当过军事教官，长征时当过红军干部团特科营营长，听了汇报后他很高兴，说："你们方案确定后，我会抽时间去看的。"我父亲又向四师供给部部长谢胜坤做了汇报。谢部长非常支持他们，专门拨了一门八二迫击炮给他们。改造方案确定后，韦国清旅长亲自到旅供给部驻地侯咀子村做指示：一要大胆试验，不要怕失败；二要注意安全，避免事故。遵照韦旅长指示，我父亲他们把试验用的炮弹拆除引信，倒出火药，换成生铁实心弹进行试验。经过反复试验和改进，终于成功了！这种平射炮穿透力较强，一般的土碉堡都能炸毁，美中不足的是射程太近了，只能打七八十米。1942 年秋，由 26 团试用，攻击四里庄据点，发射三发炮弹就摧毁了敌人据守的碉堡，取得全歼守敌一个中队的胜利，得到了指战员的欢迎，还受到了韦国清旅长的表扬和师供给部的奖励。

反"扫荡"斗争

1942 年 11 月，新四军第 4 师和淮北苏皖边区军民进行了时间最长、规模最大的一次反"扫荡"战役。当时，根据所得到的情报，敌向苏皖边区大规模"扫荡"分为五路：一路由泗县到青阳；一路由宿迁南下；一路由淮阴、高良涧到蒋坝；一路由盱眙到洪泽湖；一路由五合到郑集。11 月 15 日，敌人以平林第 17 师团为基干，附以伪军窦光殿第 15 师，潘干臣第

28师，苏淮特区绥靖军两个团配合明光第13混成旅团一部以及各据点之伪军，其兵力为：步兵6000余人，骑兵600余人，坦克2辆，汽车百余辆，汽艇9艘，汽划子10只，飞机七八架，企图一举歼灭第4师主力及淮北苏皖边区党政机关于洪泽湖沿岸。

彭雪枫师长鉴于敌人在武器、弹药、行动速度上都处于优势的情况下，提出要采取巧妙、灵活的游击战术：主力部队断然跳出敌人的包围圈，转到敌人的外侧并迂回敌之侧后，实施打击敌人尾部。同时，以主力一部分与地方武装就地坚持与敌人纠缠，协同我迂回敌之尾部的主力部队打击敌人。只有这样才能缩短敌人“扫荡”时间，缩小敌人“扫荡”范围，乘其收兵后退之机，集中力量歼灭敌人一路或数路兵力。

11月17日，北路日伪军2000余人，在骑兵、坦克的配合下进占半城，南路的日伪军进占了管镇、包集，另一路由明光进犯的日伪军进占了沈集。彭雪枫师长和师部机关于当夜南渡淮河，跳出了敌人的包围圈。师部未转移前，我父亲曾到旅司令部向首长请示，在反“扫荡”中，旅供给部和工厂如何行动等问题。韦国清旅长说：“根据四师关于反‘扫荡’的作战部署，旅机关和部队要转移到边缘区，以团、营为单位同敌人周旋，伺机歼敌。你部除粮秣股随旅部行动外，供给部人员和工厂全体人员及大量的各种军需物资，全部装船开到洪泽湖隐蔽起来，或者伺机转移到湖东淮宝、淮泗等地区，待敌人撤退后再返回侯咀子与田集地区。”康志强政委接着说：“在反‘扫荡’期间，前后方联系就困难了。如有急事，可找在内线战斗的26团相助，后方人员与物资以在湖中隐蔽为主。记住：保护人员安全，物资不受损失，就是胜利！”最后，韦旅长指示：“各团经费发足一个半月，手榴弹补齐，米袋子补足。”

我父亲当天就赶回供给部驻地，召开了部务会议，传达旅首长指示，并提出执行措施。经研究决定如下方案：

一、旅供给部人员和工厂全体职工，按原编制序列，全部乘船驶入湖边芦苇荡中隐藏，以确保人员安全和物资、机械工具等不受损失为中心任务。

二、每艘中、小型帆船搭乘10—20人。军实股所储存的布匹、军服和棉花等物资，凡在船上保存的，一律不再移动，仍停泊在原地待命；岸上所存的军需物资，由军实股股长王云辉统计所需装载的船只数量。工厂的机器、工具等物品，一律拆装上船，所需船只，由厂长李殿科、指导员张贵时负责自行解决。

三、旅供给部机关人员加上军实股要转移的物资共计三船为第一队；工厂职工和要转移的机器、工具共计四船，为第二队。每队带1—2只小驳船，以做通信联络及到岸上筹办给养之用。

四、从各股和工厂调精练和熟悉当地情况的干部、职工，编成各个侦察小组，派往半城、青阳和吕集等地，进行侦察敌情、传递情报等工作。一旦敌人侵占以上集镇，这些人员就撤离返回湖中。

当敌人侵占半城时，我父亲他们登船开进芦苇荡中隐蔽，敌机开始对洪泽湖的芦苇荡进行狂轰滥炸。但他们和敌机斗智斗勇，敌人认为他们会向洪泽湖芦荡深处隐藏，他们偏偏在离敌人占领的南殿村五六里的芦荡里隐蔽。他们落下船帆，放倒桅杆，把船用芦苇伪装好，大家躲在乌篷里。整整两天两夜，吃干粮、喝湖水，没有暴露目标。敌机轰炸两天后，不再来了。又过了四五天，侦察员回来报告说："因为师主力及边区机关及时跳出了日伪军的包围圈，使其各路合击的日伪军扑了空，大部分日伪军撤出了边区，'扫荡'被迫暂停。但还有一部分日伪军，占据在半城、侯咀子、田集一带，湖面上还有敌人的汽艇和汽划子在巡逻，切断芦苇荡与岸边的联系。"根据这个情况，我父亲和张峭峰、王云辉、李殿科等同志研究决定，带一部分船，夜间航行到洪泽湖东高良涧以南水域，在万集登陆。如无敌情，再接其他船只，拟停靠数天进行休整。晚上我父亲他们就按计划去了万集，船尚未靠岸，就看到万集以东几处火光冲天，枪炮声大作，显然敌人已经侵占淮宝的一些集镇。由于洪泽湖西岸的芦苇比东岸的芦苇面积大、长势好，我父亲他们决定：所有船只立即返回洪泽湖西北芦苇荡中继续隐蔽。回去后才看到侦察员带回的情报说：日伪军5000余人已从泗县分三路向中心区域展开新一轮的"扫荡"，同时淮阴日伪军500余人向高良涧"扫荡"，众心（泗阳）日伪军600余人，分三路向南新集合围。日伪军在我根据地横冲直撞，实行"三光"政策，大肆烧杀抢掠，根据地群众遭受严重损失。八九天后，敌人放火烧了半城、青阳等地，又把供给部在侯咀子的驻地房屋及工厂厂房等全部烧毁后撤出，撤出时将他们在洪泽湖上的汽艇、汽划子一并撤走了。

我父亲他们在芦苇荡中坚持了20多天。由于怕暴露目标，白天不能在芦苇荡中生火做饭，晚上炊事班要跑到几里外芦荡中做饭，做完饭再返回。这样，白天他们只能吃冷饭、喝冷水，时间一长，有不少同志生病了，再加上反“扫荡”战斗激烈，主力部队急需补充弹药和军需装备，他们需要马上上岸休整和生产弹药。一位熟悉当地情况的侦察员带来了一位姓李的区干部。他说，他一直在内线坚持反“扫荡”斗争，他建议我父亲他们转移到离侯咀子东六七里的南孙庄去。他说那个地方北通与洪泽湖相连的成子湖，南面就是洪泽湖，一有敌情可立即入湖隐蔽。父亲他们采纳了他的建议，上岸在南孙庄住下。区委的同志还在侯咀子方向派了流动哨，帮助监视敌人动向。休整几天后，工厂陆续开工生产。为了防备敌人突袭，大船仍在湖中芦苇荡内，他们把生产所需的原材料用驳船运到岸上，把生产好的子弹、手榴弹及被服等成品，再用驳船运回芦苇荡内的大船上。

一天，在朱家港战斗中负重伤的9旅第26团罗应怀团长，被担架抬到南孙庄养伤。邓子恢政委闻讯赶到南孙庄看望罗团长和供给部的同志。邓子恢对大家说：“这次反‘扫荡’，26团朱家港战斗、32团马公店两次战斗、31团泗县灵璧战斗等非常出色，毙伤敌人六七百人，俘虏300余人，缴枪300余支。我主力部队、地方武装、党政及后方勤务机关人员、资产等均无损失。尤其是9旅26团朱家港战斗最为壮烈，也可以说是迫敌撤退起了决定意义的一次战斗。反‘扫荡’战斗30多天，我们完全胜利了！”听了邓子恢的讲话，大家受到了很大的鼓舞。接着，邓政委指示我父亲派船将罗应怀团长及随行军医，送往淮南第二师后方医院治疗。

让艰苦奋斗精神发扬光大

根据党中央关于各根据地实行党政军一元化领导和精兵简政的指示，淮北区党委统一领导根据地的各项工作。4师兼淮北军区，主力地方化。军区下属3个军分区，9旅兼一军分区，下辖5个县总队（淮宝、淮泗、泗阳、泗宿、泗灵睢）；11旅兼二军分区，下辖4个县总队（泗南、洪泽、泗五灵凤、宿凤加）；邳睢铜为三军分区。1942年，敌人对淮北根据地进行疯狂的“扫荡”，给根据地的建设带来很大的破坏。为了克服当时的财经困难，减轻人民负担，改善部队生活，在毛主席“自己动手，丰衣足食”的号召下，根据师首长指示精神，我父亲作为九旅供给部部长，参与拟订了全旅开展农副业生产的计划，提出了生产指标，要求每人开荒1.5亩至1.8亩，计划三年完成。此外，每人种菜一分地，15人养一头猪或羊，5人喂一只鸡或鸭。当时部队生活艰苦，正值青黄不接的时候，法币贬值，物价高涨，敌人封锁，只有开展生产节约运动，才能渡过难关。9旅和各团、县总队，纷纷投入开荒生产的热潮中。有的部队集体开荒，有的部队轮流开荒，还有的与群众换工，四个人换一头黄牛或水牛工。驻洪泽湖周围的部队，湖边荒滩较多，便于开垦。除种粮外，入秋后，还能在湖边割芦苇，捕鱼、养鸭，甚至可到湖里挖藕，采莲子、鸡头米等，因此伙食大有改善。战士们高兴地说：“吃菜自己种，吃肉就养猪，吃鱼下湖捉，伙食真不错。”每到月底还能分到伙食尾子，解决了零用钱。有了零用钱，可以买学习用品和生活必须品。在战斗频繁的日子里，部队充分利用较为巩固的根据地的有利条件和战斗间隙组织生产，要求各营连供给人员大力搞好连队生活，在保证每人每天供给四钱油、四钱盐、一斤菜的标准基础上，有组织有计划地派得力干部到外地采购物美价廉的副食品。发动伙食单位，自己动手生豆芽、磨豆腐、腌小菜等，改善部队生活，提高指战员的体质，保障作战任务的完成。当部队离开根据地去执行战斗任务时，留下少数人员和病号、轻伤员，看管本单位的生产基地。

9旅和各团、县总队的供给部门，利用师供给部下发的合作社基金，成立了合作社（即军人服务社）。合作社组织人搞副业生产，自建磨面坊、榨油坊。磨面坊不但出粉率高，而且麦麸可以做饲料。榨油坊利用采购的芝麻、花生、黄豆等油料榨油，出油率高，油饼还可以做肥料。当地买盐困难，合作社就派人去淮阴、泗阳一带运盐，自采自运，减少了中间环节，质量好，价格低。合作社把自磨的面粉，自榨的油，自购的盐，低价出售给伙食单位，深受部队欢迎。合作社经常派人去敌占区的城镇采购办公学习用品、煤油、擦枪油、布匹和部队需要的其他一些日用百货，廉价售给部队指战员和职工。因为是集中采购，统一运输，能做到薄利多销，所以很受大家欢迎。邓子恢政委知道后，做了指示："你们要继续努力办下去，要办好。使部队买东西不感到困难，就是为部队服务的重要工作。部队大搞生产，减轻了人民的负担，是自力更生、克服困难的有效办法。"

部队带头开荒生产影响很大。地方原有很多土地，没有种好，人民群众在政府的号召下，不但把原有的土地种好，还积极开垦荒地，增加粮食收入。人民群众称赞我军打仗是勇士，种地是能手，一手拿枪，一手拿锄。敌人来了就打仗，敌人走了就生产。据9旅年终不完全统计，开荒2000多亩，收获小麦1万余斤，稻子1万余斤，玉米2万多斤，还有黄豆、红薯、各种蔬菜等等。另外还养了猪、牛、羊、鸡、鸭、鹅等各类家畜。不但大大提高了部队的伙食水平，而且还增强了战士的身体素质，提高了部队战斗力。由于部队伙食中油脂、蛋白质等营养物质的提高，从而节约粮食近50万斤，折合当时的金额三四百万元，这是一个不小的数字。物价上涨，部队的经费末增加，是指战员辛勤劳动的成果。

此外，部队还积极开展节约运动，反对浪费。旅首长以身作则，生活艰苦朴素，遵守供给标准制度。反对特殊化，带头穿草鞋，不蓄发，处处为人表率。彭雪枫师长曾在一次干部会上指出："任何人都要执行供给标准和制度，不能特殊化，各级供给部门对各种经费开支要精打细算，保证重点。供给工作干部，尤其各级供给部门的领导人，一定要做到公私分明，先人后己，廉洁奉公，事事处处起模范作用。"在领导的影响号召下，部队节约粮食，节省纸张，自制扫把，自打草鞋，自糊信封，互相理发，废物利用等形成了风气。这样就节省了开支，有利地补充了部队的供给不足，顺利地度过了1943年财经困难时期，同时也培养了部队艰苦奋斗的作风，为此，受到新四军军部的好评："9旅对全军来讲，艰苦奋斗精神可称模范。"

（本文作者：白辛夫之女，原北京机械士官学校教研部高级讲师）

朱致平在安吴堡青训班的难忘岁月

◇朱敏

朱致平【1914 ~ 2008.10】

原名朱嗣兴。河南新县人。1930 年参加中国工农红军。1933 年加入中国共产主义青年团，1934 年转入中国共产党。抗日战争时期，任中国人民抗日军政大学第一期 1 大队 1 队学员，中央青委青训班队长，军事教员，代理主任。1940 年起任晋绥军区青年纵队纵队长，青年营营长，第三军分区游击大队大队长，临县支队副政治委员。

安吴堡战时青年训练班是抗战初期我们党锻炼培养人才的重要阵地，吸引了成百上千的各界青年，为中国革命建设输送了大批干部。朱致平从1938年起到青训班工作，直至1940年青训班全部撤退，经历了难以忘怀的激情岁月……

一部《那年花开月正圆》的电视剧，让国人知道了陕西商人周莹，知道了陕西泾阳县的吴家大院，殊不知80年前，就在这里，发生了中国青年运动史乃至抗战史上一件浓墨重彩的大事，大宅院里，树起这座不朽的红色丰碑。

抗战初期，为了适应抗战的需要和广大爱国青年的要求，在陕西泾阳县云阳镇安吴堡举办了战时青年训练班，全国有志抗日的青年和海外华侨青年纷纷投奔安吴堡，踊跃参加青训班，他们经过短期培训，奔赴抗日前线和敌后根据地。为了吸引更多的知识青年和知识分子参加革命，中央选派了一批经过长征的红军干部和具有一定理论水平的干部到青训班工作，我父亲朱致平就是其中一员。

我父亲是1938年元月调青训班工作的。因为他曾经在红四方面军31军当过一段时间共青团团委委员和团委书记，红军改为八路军时又入抗大第三期1大队学习了三个多月时间，时任中央青年部长西北青年救国联合会主任的冯文彬到抗大要做过青年工作的干部，我父亲当时年龄才23岁，又有一定的工作经验，就被选中了。

到了安吴堡，我父亲成了有名的“土包子”了，因年纪很小就参加了红军，文化水平低，社会阅历浅，一下子到青训班做学生工作，简直不知道如何开展工作。我父亲感到很为难，就去找冯文彬，要求回延安，去前方打仗，但冯文彬说：“要回延安不行，干不了先慢慢试一试。”我父亲只好服从组织。这样，我父亲就从1938年元月底一直工作到1940年青训班奉命全部撤退，前后共两年多时间，然而这却是他一生中最难忘怀的。

青训班得到了党中央的高度重视和支持。1939 年 10 月 5 日，毛泽东为安吴堡青训班成立两周年纪念题词："带着新鲜血液与朝气加入革命队伍的青年们，无论他们是共产党员或非党员，都是宝贵的，没有他们，革命队伍就不能发展，革命就不能胜利。但青年同志的自然的缺点是缺乏经验，而革命经验是必须亲身参加革命斗争，从最下层工作做起，切实地不带一点虚伪地经过若干年之后，经验就属于没有经验的人们了！"青训班名誉主任朱德 1938 年从前线回延安时，专程去安吴堡，向青训班干部、学员做报告，并题"学好本领上前线"进行鼓励。

青训班的组织机构也是随着青训班本身的发展需要而逐步健全和完善的，它的最高领导机构是班部，班部由正、副主任及教务、生活指导、总务处组成。处以下设有科，教务处设有教育科、军事教育科；生活指导处设组织科、宣传科、党总支部、地方工作科及学生总会；总务处设会计科、总务科、卫生科等。这个时期的主要领导干部有：主任冯文彬、副主任胡乔木，教务处处长刘瑞龙、副处长郭思光，生活指导处处长张琴秋、副处长史洛文，总务处处长石济时等。

青训班的干部（包括教员和各科的工作人员），一部分来自延安中央党校、抗大、陕公，但大批的是从学生中培养选拔的。1938 年 5 月，干部总数达到 250—300 人。从 5 月到年底一段时间，大批学生奔向西安要去延安寻找救国之路。因此，每天来安吴的青年源源不断，一个月少则六七百人，最高达千人以上。绝大部分是青年学生，全国各地的都有，还有留学生和华侨爱国青年。由于抗战形势发展的影响，广大爱国青年亲眼看到祖国大片河山被日寇践踏，绝大多数热血青年抱着救亡图存的愿望来到西安，去延安寻找革命道路。红一、二、四方面军胜利会师到延安，我们党发表了《为抗日救国告全体同胞书》，即著名的《八一宣言》，在全国人民中影响很大，深得人心，要抗日救国必须依靠共产党领导，由于地方党组织长期在青年中做了大量工作，特别是白区青年工作有基础的河南、上海、北平、天津、武汉等地，地下党动员了很多青年及学生来安吴堡。西安事变和平解决在西北学生中影响特别大，学生心向共产党，向往陕北。当时的安吴青训班实际上起了向延安输送革命青年知识分子“转运站”的作用。1938年1月至6月，西安地下党送的学生最多，有二中、西师、西高、女师、西北临大等。海外华侨也很多，都是经过华侨团体介绍来的。除学生之外，还有青年工人和职员、军人。

青训班的教育内容大致分四个方面：（1）社会科学常识（马列主义基本理论）；（2）中国革命运动史，主要讲抗日民族统一战线；（3）抗日游击战争的战略战术、简要兵器常识及军事常识；（4）简明哲学原理。每期时间是一个月，因为时间一长就没地方容纳了。后来期数互相交叉，流水毕业。到1938年三季度后，有一些队延长到两个月。专业队，如文艺队、军事队、速记班等就不受时间限制了。

青训班的基本方针是向一切爱国的青年宣传我们党的抗日民族统一战线，在具体实施中贯彻实行统一战线，使党的洛川会议精神得以具体体现。以上四方面课程，最基本的课程还是统一战线。学员受训期限虽短，但对他们影响深远。这些学员抛弃旧的生活习惯，热情地接受新的生活；而且思想上也大大提高了他们的政治水平，把他们从封建思想和小资产阶级影响之下解放出来。一些进步快的学员有的加入了中国共产党，有的成为党的外围组织成员。

泾阳县的安吴堡当时是国民党统治区，蒋介石假合作真反共的两面派伎俩，随着他在华北等战场上的失败愈演愈烈。1938年后期，泾阳地方反动势力不断向安吴堡进行侦察和捣乱，还在附近的云阳镇、鲁桥镇、三原县城和泾阳县城设立秘密督视据点。在青训班附近新办了一些国民小学，派来了经过国民党训练的一批教员，虽然不全是特务，但很多是接受了任务来向青训班作策反和对抗的。

1939年5月以后，蒋介石背信弃义，对延安实行封锁，掀起了反共高潮，情况日渐恶化。国民党反动势力加剧了对安吴青训班的封锁，通往安吴堡的各个要道——咸阳大桥、草滩渡口、三原城鲁桥镇、泾阳城及泾渭河畔各渡口点，到处都设立了卡子、哨所检查站，拦截到青训班学习的各界青年和学生。同时还在安吴堡通往延安和陕北的道路上扎下卡子和驻上军队及稽查人员，完全断绝了安吴青训班与延安的通道。国民党特务采取欺骗手段，向不明真相的学生散发他们的所谓招生简章，有一些学生因此上当受骗，陷入虎穴；一些来安吴青训班的学生在途中被绑架，进了青年劳动营。这样一来，青训班学生来源大大减少了，周围形势日趋紧张起来。但不管国民党在政治上、文化上、军事上怎样封锁我们，青训班依然坚决按照党中央提出的“坚持抗战，反对投降；坚持团结，反对分裂；坚持进步，反对倒退”的主张，同国民党特务进行了有理有利有节的斗争。

青训班是锻炼培养人才的一所青年学校，我父亲这批老同志也在实践过程中不断努力提高，掌握适应教育工作需要的新本领。我父亲开始在教务处军事科当教员，到第五期时兼任学生第 5 队队长，1939 年的七八月份又担任了生活指导处处长，九十月份刘瑞龙调走后，担任了代理班主任，和张午一起负责青训班的全部工作。

1940 年 4 月 13 日，中央书记处来电报要求青训班撤退，担任代理班主任的我父亲和生活指导处处长张午等同志，按中央的指示和上级要求做好学生的思想动员，做好地方群众工作以及撤退的一切善后处理，抄小路安全地把全部学生送到了延安。

安吴青训班，在我们党为了夺取抗战胜利需要人才的时候，以抗日民族统一战线的形成出现，在国民党统治区，用自己独特的教学方法和“爱国抗日”“救亡图存”的响亮口号，把成百上千的青年——各族各界的知识青年吸引到自己身边，加以短期训练，使之受到马列主义科学的启蒙教育，树立起为人民、为祖国而献身的革命人生观，为中国革命队伍输送了大批有理想有觉悟的知识分子。而这些人中，很多后来都成为我党的高级领导干部，这在中国青运史和抗战史上都是空前绝后、了不起的成绩啊！

晚年的父亲经常向我们讲述青训班的往事，第一次从延安坐卡车到泾阳，第一次和真正的大知识分子打交道，第一次听学生们拉小提琴，第一次看见电灯泡，第一次青年学生身上感受和学习到了很多新思想，新知识……受益匪浅。随着岁月的流逝，吴家大院的红色岁月将彪炳千秋。

（本文作者：朱致平之女，原京棉集团第三职工医院口腔科主任）

刘显宜认知和了解的白求恩

◇刘垣生

刘显宜【1903 ~ 1976.9】

湖南耒阳芭蕉乡人。1928 年参加工农革命军，同年加入中国共产党。抗日战争时期，任八路军第 115 师供给处军实科科长，晋察冀军区司令部管理科科长，副官处处长。

抗战时期，刘显宜在晋察冀军区司令部工作，直接为军区机关做好保障服务。他受聂荣臻司令员指示，为白求恩大夫提供后勤保障，有力支持白求恩全身心投入工作，也在与白求恩的交往中深受感染和教育。

我的父亲刘显宜于1928年4月参加了工农革命军，后来曾参加了长征。1937年抗日战争爆发，根据中央指示，八路军115师一部分开赴山东，开辟山东抗日根据地，一部分留在华北建立晋察冀抗日根据地，我父亲被留在了华北，任晋察冀军区司令部管理科科长，3个月后管理科改为副官处，他是首任副官处长。1940年晋察冀军区成立了兵站部，我父亲又兼任兵站部长。

◇抗战时期晋察冀军区司令部在阜平。前排左起（坐）：孙毅、聂荣臻、聂鹤亭；后排左三起：刘显宜、黄鹏、唐延杰、李廷赞、刘彬、张挺。

虽说父亲没有文化，只上过两个月的私塾，但他记忆力非常好，工作责任心极强。他管理着晋察冀司令部的人、财、物及所有对外联络和接待，繁重而杂乱，且没有具体范围，几乎承担着军区司令部除了作战外的一切工作。但每项工作他都能够安排得井井有条、细致入微，深得军区领导和广大干部群众的信任和爱戴。

抗战时期，晋察冀司令部大都在山西的五台山，以及河北的阜平及平山一带活动，那里都是些贫困的山区和半山区。副官处要负责司令部和直属队所有人员的吃、住和安全保障。特别是抗战初期，部队没有后勤保障。当时父亲操劳的最大问题，是解决部队吃饭问题。他依靠地方党组织，四处筹粮，赶上年景不好，筹不到粮食，战士时常断顿，加上敌人封锁，战士们每天只能吃二两黑豆，我父亲焦急万分。他四处找老乡买羊，杀羊给战士们吃，组织人下河摸鱼，上山采蘑菇。赶上好年景，筹上来粮食，又没有地方储存。战争环境中，部队不可能建设自己的粮库，为保证粮食安全，还要去联系地方党组织，把所筹的粮食“藏粮于民”。

战争环境中，司令部经常转移。父亲的老战友何芹生叔叔，当时在司令部机要科工作，他回忆道：“1937 年 11 月 18 日，军区领导机关从山西五台县移至河北省阜平县城时，日寇调集了 2 万多兵力，对我根据地发动了首次围攻。军区机关由阜平城转移到五台县的金岗库。我记得那时候显宜同志带领少数人员徒步先行出发，翻山越岭爬过龙泉关的高山，为司令部准备食宿事宜打前站，途中摔伤了腿，脚上打了血泡，在卫生所医治好久才愈。八年全国抗战中，敌人围攻‘扫荡’频繁，特别是 1938 年 9 月敌人集中 5 万余众，对我以五台为中心展开全面围攻，我军区机关由金岗库分散转移。1940 年的百团大战，1941 年粉碎敌伪 7 万之众的‘铁壁合围’的大‘扫荡’，1942 年敌对我根据地的‘蚕食’和‘扫荡’，1943 年敌人的毁灭‘扫荡’，1944 年至 1945 年我军扩大解放区，军区机关的频繁转移行动，显宜同志都是为司令部首长和各科室人员打前站，安排宿食，解决司令部的住宿和人吃马喂。抗战中我一直在机要科工作，全科三四十人，因工作需要总要有大一点的房屋，有桌有凳，有油灯，因通宵工作还要吃夜餐。吃饭、睡觉和工作，往往占了一大片地方，显宜同志根据这些特点，总是处处关照，问寒问暖，亲自深入过问，尽量设法解决困难，保证了军事首脑机关的通讯、联络畅通。他日夜奔波，尽心尽力，吃苦在前，撤退在后的工作精神，赢得了司令部军区首长和全体同志的高度称赞。”当时，部队每转移一处，聂荣臻司令员总是带着我父亲到村子里了解情况，看谁家断粮了，谁家有病人，有没有逃荒的老百姓。聂司令总要指示我父亲搞一些粮食和药品给老乡送去。遇到灾荒，根据聂司令的指示，我父亲要组织机关人员帮助老乡们抗洪、抗旱，有时还帮助他们植树造林。

父亲对司令部的每个人都给予了无微不至的关心。凡派到首长身边的工作人员，父亲总是先留在自己身边先工作几个月，耐心教他们如何去工作，满意后再派到首长身边。当时司令部卫生所医生张业胜，半个多世纪都过去了对此依然记忆犹新：“1941 年 2 月我从白校毕业，是他写信给学校，让我调回司令部。我当时才 20 余岁，去司令部当医生怕别人看不起，想调到分区去。当我来到司令部时，副官长亲自给我发了一套新军服，带我到各科，找科长做工作，树立我的威信，使我安下心来。在抗日战争时期，我一直也没有离开过司令部。他在司令部机关，上至司令员、参谋长，下至机关各科及基层勤杂人员，人们都信赖他，他以身作则的作风感动着大家。1941 年灾荒非常严重，我们住在平山寨北村，部队没有粮食吃，每顿饭要上秤量，但家属来部队，副官长还是尽量让家属们吃饱、吃好。那年我父亲从阜平来看我，他亲自指示小灶给老人打饭吃。我父亲已经是一年多没吃过白馒头了，感动得直流泪。一些从司令部精兵简政回家的战士，因家住游击区，生活困难，又找回部队，副官长总是先安排吃饭，然后再慢慢解决困难。”

1942 年秋末，父亲到白求恩学校检查工作，发现教员的床上只有席子和一条单子。天已经很冷，年轻的学员能抗得住，教员大都是知识分子，身体单薄，有些年纪也大。父亲觉得再困难，也不能冻坏了这些同志。他立刻将此事报告了聂司令员。最后，经特批，给每位教员发了一条被子和一条褥子。

司令部有四个休养连，住着很多伤员，其中的 4 连都是重伤员。尽管司令部里里外外的事很多，父亲几乎每天都要抽空去看伤员，不仅看得非常仔细，甚至询问到每一件生活用品，诸如毛巾、肥皂等有没有、齐不齐等。

军区司令部是晋察冀军区的首脑机关，接待工作大量而繁琐，因此，在副官处下设有专门负责接待的科，当时叫交际科，主要负责以下接待工作：

一、接待八路军总部及各分区来晋察冀司令部办事的首长及各地公事人员。

二、接待爱国人士和投身革命的爱国青年。当时从北平有大批爱国人士、爱国青年来到根据地，然后去延安（我母亲当时是北平的爱国青年，1938 年随一支百人的队伍从涞源去延安，在金岗库军区司令部由我父亲向她发的军装）。

三、接待地方干部和老百姓，那时军队与地方政府和老百姓的联系非常多，无论是在生活上或是工作上都离不开他们的支持。

四、接待国际友人，为了支援中国的抗战，不少国际友人也来到了晋察冀边区，或是工作，或是路过，如美国的马海德、加拿大的白求恩和布朗、印度的柯棣华和巴思华（巴苏华）、奥地利的傅莱、英国的林迈可等。留在晋察冀边区工作的一些国际友人，如白求恩、柯棣华、傅莱等人的生活，也都是我父亲亲自安排的。父亲对这些不远万里来到中国的国际友人表现出极大的热忱和体贴入微的关怀。

1938 年 6 月 17 日，白求恩大夫率领的医疗队历时两个月，从延安来到山西省五台县金岗库，那是晋察冀军区司令部的驻地。根据聂司令员的指示，一大早，我父亲就指派管理科的范镇平、荣光、边振瀛和吴锦亚等人，联系部队把所有的大街小巷扫得干干净净，张贴了各种颜色的欢迎标语，整个村庄就像过年一样。并派出骑兵通讯员跑出十多里去迎接。当白求恩医疗队一行到达后，聂荣臻司令员和其他军区首长率领军区机关部队在村头列队迎接，当日下午还在金岗库南的古佛寺庙前召开了有数千军民参加的欢迎大会。由于白求恩的编制是在军区，他的生活由军区司令部负责，实际就落在我父亲身上。父亲想到，白求恩大夫是一个外国人，语言不通，如何交流；生活习惯不同，如何能在这种艰苦的环境中生活下去。

因此，为了让白求恩能尽快投入工作，我父亲就和聂司令员商量，设立一个专门为白求恩服务的生活小组，这个小组包括：翻译（董越千）、勤务员（何自新）、马夫（王永贵）、炊事员（冯志华）和负责医疗器械的助理（赵冲）。由于这个生活小组的出色工作，白求恩在晋察冀边区愉快地工作生活了一年多。对于这个生活小组和他在边区的待遇，白求恩非常满意。他在1938年8月21日给加拿大友人的信中写道，“我有一个炊事员，一个勤务员，自己的住宅，一匹日本骏马，一副马鞍。我没有钱，也不需要钱。一切均已供应。”

抗战中的晋察冀边区，生活非常艰苦，物资十分匮乏。聂司令员指示我父亲：对于白求恩的工作和生活，条件无论多么艰苦，都要想尽一切办法为其提供和创造方便的条件。父亲作为主管白求恩生活的副官处长，亲自为建设白求恩医院跑建筑材料，制作医院所需设施，不管白求恩的医疗队走到哪，司令部里只要有了好东西，无论是吃的还是用的，父亲总是想方设法带给白求恩。白求恩在信中说：“他们把我当作国王般的同志，给予各种无微不至的关怀和难以想象的礼遇。”白求恩每个月的津贴是经我父亲发给他的。一开始组织上决定每月给他100元津贴，当白求恩得知这是聂司令员对他的特殊待遇时，立即婉言谢绝。为此，他还给毛泽东写信，说明他不需要钱，请将这笔钱用于前线更需要的地方。组织上只好以白求恩的名义，将这笔津贴费存作伤员的特别费用。白求恩如果临时需要经费，可直接向我父亲提出。这在他给八路军军事委员会的电报中写道，“我本人若需少许款项，当随时向此间司令部支取”。

白求恩是著名的胸外科医生，在加拿大有着非常优越的生活条件。在晋察冀，他亲眼目睹了日军疯狂的“扫荡”，残酷的“三光”政策及严重自然灾害后边区百姓的悲惨。白求恩甚至拒绝了我父亲为他做一身新军装的建议。“我的衣服够穿了，节省下来给战士们。”生活小组的同志们经常看到白求恩在油灯下自己补衣服，补好了再穿。他已经把自己当作一名普通的八路军战士，对自己的生活，已毫无所求，婉言谢绝组织的各种照顾。他穿上了草鞋。我父亲听说二分区在一次作战中，缴获了日军大量的被服，其中有皮飞行服，就到二分区亲自为他挑选了大号的飞行服和帽子，送给白求恩，这是白求恩来到中国后接受组织上给他最贵重的物品了。

在白求恩眼中，伤病员是最重要的。当他看见从战场上下来的伤员，穿着血迹斑斑、肮脏不堪的衣服，身上还长满了虱子，就把自己干净的衣服送给他们。伤病员的被褥被尿液浸湿了，就拿自己的鸭绒被给他们盖上。为了抢救重伤员，他把自己的鲜血输给他们，用他从国外带来的荷兰纯牛乳和丹麦咖啡，亲自到厨房煮牛奶，烤馒头片，分给伤员吃。他在给约翰·巴恩韦尔的信中写道："所谓的医院，仅仅是偏僻农村里的平房，用黄泥和石头盖成，处于高达一万英尺的荒山深谷中。"在给加拿大友人的信中有着详细的记录，"这里有175个伤员，散住各户。他们躺在硬邦邦的砖炕上，下铺少量干草，令人不忍目睹。一部分人没有被单，没有一个人有毯子。他们全身长满虱子。穿在身上的仅有的一套军服，也因9个月来的战斗生活而尘满垢积，肮脏不堪。他们的绷带几经洗濯，早已变成烂布条了。3名伤员什么衣服也没有，其中1人因冻伤坏疽，失去双脚，他们蜷缩在单层的被单下……他们的伙食仅为小米粥。所有伤员均贫血和营养不良。多数人因败血症和饥饿，生命垂危，肺结核患者亦多。"就连做手术也是"在一个肮脏的小庙里，身后一尊20英尺高的、脸部毫无表情的佛像凝视着我"。在给马海德的信中写道："全区1300万人口中，我是唯一合格的医生"。"医院里经常有2500名伤员，去年（1938年）作战1000余次，而只有5名中国医科大学毕业的医生、50名没有受过训练的'医生'和1个外国人承担了全部工作。"开始的时候，只要他看到有人没按要求操作就发火，有时甚至动手打掉手术时别人递错的器械。但是，逐渐地他不这样做了，而是非常耐心地给他们讲应该怎样做。因为他看到了这些医生是那么地刻苦学习，那么甘愿自己受委屈也要跟着他学习，他被感动了。他这样写道，我"常被他们的无能、无知、无序、无心搞得非常恼火，但是他们的朴实、好学和纯真的同志情谊和无私精神，常常使我的怒火最终消于无形"。逐渐地，他更多地看到了这些医务人员的长处，他这样说："他们非常渴望学习，渴望提高，经常为他们的工作做自我批评。"白求恩已把自己融到了这些人员之中，真诚地说："能够成为同志们中的一员，同他们一起工作，对我而言是一笔宝贵的财富。"他和战士们吃一样的饭。有时没吃的，他就和大家一起挨饿。白求恩给加拿大友人的信中写道："我的确很累……我的每一分钟，从早晨5点半到晚上9点，都排满了重要的工作。"

白求恩是一个高尚的人，一个纯粹的人，一个有道德的人，一个脱离了低级趣味的人，一个有益于人民的人。他感动了边区所有的人，得到边区人民深深的爱戴。

聂司令员叮嘱我父亲说，"每顿饭一定让伙房给白求恩同志另外炒菜"。我父亲为白求恩安排了两位炊事员，一位做中餐，一位做西餐。他们为白求恩大夫自制了土面包，是用玉茭面做成饼，切成片，淋上油在火上烤，烤至焦黄，吃的时候再抹上蜂蜜或白糖。白求恩吃得很香，但他最终还是拒绝了"土面包"，"你们的好意我领了，我来中国就是准备吃苦的，你们吃什么，我也能吃。"白求恩坚持只要一名炊事员，为此还和聂司令员吵了一架。白求恩说，自己是一个八路军战士，要与八路军过同样的生活。

从白求恩的衣食住行到工作，我父亲的照顾也是真诚的。我父亲非常关注作战部队的战争缴获，但凡有罐头、炼乳、奶粉、饼干一类的东西，总先送到白求恩处，并嘱咐白求恩"随身多带一点饼干。行军、手术常常没有钟点，随时吃一点"。物资最困难的时候，父亲也想方设法派人到敌占区去买些奶粉、炼乳、白糖等食品送给白求恩。白求恩得知后，要求少给他买东西，拒绝花钱到敌占区去给他买东西。

白求恩喜欢骑马，马也是白求恩最好的交通工具。父亲看到白求恩从延安骑来的那匹白马有些老了，觉得他要去各个作战部队抢救伤员，应当有一匹年轻健壮的马。他得知二分区在一次战斗中缴获了一些军马，立刻跑去挑选。父亲曾在115师骑兵营战斗过一两年，很熟悉马，精心挑选了一匹棕红色的大洋马送给了他。1939年11月1日，白求恩在为一位颈部患丹毒合并头部蜂窝织炎的伤员手术时，被丹毒感染。11月7日他高烧40℃，仍然坚持要去前线救治伤员，摇摇晃晃地骑在那匹棕红色的马上来到王家台，这是白求恩最后一次骑马。11月12日，白求恩在中国走完了他光辉的一生。我父亲和游胜华、邓拓等人一起安葬了白求恩，聂司令员指示由我父亲负责保管他的遗物。当时在反"扫荡"中，为了不被日军发现和破坏，父亲就将这些遗物坚壁在和家庄附近的大山里。反"扫荡"结束后，

1940 年 1 月 5 日，举行了有上万军民参加的追悼大会。按照白求恩的遗嘱，我父亲将他的遗物亲自送到相关人的手中。

1941 年反“扫荡”战斗中，日军飞机疯狂轰炸，父亲胸部负了重伤，伤势很重，生命危急。聂荣臻司令员非常焦急，亲自过来看望，给卫生部游胜华部长、白求恩国际和平医院陈淇圆院长、柯棣华大夫分别打电话，要求他们想尽一切办法抢救我父亲，并将白求恩大夫留给他的行军床，送给我父亲养伤。

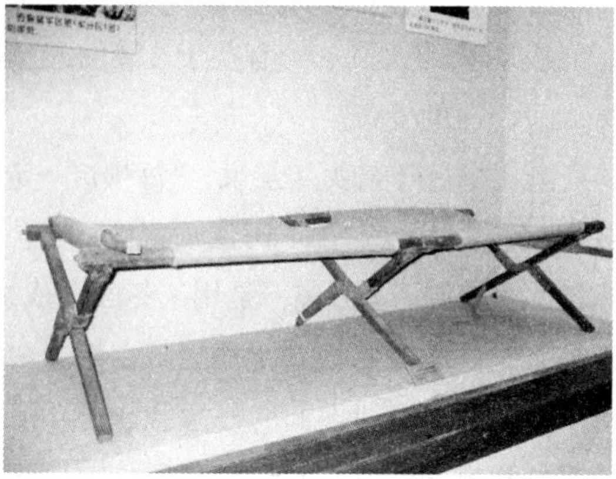

◇聂荣臻司令部员送给刘显宜养伤的行军床，现存于山西武乡八路军纪念馆。

八年全国抗战期间，我父亲深受晋察冀军区首长和同志们的信任和爱戴，聂司令员连私人印章都委托我父亲管理，司令部的每一个人提起我父亲无不交口称誉。

（本文作者：刘显宜之子，旅游杂志社干部）

李真花木沟脱险记

◇李晓林

李真【1918 ~ 1999.5】

江西永新黄门坊村人。1930 年加入中国共产主义青年团。1932 年参加中国工农红军。1933 年由团转入中国共产党。抗日战争时期，任八路军第 120 师 359 旅 718 团医生，主治医生，冀中军区特务团卫生队队长，冀中人民自卫军卫生部政治委员，冀中军区警备旅卫生部部长兼政治委员。1943 年任晋察冀军区第三军分区卫生部部长。

1943 年 10 月间，时任冀中军区六分区卫生部长的李真与七分区 22 团左叶同志一道，护送伤病员向晋西北转移，途经花木沟时遭到敌人“扫荡”进攻，在身负重伤的情况下艰苦脱险，成功突围。

1943 年 9 月间北岳区的反“扫荡”战事紧张起来。

在河北涞源境内的神仙山脚下，人们纷纷传说着日军进攻山区的消息，有的说敌人占领了城南庄，有的说涞源之敌开进了走马驿。

这次日军采用铁壁合围的战术，企图把八路军一网打尽，彻底摧毁北平、太原、保定、石家庄之间的这块根据地。我军主力部队准备在当地群众的密切配合下转移到敌后去打击敌人。当时，我父亲李真是任冀中六分区卫生部长，他与七分区 22 团团长左叶带两个连，正在护送 600 多名伤病员向晋西北根据地转移，准备完成任务后到延安学习。

◇抗战时期的李真

10 月一天黄昏，风卷着树叶和黄沙，掀起了飞沙走石，打得脸上像刀割一样的疼。

我父亲和左叶带着部队开进神仙山西侧的花木沟村。村里的游击队，民兵都撤走了，老百姓也只剩下几个特别熟悉山路的青壮年，他们是为部队操守粮食和作向导的。除此没有别人，村子里空荡荡的，显得阴森森的。连日来情况很紧张，敌人荡平神仙山的“扫荡”战早已开始，我父亲他们在敌寇分进合击中，凭着根据地人民的帮助和对地形熟悉的条件，巧妙地转移出来。十几天里，他们风餐露宿，有时一天吃不上一顿饭。饥饿疲劳把身体拖瘦了。回归热、恶性疟疾，使他们持续发高烧。我父亲刚躺在玉米秸的地铺上，左叶走了进来，坐在地铺上安慰他说："不要紧，尽管敌人疯狂的追着我们，但我们是能够完成任务的。"并接着说，因为我父亲生病，如果实在不能随军行动就把他安置在老乡家里，把病治好了再去延安也不晚。我父亲说："不要紧，请不要为我担心。现在要紧的是要连续行军作战，部队相当疲劳，请你把部队的休息先安排好。"话音刚落，忽然沟里响起一阵激烈的枪声，警戒部队又和敌人打了起来。左叶立刻吩咐担架人员做好准备，然后又回头对我父亲说："你快上担架，我在前面去看看说吧。"他急忙去指挥部队转移。警卫员小郝刚把我父亲扶起来，门槛还没有迈过去，枪声和手榴弹的爆炸声就在院外响起来了，听着急促的脚步声，我父亲感到问题严重，担心老左怎么样了。部队如果失去指挥，那可糟了。我父亲一只脚刚迈出大门，一阵叫骂声和喊杀声混杂一团，我父亲急忙转过身子，小郝搀扶着我父亲拐进屋角，翻过矮墙，把我父亲背上，在夜幕中他们摸着田埂向神仙山飞奔。

突然，似乎一种什么力量猛推了一下，我父亲和小郝两个人倒下去了。几分钟后，我父亲从昏迷中醒过来，他使劲地去拉小郝，拉不动，他就喊也没有回声。我父亲去摸他的头，一股热血粘满了我父亲的手，他牺牲了，我父亲的心激烈地在颤抖着。望着他那孩子气的面孔，因流血过多像纸一样的白，我父亲抑制不住这意外的悲痛，热泪夺眶而出。敌人在紧急搜索，我父亲还要与他们周旋，便试着站了起来，向前刚迈了几步，突然天昏地转，就又昏倒在地上。在我父亲的前面又出现了小郝那张红润的脸。这孩子从小生长在冀中平原，参军之后就跟着我父亲，在敌人五一"扫荡"时随主力部队南下了，他们日日夜夜的活动在赵县、束鹿等地区。有一天夜晚，敌人包围了村子和我父亲住的院落，正在每条街搜索的时候，几个日军和伪军冲着我父亲住的院子走来。日军喊叫着："八路的老百姓，通通地到西边打谷场集合的有。"他们把我父母亲，还有小郝堵在门口，嚎叫着。小郝急中生智，把我父母亲拨在一旁，冲着前面两个敌人使劲一推，敌人跌倒了，趁他们还没有爬起来的瞬间，我父母急忙转过屋角，在一片黑暗中奔往熟悉的河边去了。几个月来，小郝同我父母一块儿转移，一块儿挖地洞，一块儿过封锁线，经常穿梭在石德路、沧石路之间。饿了，他设法买来窝窝头、高粱饼；渴了，他设法搞来水，大家亲如兄弟一般。可现在他却牺牲了在我父亲身旁，再也看不到他那活泼的面孔了，也听不到在对敌斗争中的言语了。当时，我父亲忘了是在敌人重重包围中，顿时大声地哭了出来，幸好被敌人的厮杀声掩过去了。这时我父亲摸了摸自己的嘴，遭了，他也负伤了。我父亲侧转身，左臂支撑着坐了起来，顿时眼花缭乱，天地像推动着磨盘，转得更加厉害，支持不住，又倒下了。清醒过来后，他忍着痛，说什么也站不起来，就手脚并用地支撑着一步一步地往前挪。爬到哪里去？队伍受了多大的挫折呢？现在转移到什么地方了、一连串的问号和担心在他脑海里浮动。他爬着爬着，头一昏又迷失了方向，昏了过去。

我父亲在山谷里爬了很久，竟没爬出敌人的包围圈。原来绕过几道梯地，打起了回旋。在错觉中，他认为再爬过前面的山岗，就到神仙山的岭根村了。他爬过一滩溪水，又爬进了一条狭窄的山沟，正在重新判断方位时，他的手摸到一个僵硬的身躯。我父亲想坏了，这不是又回到我和小郝负伤的那个地方了吗？他一下醒悟到了。这不是什么快到岭根村了，而是转回到离花木沟不到半里路的地方。一转念，一种特别的心情，我父亲抱着小郝的脸，用溪水把脸上的血洗干净，然后把他抱起来放到深坑里，用毛巾盖上他的脸，搜寻了一些碎石和泥土，把小郝掩埋了。面对悲痛和自己的创伤，我父亲战胜困难的信心更足了。

这时，月亮已过中天。疲劳干渴，喉咙似冒出火花，本来负了伤就不能喝冷水。但到这时顾不得一切，我父亲坐在一块石头上扑下身子，狼吞般地喝着，把由肺里咳出来的血全部吐了出来，顿时觉得舒畅多了，又借着月光仔细地辨认了一下方位。天快亮了，四面山头上的敌人还在搜索，村子里、山坡上、高粱地里到处狂喊："出来吧，皇军不杀你，再不出来就开枪了。"在无奈之下我父亲又爬进了一块高粱地里。耳鸣的厉害了，似乎是他的头朝村中通往神仙山的小路，我父亲的脚朝着一条很深的山沟。路和沟的汇合处呈三角形。

10月的天气，高粱叶子青得相当茂密。敌人派了一队人马顺着通往神仙山的小路，迅速地展开搜索。敌人的脚步声听得很清楚。我父亲探探头，从高粱秸子的缝隙中能看见日军凶残的脸。他把腰间的手枪掏出来，顶上红门子，心想：你搜吧，搜不到我这里便罢，若搜到我这里，那就一个换两个。几个钟头的搜索过去了，我父亲躺在那里，口渴得不行。他用舌头舔舔潮湿的泥土，但是稍微翻动一下，血吐得更多。这时，我父亲镇定地摸了一下伤口的位置，这才知道，子弹穿透了他的左臂，打穿了肺部两叶，在左肩胛背侧，张开了血口，有铜钱那样大。负伤已经20多个小时了，无止血药，血口敞开着。黄蜂、牛蜂在我父亲伤口附近吸着。蚂蚁成群结队把我父亲的血痂撕碎，成批成批地搬入它们的蚁穴。

中午的太阳非常火辣，伤口疼痛难忍，被黄蜂蜇过的脸和脖子，伤口红肿起来。我父亲心情非常烦躁，恨不得找几个鬼子跟他们拼了。下午3点左右，听不到杀鸡宰牛的喊叫声，也听不到搜索的吆喝声，我父亲想，敌人这次妄图消灭这支英勇善战的部队又扑空了。

我父亲正在思量如何去找部队时，突然敌人从山上赶下了一群羊。羊撒满了我父亲的这片隐蔽地，羊羔走到我父亲的身边，有的仰头吃高粱叶子，有的舔伤口流出的血。跟在羊群后面的敌人，端着上了刺刀的枪，在太阳光照射下明晃晃的刺刀晃得眼痛。我父亲用小石头把羊打开，领头羊似有意识地咩咩叫了几声，所有的羊都跟着它走了。我父亲又侥幸地避开了一场灾难。好不容易太阳下山了，山谷间一片昏暗，被炮火惊呆了的狼又在树林的深处嗥叫。牺牲的战士还没有掩埋，山谷里阴森森的到处响着恐怖的回音。然而在东北方向却滚动着隆隆的炮声，也许敌人的主力又投入新的合击圈去了。我父亲在草丛中、石缝间，不住地蠕动。夜深了，在银色的月光下，我父亲看见几个人影，他们正寻找着什么东西，一会儿翻动西边的芦苇，一会儿拍拍巴掌。他们手提的驳壳枪，不时地映着月光闪出一道道亮光。人影的跳动，这一切是我父亲判明了敌人的去向，也许是过于兴奋，或者是疲劳过度，他又昏迷过去了。

不知道怎么一回事，我父亲醒来时已安然地躺在岭根村的一个草屋里。

我母亲坐在他的身边，抚摸着父亲滚烫的头，母亲用毛巾轻轻地擦洗着父亲嘴角上的血痂，同志们告诉我父亲，部队和伤员突出了重围，胜利地转移到外线并趁机越过了同蒲路，到了晋西北。我父亲见到同志们无微不至地关怀着他，他觉得革命大家庭，无比的温暖幸福。

（李真之女李晓林：文化部中国画研究院办公室主任，山水画家）

『晋察冀边区一等战斗英雄』杨世明的抗战岁月

◇杨怡

杨世明【1907 ~ 1986.6】

湖南浏阳金刚明星村人。1927年参加湘赣边界秋收起义。1931年加入中国共产党。抗日战争时期，任八路军总部特务团连指导员，晋察冀军区第二军分区6大队营政治教导员，第4团政治处主任，第19团政治处主任，第五军分区5区队政治处主任，第43团政治委员。

“晋察冀边区一等战斗英雄”杨世明自参加中国工农红军，就把自己的整个生命融入革命的洪流之中。他晚年留下了寥寥不到5万字的回忆录，其中记录了浴血奋战、舍生忘死、身先士卒的抗战经历。

我的父亲杨世明在退休后写下寥寥不到5万字的回忆录。在他关于抗日战争的文字里，从全国抗战开始到结束的八年，记载下父辈浴血奋战、舍生忘死、身先士卒的英勇经历，无愧“晋察冀边区一等战斗英雄”的光荣称号。

走向晋察冀抗日战场

1937年抗日民族统一战线正式形成，这是国共两党的第二次合作。

3月中旬的一天，正在红军大学第三科学习的我父亲当时驻扎在甘肃木坝松明村一个破院里，政委黄欧东召集包括他在内的14名干部开会，宣布调动他们到中央教导师去当干部。第二天父亲他们坐汽车到了甘肃庆阳县，他被分配到中央教导师3团任政治指导员，学员大部分是二、四方面军的同志。

1937年七七卢沟桥事变，拉开了全国抗日战争的帷幕。8月12日，西北主力红军改称国民革命军第八路军。朱德为总司令，辖三个师：115师、120师、129师。留在湘、赣、闽、粤、鄂、豫、皖八省边境红军改编为新编第4军，辖4个支队，约15000人。红军主力改编，是为了团结抗战，反对中华民族的共同敌人，争取民族独立。改编后的八路军、新四军仍是中国共产党领导指挥的军队，是模范的抗日军队。八路军、新四军在华北、华中敌人的后方和侧面发动了广泛的游击战和运动战，开辟了广大的敌后解放区战场，一开始就显示了人民游击战争的伟大战略作用。

9月中旬（农历八月十五日中秋节），父亲他们的中央教导师和115师在晋南的侯马坐火车到晋东北的五台、繁峙、代县一带驻扎。部队路过太原市休息了三个多钟头，在太原补充了武器、弹药和装备，于下午3点多继续坐火车。大家在火车上唱抗日歌、三大纪律八项注意歌。歌唱得差不多的时候，政治委员王近山说："大家欢迎杨世明同志吹口琴，好不好啊？""好！"我父亲取出在"红大"学习时，用"特等射手"奖品换取的心爱口琴，为同志们一连串吹了抗日的曲子，大刀歌、三大纪律八项注意歌等。

傍晚时，部队到达河边村，这里是山西土皇帝阎锡山的家。听说阎督军村的村长必须是县级干部才能当。部队在这里组织了三个连的游击队，过了数天改为三个中队。有一天晚上，2中队有的战士对三大纪律八项注意领会得肤浅，他们把阎锡山家西花园仓库的银筷子、银勺子拿了两箱。有的战士回来高兴地说：银器库里有的是。特派员金明智向我父亲将2中队的情况做了汇报后，当晚就动员，将拿来的银器全都原封送回。

八路军开赴前线的第一仗，就是平型关歼灭战。115师以突然、猛烈的袭击全歼敌人1000余，首战告捷。我父亲和12个人负责组织担架队，担架队在抢救伤员时不注意隐蔽，伤亡10多人。战斗后转移到五台苏子坡住。有一天，在南茹村，朱德总司令给随营学校200多同志讲话。在一个大树下，朱总司令坐在一张旧椅子上，也没讲稿，动员大家到山西、河北地区扩大游击队，鼓励大家每人带5万人。

平型关战役后，115师主力转移娘子关，约留下2000人（随营学校200人在内）在五台山地区，着手组织游击队、自卫军等人民抗日武装，建立政权。国民党继续溃退，当日军突破雁门关时，八路军115师一部（步兵支队、骑兵支队各一）牵制日敌南进。这时，国民党军队第15军亦阻于忻口，开始战斗。在整个忻口战役中，八路军主力进攻敌两侧及侧后，以最积极的动作袭击敌人后方，直接策应国民党作战28天。我父亲在受禄镇距忻口15里处组织游击队，每天在炮火声中。那时在晋东北组织了3个大队（4、5、6大队），父亲他们6大队是在宏道镇成立的。

1937年11月7日成立以五台山为中心的晋察冀军区，并成立二分区游击司令部，司令员兼政委是赵尔陆。6大队在代、崞一带活动。在代县阳明堡战斗中营长郑礼平牺牲，大队长刘东纪指派我父亲代理营长继续战斗。

1938年冬，6大队在五台县窑头脑上担任警戒。这时，八路军358旅从山东省调到晋西北去。头天晚上，分区司令员郭天民给我父亲打电话说："我们的老大哥358旅路过你们那里要住三天，房子、粮食都要便利老大哥，要热情的招待，并将忻县、五台城的情况向张宗逊旅长汇报。"第二天下午，我父亲和曾广珍骑马就跑到旅部，把情况报告了张旅长等。

第三天上午，他们请旅首长来部队吃午饭。菜上了桌，正在准备吃饭时，军区司令员聂荣臻给张宗逊打来电话说："昨天晚上五台城的敌人500余人出来了，今天早上还在高洪口袭击了我们5大队，受的损失不小，参谋长也负了伤。估计敌人今天早晨得了便宜，今天白天敌人不会回五台城，但是晚上一定会回城去的。你们跑步到石盆口部署，这是歼灭敌人的好机会，把敌人消灭在山沟里。"

张宗逊听后，即把电话机一甩到桌上，把通话的情况给在场的人讲了一遍。同时问旅作战处长说："你们谁熟悉石盆口一带地形？"曾广珍说："杨世明同志熟悉，我刚来这里。"张旅长转向我父亲："好！你带两个连和我们一同去，其余部队由曾广珍同志负责担任五台城到白家庄的警戒。"因此，菜上桌了大家也没有吃成。

他们一同出发，队伍强行军到石盆口东西天河。15公里路不到4个钟头就到了。下午5点多钟开始作准备工作。石盆口至东西天河5里多路，是一条石沟，称为石碟沟，宽的地方5丈多，两旁都是石崖。我父亲带部队把东西天河两个村子里的破大车、木板、柴火等扔到沟里，挡住去路。358旅主力部署在西天河、东天河两边山上。到第二天天刚明，敌人进入包围圈。他们用手榴弹从上向下把敌人打得无处可藏，两处制高点已经由八路军占领，敌人组织两次反冲，都被压到山沟里了。在猛打猛冲的围歼下，到下午两点多钟结束了战斗，在五台山地区打了一个最漂亮的歼灭战！战斗结束后，358 旅当晚就过了同蒲铁路，到晋西北去了。

在这次战斗中，我父亲的马夫颜金祥在喂马时，不小心把老百姓的水缸打烂了。旁边有个老大爷把大拇指一竖说：“八路军真是勇敢，一个马夫同志都是这样勇敢，一脚就把一个水缸踢破了。”为什么这位大爷这么说？因为八路军把几百日军消灭了，打烂一个水缸不算什么。但我父亲还是告诉管理员给了他钱。八路军的纪律是严明的。

1939 年 9 月，敌人集中 5 万之众，分兵 25 路，开始向内地“扫荡”。具体计划是“分进合击五台山，并进行打通灵丘、代县”。进攻的特点是集中精锐部队，沿交通要道推进。针对敌人的计划和特点，父亲他们采取了坚壁清野，诱敌深入，破坏交通，疲困敌人，游击战和运动战结合、各个歼灭敌人的方针。全晋察冀人民进行了充分准备，从 9 月 23 日到 11 月 7 日总共 45 天中，在五台山、涞源、广灵、代县、阜平等地进行大小战斗 70 余次。高洪口、河口打了四次：第一次打死打伤敌人 200 余人，缴枪 130 余支，机枪 4 挺、缴敌马 7 匹。

敌人对晋察冀边区进行所谓秋季“扫荡”，向我腹地陈庄一带突然进攻。我军诱敌深入，并在退路上设下埋伏。自 1938 年 9 月 25 日至 30 日，经六天五夜战斗，将敌 2000 人逐段逐次歼于陈庄，创造歼灭战之范例。4 团在阜平与敌作战，我父亲率 2 营担任打击敌人补给运输部队的任务，缴获枪支、马匹、白面、大米等辎重。

1941 年 1 月，我父亲调到 19 团。一天，他到位于辽县的前敌总指挥部领取 250 个掷弹筒。在麻田镇的一个大庙里，左权参谋长接待了他们，并询问了晋察冀的情况。他们将知道的情况向左权做了汇报。左参谋长对晋察冀去的人很客气，对他们食宿特别照顾。彭德怀说，特为他们杀了 3 只母鸡。我父亲回来时，彭德怀给聂荣臻写了一封信，要我父亲转交给聂荣臻。左权是一个文武双全的同志。但是在 1942 年 5 月间，日军大兵合围，在部队跳出敌人的合围外时，一颗炮弹掉落在他的身边而壮烈牺牲了。后来，辽县改名为左权县。

创造支高铁轨破路法等战术

1941年5月1日，上级调我父亲到河南区队任政治主任。刚到的第三天，敌人九路合击包围了河南区队的定襄县南庄村，由于是五四青年节，部队因不出操而没有进入埋伏圈，发现敌人后部队迅速转移，最终从羊场小道爬山到芦蓬底，从李家庄突围转移到敌占区了。

这个时期敌人为了打击反日运动，大力进行“清乡”。特别是采取“蚕食”政策，加紧实行“治安、强化”的法西斯保甲制度，用圈村办法实行了大编乡，企图肃清内部抗日分子，加强对人民群众的搜刮和镇压。在治安区（即游击区），敌人以“蚕食”为主，恐吓政策和怀柔政策并用。他们修筑封锁沟、封锁墙和碉堡，并平毁一些村庄，把人民赶到敌占区，造成无人区。对非治安区（即根据地）以“扫荡”为主，实行极其野蛮、残忍的“三光”政策。日军实行这些办法，其主要目的是摧毁敌后抗日根据地军民的生存条件。在上述形势下，河南区队党委讨论。张连奎为书记，他先和我父亲商量上级交代我父亲去担任的重要任务：在同蒲铁路上打击敌人的军用部队。打击敌人的“强化治安”运动。担任延安和东北、华北的交通护送。

我父亲带区队五个连和定襄、忻州县游击队，组成同蒲支队。同蒲路北段（大同到太原）由我父亲指挥，和日军开展交通战。以上三项任务是非常艰巨的，我父亲运用毛泽东的战略思想，最终圆满地完成了三项任务。

与敌展开交通战。因为是配合内地反“扫荡”，打击敌人军运火车、打乱敌人的军运计划。1942年6月至1943年春，同蒲支队积极地在太原至大同一大段铁路上，破坏敌人的铁路、电线及火车。基本上是外线作战。毛泽东主席曾说：防御中的进攻，持久中的速决，内线中的外线。我父亲在完成这个艰巨的任务中是完全运用了这个战略思想的。集中体现在他创造了破坏敌人火车的三种方法：

一是离轨破坏法。即先把铁轨筒的夹板螺丝拧下来，取出一边7个道钉，待敌人的火车距离两公里时，用一根五寸长木棍在铁轨上把接头支开。

这时，敌之火车离开了铁轨，待敌火车一翻，就把实现组织好了的火力向敌猛打。二是支高法。即把铁轨两边的接头夹板的螺丝取下来，在敌人火车来的方向，支高铁轨。用一根三尺五长的木头，用一班人的力量，把铁轨抬起来，这样，火车头就碰到铁轨头上。以上这两种方法适合晚上使用。这两种方法，都能把敌人的火车碰成数块，使敌司机和火车头粉身碎骨。以上方法破坏敌人的火车数次后，敌人采取措施针对我们。就是在敌人火车前面五里路，先过一辆依铁轨而走的小装甲车探路，然后敌人的火车才通行。对此，父亲他们又创造了第三种办法，即把一节一边的铁轨两头的夹板和螺丝、道钉都拧下来，待敌人的装甲车过去后，用事先捆好的一根粗铁丝 100 米或 200 米长，看地形而定。七八个人拉一头，待敌人的火车距离 200 米时，猛一拉，敌人的火车就自动翻了。然后再组织火力猛打。这种方法白天晚上都能用。

两年中河南区队毁坏敌人同蒲路上的火车头和车厢，占同蒲路 25%。此数，在延安《解放日报》半月军事刊上登载（1943 年 12 月 16 日），标题是:《同蒲路上聂荣臻一支队伍》。在《晋察冀画报》第五期上也有刊发，标题是《震荡同蒲北段的杨主任》。

打击敌人的“强化治安”。除上述与敌展开交通战外，在南王府、西章村、王进村、宏道镇等，攻下敌人的几个据点。同时大力开展八路军的政治攻势，使敌人的“治安强化”的伪宣传和汉奸不敢出来。人民群众的情绪普遍高涨起来。

交通护送任务。在这两年中，这也是一件艰巨的任务。就是东北、华北到延安往返的干部人员，有学习的、开会的，筹款的和剧社的同志去延安；延安运来的火药和边区来的人员都要经过这条路。这两年约护送过同蒲路往返 50 次之多。而占 15% 的是铁路过去的。如有一次护送 1000 多人到延安去，在金山铺战斗，那次父亲他们的四分区 9 大队队长张荣牺牲了。又如在神光头护送剧社的同志到延安，在神光头的战斗有几个同志伤亡了，胡朋脚上负了伤，我父亲命令张培华把她背了过去。

这两年，河南区队和定襄、忻县两个大队是特别勇敢善战的，也是非常辛苦的，平均三天一仗，有几次是一天打三仗。

荣获"一等战斗英雄"

1944 年 4 月间，由于党的正确领导和上级的关怀，以及全体指战员的一致努力和广大群众的支持，我父亲光荣参加了晋察冀边区群众大会，被评为"晋察冀边区一等战斗英雄"，荣获银质英雄奖章一枚。同时奖励 500 元（大洋）买望远镜用，我父亲当众宣布全部用于所有参加忻、定和同蒲支队的全体人员改善伙食。此事情也登载在子弟兵报上。

1944 年河南区队改为 43 团，何有发任团长，我父亲任政委，葛秀峰任参谋长，林真任政治主任。整编后，他们攻克了史家岗日军第四十八工厂（做子弹头原料的）。史家岗村周围日军设置五米多高的电网，内有日本工人和中国工人共计 1800 余人。敌人扬言：八路军能攻下定襄城，但攻不下史家岗。日军也不相信伪军，白天站岗放哨用伪军，晚上就把伪军的枪收缴了，集中放在两间房子里，由日军站岗放哨。根据上述情报，父亲他们采取了偷袭的战术。

他们事先做好了越桥跨越电网的准备，用三个的连兵力从上面爬越过去，用六个的连兵力在电网外待机。大刀把裹上胶布绝缘，里面手榴弹一响，外面就砍电网。四把大刀猛下之处，电网就像放花一样：红、绿白几种颜色乱飞一气。接着所有的电灯都黑掉了，主力部队按照事先分配的任务冲锋，把敌人全部歼灭了。所以在晋东北线歼灭战中，他们针对各种情况，采取了很多特殊打法。因此，解放后几次在晋北坐火车，到忻县、定襄、五台等地，总是回想起革命战争的岁月，终身难忘。因此，他写下了一首七言诗：

同蒲北段至晋阳，
东返忻定台阜塘。
关山千里崎岖路，
重观昔年杀敌场。

1944 年 8 月 4 日，日军一个大队护送 100 余头骡马由五台县到台山。父亲他们估计敌人当日会在台山住一夜，第二天才要返回。不出所料，8 月

5日上午10点，敌人经过上下神蛇村。我父亲的43团埋伏在东山庄上蛇神村，待敌人进入伏击圈内，一阵猛打猛冲，打死敌人大队长以下40余人，俘敌5人。缴敌机枪3挺，步枪47支，子弹11箱。在这次战斗中，我父亲和敌人拼了刺刀。就在一块麦子地里，先上来一个日军，用刺刀向我父亲腹部猛刺一刀，我父亲用枪向下一压，日军刺刀没有刺到他的腹部，而是将他的裤裆刺了一个大洞。日军见刺刀刺中，但我父亲却没有倒下，稍一诧异的瞬间，我父亲已将手中的日本马枪向他的头上开了枪，将那个日军打死了。这次战斗结束后，张连奎政委批评了他：指挥员应在指挥位置上，如果无谓牺牲了，就是将敌人一个大队全部消灭，也不合算。

1945年8月9日，毛泽东发表了《对日寇的最后一战》的声明，号召中国人民的一切抗日力量，举行全国规模的大反攻。8月10日，朱德总司令向所有解放区军队发进军令，各解放区的军队举行了大反攻。8月14日，日本政府宣布无条件投降。我父亲知道这个消息是当天晚上11点钟，二分区的政委赵尔陆给他打电话时说的，并要他星夜传达到全体指战员，并转告地方同志。通完电话后，他即告团长何友发，政治主任林真，并将如何转达做了分工。同时，又给赵家庄、定襄县委通了电话。接着，又告诉了当日从延安开会回来的萧锋。萧锋是路过此地的，当听到这个消息后高兴得很，当晚深夜备马就走！我父亲说："天明了再走吧？"他说："不！时间太长了，上级决定我去组建东海船队。"他们握手告别后，萧锋就骑马走了。

我父亲兴奋得整夜没有合眼。是呀，中国共产党领导中国人民的抗日战争，经过14年苦战，终于胜利了。

每每翻阅父亲写的回忆录，心情久久不能平静。我母亲晚年嘴边常说的一句话："我老头是战斗英雄"。这是我近几年追寻父亲足迹的主要动力。父辈们已将红色传承的一脉，留给了我们。父亲用他的经历诠释了勇敢坚定、大公无私的革命英雄主义的浩然正气。父亲用他的一生，谱写了为共产主义奋斗终身、为世界光明浴血拼搏的英雄篇章。

（本文作者：杨世明之女，北京市公安局原主治医师，一级警督）

吴岱与『老4团』战斗在沭河两岸

◇吴志民

吴岱【1918 ~ 1996.11】

福建长汀人。1931 年加入中国共产主义青年团。1933 年参加中国工农红军。1934 年由团转入中国共产党。抗日战争时期，任八路军第 115 师 343 旅补充团营教导员，山西赵洪独立营政治主任。1940 年任第 115 师教导 2 旅第 4 团政治委员，后任滨海军区第 6 团政治委员。

1941年至1945年间，吴岱作为八路军115师教导第2旅4团政委，率部在山东肥东一带建立抗日根据地，创造性开展政治工作，团结官兵关系，密切军民关系，加强支部建设，培养英雄模范，成绩显著，被八路军115师和山东军区授予“模范政治委员”。

在艰苦的八年全国抗战中，我父亲吴岱曾担任115师教导第2旅4团政治委员，先后在山东省滨海地区沭河两岸战斗了五个春秋。每当他回忆起在艰苦的岁月里与人民群众患难与共、生死相依、团结战斗的情景，心情就久久不能平静。

◇1940年，吴岱（三排左一）等率部由山西奔赴山东115师归建。次年任教导第2旅4团政委。

群众有危难：枪声就是命令

4团是一支不但很能打仗，而且有着拥政爱民光荣传统和优良战斗作风的部队。这个团的前身是1937年12月在山西省洪洞县组建的115师343旅补充团，其中3连和8连是从686团调来的红军连队，全团大部分排以上干部是经过长征的红军，曾参加过闻名中外的平型关大捷。1940年5月，在晋西支队支队长陈士榘率领下，我父亲他们从山西省临县出发向山东挺进，改为115师教导第2旅4团。为巩固和扩大滨海地区抗日根据地，保护人民群众的利益作出了重要贡献。因此，滨海地区沭河两岸的乡亲们，把我父亲所在的4团亲切地称为“老4团”，把他们看作最可亲近的人，最可信赖的靠山。

1941年秋，日军向山东省临沭县岌山前村进攻。这个村的民兵自卫队300多人立即奋起抗击，乡长张作洪及38名民兵骨干在战斗中壮烈牺牲，还有103名群众被敌人抓走。部队闻讯赶到时，看到群众遭受这样大的损失，全团指战员心里难过极了。我父亲和团长钟本才立即召开团军政委员会，认真总结了经验教训。并通令全团：今后部队“在驻地附近发现敌情，不要等待命令，应主动组织部队跑步参战”。团里还编写了拥政爱民教材，在全团干部战士中进行了教育。我父亲他们在大会小会上强调，我们是人民的子弟兵，不仅在平时要严格遵守群众纪律，而且要时刻注视敌人的动向，随时准备着用战斗来保卫人民。全团同志更加深刻地认识到，为人民服务，保护人民群众利益，是人民军队的宗旨和光荣职责。4团每个指战员在思想上都有一个明确的观念：“枪声就是命令”，“要主动打击敌人，保卫人民”，不管在什么情况下，只要群众遭劫遇难有危险，部队就立即出动前去解救。

1942年9月28日，临（沂）郯（城）公路各据点日伪军700余名，由日军32师团的小林联队长亲自指挥，分两路向沭河西岸的岌山一带进犯。父亲和新任团长贺健闻讯后，立即率领两个营投入战斗。干部战士不怕牺牲，英勇拼杀，打了不到一天，就将“扫荡”之敌全部击溃，打死日军小林联队长以下30多人、伪军70多人，俘虏伪军40多人，缴获了一批武器装备。战斗结束后，群众兴高采烈地庆祝胜利，称赞这个仗打得好，为牺牲的烈士报了仇，为乡亲们解了恨。

1944年春节前夕，沭河西朱村的群众正忙着操办年事。突然，机枪声大作，有100多名日军和伪军向朱村奔来。8连站岗的战士发现后立即报告，连长鄢思甲和指导员谭沛然当即组织部队过河迎战。营长郭廷万、教导员于敬山接到报告后，立即率领7连和9连急速奔向朱村。

8连一赶到朱村，迅速兵分三路直扑敌人。伪军闻风丧胆，一触即溃，剩下的50多名日军，也仓皇地钻进了村东南边的柏树林，我们部队立刻冲上去，一场激烈的战斗打响了。直到午后两点多钟，敌人才趁浓黑烟幕，在增援部队的火力掩护下，扔下30多具尸体，像丧家犬似地逃进大哨据点。在追击中，我8连4班长任德喜还活捉了一个日军士兵。

战斗胜利结束了，8连的同志刚刚踏上顶子村边桥头时，就被在那里久候的乡亲们包围了。乡亲们看出了8连的伤亡情况，心情顿时变了样。民兵王胡昌的母亲在队伍里喊着、叫着，一定要寻找曾住在她家的机枪班长刘希权。一位白发苍苍的老大娘在队列里像找自己的孩子一样，逐个查找住在她家的战士。当她一遍又一遍地查找，没有见到小张和老陈，得知他俩在战斗中牺牲了，顿时号啕大哭。在场的人再也无法压抑内心的悲痛，也放声痛哭起来，边哭边呼唤着牺牲同志的名字。是的，在这次战斗中，8连有24位战士献出了宝贵的生命。

战后不久，朱村的干部带领群众，又专程来到顶子村慰问8连。在慰问大会上，他们赠给8连一面锦旗，旗上绣了三个金光闪闪的大字：“钢八连”。以后在山东军区战斗英模大会上，政治部主任萧华正式命名8连为“钢八连”。

◇ 1944 年，八路军 115 师和山东军区授予吴岱“模范团政委”光荣称号。

群众有需求：为兵亦为民

1943 年初夏，沭河两岸百里平原上，翻滚着金色的麦浪，人民群众看到这丰收的情景，无不打心眼里高兴。驻在临沭县醋大庄的日伪军也早已垂涎三尺，妄想劫夺人民的劳动果实。日军小队长岩上还精心策划了一个夺麦计划，扬言要“速战速决”。我父亲了解到这个情况，立即决定，全团总动员，用战斗保卫麦收。每个连队都有明确的分工。这消息很快传到周围村庄，乡亲们喜形于色，奔走相告：“快准备麦收吧！咱们的老 4 团来了！”7 连到达贺城后，马上和地方的同志研究动员群众、组织劳力、部署兵力，并决定第二天晚上就开始收割。6 月 2 日夜晚，部队摸进了醋大庄的土围子，把日军岩上小队长的据点三面包围起来，割断了据点与外界联系的电话线，并用机枪封锁了唯一的出口，同时派人在麦地四周担任警戒。当地群众和根据地中心区来的麦收队，在朦胧的月光下，一声不响，紧张地收割，人挑、肩扛、车运，很快将麦子收完，并运到了根据地。据点里的日伪军始终没敢走出一步。当我们的部队和群众撤走时，炮楼里的敌人才冷落地放了几枪。同志们风趣地说："哟，给我们开枪送行来了！"就这样，4团和地方武装包围醋大庄七天七夜，掩护群众收麦5200亩。岩上小队长在炮楼里，眼看着小麦运到河东根据地，气得直跺脚，却也无计可施。

1941年至1942年期间，由于敌人疯狂"扫荡"，我们抗日根据地处于极端困难的时期。部队生活极其艰苦，许多部队断了粮饷供应，一天两餐，有时一天一餐，有时靠黑豆渣子、地瓜秧充饥。为了粉碎日军扼杀抗日力量的罪恶企图，减轻人民负担，坚持抗战，部队开展了轰轰烈烈的大生产运动。不仅组织部队开荒种粮种菜，而且还抽出不少干部建作坊、搞贸易，自己动手解决部队的日常生活用品和药物。1942年，全团开荒340多亩。团里还专门成立了150多人的生产队，仅1942年春、秋两季就收获蔬菜2万多公斤，高粱6539公斤，收的大白菜够全团吃4个月的，烟叶的收成也不差。生产队还自建了作坊，把花生、黄豆榨成油，除用来改善部队生活外，还支援地方政府。还搞起运输组和贸易组，化装成商人，用花生、大豆，到上海、青岛等地为部队换回药品、布匹、肥皂、毛巾等日常用品，还可换回少量的炸药。在山子口办了一个骡马大店、盐槽子（食盐公司），到敌占区去搞贩运。由于部队积极生产，厉行节约，平均每人一年生产节约可达北海币600元，使根据地群众每人每年相对减轻了10余元钱的负担。这样做，一举多得，深受地方群众和广大指战员的欢迎和拥护。

为帮助群众度过灾荒，4团组织兵力到敌占区做了几个地主老财的工作，让他们献粮食。在部队同样急需粮食的情况下，我父亲他们决定一斤不留地把这些小麦全部送给地方政府和人民群众。1942年春节前夕，江苏省东海县的敌人四处抢掠，弄走群众几百头肥猪，并准备把这些猪运往日本。猪是农民群众的重要经济收入，团领导研究决定，一头也不能让日军运走。我父亲带领2营两个连队，当夜奔袭陇海路北的伪军据点乔团村，歼灭了守敌，将600多头肥猪赶回根据地，分别送还群众和政府，赢得了人民群众一致称赞：八路军老4团，打鬼子真勇敢，为俺们办的好事说不完。

群众爱军队：纷纷来参军

1943年8月的一天，天气热得像蒸笼，为摸清马站和华埠的敌情，一连长于峰德带着战士刘治国和许光先化装侦察。当他们钻出高粱地，走到一个村头，便碰上10多个伪军从对面走了过来，相距不到100米。敌人见他们只有3个人，拼命地向他们追来。连长于峰德当即和小许敏捷地退进青纱帐。走在前面的刘治国来不及退进青纱帐，便趁机翻墙跳进了一家老乡的院子里。当时，这家只有一位50多岁的老大娘和她女儿。老大娘一看八路军跳进了院子，二话没说，便让刘治国躲进屋里，此时街上传来了敌人的叫骂声，并开始挨门逐户地搜人。大娘家里只有三间房子，躲无处躲，藏无处藏，娘俩非常着急，敌人已到院外了，为了不连累老乡，刘治国争着要冲出去与敌人拼杀，大娘怎么也不肯。为了掩护八路军，她急中生智，马上让刘治国躺在炕上，拉过一条被子给他盖好，并让女儿迅速打扮成媳妇模样，坐在刘治国身边，装成照顾病人的样子。姑娘19岁，她懂得共产党领导的八路军是穷人的大救星，没有共产党和八路军，就没有穷人的解放和百姓的安宁。今天，亲人遇难，无论如何也得营救啊！她拿定主意，豁出命也要掩护这位八路军。不一会儿，3个伪军进了赵家院子，赵大娘马上迎出来抢先搭话："老总有什么事？""有个八路军跑进了你家吗？"伪军骂骂咧咧地进了屋子，一眼望见炕上躺着的刘治国。便问："这是什么人？"赵大娘不慌不忙地回答："老总，这是我闺女和女婿，是来看我的。"姑娘接着说："我男人病了，刚吃了药，正在发汗。"伪军掀开被子一看，"病人"闭着眼睛，头上湿淋淋的。又用贼溜溜的眼睛，盯着炕沿下刘治国那双沾满了泥的湿鞋，姑娘怕敌人看出破绽，马上接着说："俺们早晨才从婆家来，过河时不小心把鞋弄湿了。"赵大娘知道保长是替八路军办事的，于是暗暗地给他使了个眼色，保长点点头，忙笑着说："老总，炕上的病人确实是她家的女婿，我认识，我可以用性命来担保。"敌人信以为真，走开了。天抹黑，赵大娘到村外望了望，见敌人走远了，才把刘治国送出村子。

1943年初，4团攻打郯城。战斗一结束，受伤的战士都被黑豆涧村的群众接去了，战士裴飞正和另一名伤员住在李大爷家。李大爷和儿子、儿媳、孙子一家人挤在四处透风的厢房，而把正房热炕让给了裴飞正他俩住，并把唯一的一床新花被拿给他们盖。吃饭的时候，李大爷一家吃的是苞米稀饭，却给他俩每人煮了两个荷包蛋。日军出来“扫荡”，村里群众顾不上照料家里的东西，首先把伤员转移到村外事先挖好的洞子里藏起来。

由于八路军在人民群众心目中享有崇高的威望，青年们把参加八路军看作是全家和全村的光荣，当时，临沭县流传着这样两句话：“参军要参八路军，当兵要到老4团”。1944年农历正月十五，临沭县在店头镇召开了几万人参加的参军大会，参军的同志有的骑着马，有的乘着车，个个胸戴大红花，热烈的场面感人肺腑。中共临沭县委决定，把农历正月十五定为“参军节”。每到这一天，全县都有成百上千的青年参加八路军。1944年“参军节”，全县有1000人参了军，1945年又有2600人参军。涌现出一批模范区、村和模范家庭。夏庄区的陈大娘有4个儿子，第一次，她送大儿子和二儿子参了军，后来两个儿子都在战场上牺牲了。第二次，她又送三儿子和四儿子报名，她说：“俺们今天能过上好日子，全是共产党和八路军给的，没有共产党和八路军就没有俺全家，所以俺要送儿子都去当兵。”经过村干部再三劝说，她才同意留下最小的儿子在身边。1945年，她的三儿子负伤回到家乡，陈大娘又把最小的儿子送到了部队。

1944年4月，八路军山东军区在碑廓召开政工会。第二天，我父亲当着司令员兼政委罗荣桓、副政委黎玉、政治部主任萧华等100多名与会代表的面，全面汇报了部队的政治工作。罗荣桓听得很仔细，有不清楚的地方都要问个明白。重要的地方都有评价。父亲汇报完了，罗政委说：“吴岱同志的汇报很好，讲得很实在。”萧华主任说：“堪称模范。”罗政委继续说：“模范，模就是样子，范就是标准。吴岱了解情况，又能根据情况找出解决问题的方法，把工作做到战士的心里，效果很好，值得我们学习。我希望山东军区的政治工作者，都要学习吴岱在实践中得出来的经验，再加上自己的创造，一定会把政治工作做得越来越好。”是年，我父亲被115师、山东军区授予“模范政治委员”称号，抗日军政大学还编印了《模范政治委员吴岱》一书，整个山东军区开展了向我父亲学习的活动。

（本文作者：吴岱之子，曾任北京卫戍区石景山武装部政治委员、中共石景山区区委常委，大校军衔）

余克勤抗战八年转战冀鲁豫地区

◇余豫东

余克勤【1913 ~ 1988.9】

河南固始人。1929 年参加中国工农红民。1930 年加入中国共产主义青年团。1933 年转入中国共产党。抗日战争时期，任陕北公学支队长，中国人民抗日军政大学第一分校营长，冀鲁豫军区独立游击支队参谋长，新编第 3 旅 7 团团长，教导第 7 旅副旅长，水东军分区司令员。

余克勤是曾参加长征的红军老战士。全国抗战爆发后，他先转战山西，组建八路军晋西游击队；又到河南任冀鲁豫军区新 3 旅 7 团团长；再赴鲁西南，主持抗日军政大学陆军中学工作；之后恢复发展水东根据地，取得豫东大捷，坚持抗战迎来最后胜利。

我的父亲余克勤 1929 年参加红军，1933 年加入中国共产党，曾参加长征。1937 年 7 月 7 日卢沟桥事变爆发后，他先后转战山西、山东、河南、河北等地区。一直战斗在抗日战争前线，直到抗日战争取得胜利。

创建晋西游击支队

早在 1935 年 12 月“二过草地”到达天全、芦山时，父亲便被调到红军大学初级队任 3 区队队长。1936 年 8 月，又升任初级队队长。西安事变后，国共两党开始建立抗日民族统一战线。以红四方面军为基础的八路军 129 师，其步兵学校改为“随营学校”，对内又称抗日军政大学 6 大队或抗大一分校，父亲任 2 队队长。

1937 年抗大一分校刚刚转移到山西孝义，孝义县伪县长面对日军来势汹汹，国民党的部队纷纷溃逃，自己也准备带着 100 多人的县保安队南窜。而八路军为了壮大抗日力量，却打算留住这支保安队，并将他们改编为八路军的抗日武装。有关方面经再三商议，决定派我父亲只身去执行这项任务。

父亲即刻前往，先找到了山西牺牲救国同盟会特派员曹诚，并在他的陪同下来到县保安大队，联络了那里的牺盟会成员。接着，以军事教官讲游击战术的名义，将保安队的骨干们集合在一起，巧妙地收缴了他们的枪

◇ 1937 年夏，在中国工农红军教导师二团，合影于陇东庆阳城。前排左为团长皮定均，右为政治主任教员欧阳平。后排左起为副团长闫捷三，连长余克勤、胡大荣，特派员戴福九。

支。随后，又将保安队全体士兵集合在一起，晓之以理，动之以情，没费一枪一弹，便阻止了保安队的南逃，还将其改编成了牺盟会游击队。为扩大武装，我父亲和曹诚又“趁热打铁”，广泛发动群众，宣传党的抗日主张，动员青壮年踊跃参军，使游击队迅速增至 700 多人。经整编并报上级批准，改名为“八路军晋西游击支队”，我父亲任支队长，曹诚任政治委员，活跃在汾阳、中阳和交口一带。

父亲组建完晋西游击支队不久，就奉命返回了学校，担任第 3 营（学员营）营长。1939 年初，被任命为八路军太原独立游击支队参谋长。一年后，该支队归属八路军第 2 纵队建制，并开赴冀鲁豫抗日最前线，同战斗在那里的冀鲁豫支队会合。接着，2 纵政委黄克诚奉命率部分主力到苏北去加强新四军，剩下的队伍改编为冀鲁豫军区，杨得志任司令员，崔田民任政委。我父亲所在的支队，和另外几支地方武装合编为新 3 旅，父亲任该旅第 7 团团长。

当时，新 3 旅主要活动在清丰、南乐、濮阳和滑县一带。滑县的道口到白道口、四所房都是日伪军的据点。以这条线为界，以南是敌战区，以北的“沙区”即沙丘、枣林地带，是冀鲁豫根据地。

遵照上级“保存自己，消灭敌人”的指示，我父亲的任务是率7团转入外线，同敌人展开游击战。从此，他接连打了许多漂亮仗。1939年6月初，他得知敌人的几辆马车拉着东西向苏寨而来，即刻断定是日军把抢来的粮食送往据点，马上设下伏击圈。待敌人一进圈套，3团指战员一跃而起，三下五除二，不但全歼敌人，还缴获了好几车粮食和几挺机枪。数日后，他听说滑县东南大寨有敌人一个小医院，又马上派出一部分队伍去偷袭。按照他的战术，那部分队伍尚未遇到任何抵抗，便速战速决，轻而易举地搞到了一大批急需的药物和器材。1939年农历十月，侦察员向他报告：大约有一个营的伪军护送着几十辆满载物资的木轱辘车向王伍寨方向而来。他根据伪军行进序列的特点，往往是先头部队——运输车辆——后卫部队，以及当地地形，又决定采取掐头、去尾、吃中间的打法，夺取敌车。结果，如愿以偿，很快就圆满地结束了战斗。经查对，敌数十辆车上除了部分粮食、药品和几部电台外，全都是过冬棉衣。我父亲和有关同志商议后，决定将棉衣发给本团指战员，剩余的棉衣和其他战利品上交，深受旅部和军区司令部的好评。

这次王伍寨大捷后，7团满载胜利果实，奉命返回沙区根据地，迎接军区为他们准备召开的庆功大会。他们兴致勃勃，经过一夜急行军，天将亮时来到了东西盘丘附近。这时，他突然接到上级命令，说是日伪军正集中兵力对沙区进行大“扫荡”，让他们暂时不要回来，继续在外线打狙击。我父亲即令部队停止前进，在滑县中部的岳庄和东、西盘丘设防。不料，在一位民运干事押着俘虏去岳庄时，被日军发现并跟踪，迫使7团全都撤入西盘丘。

经过几个小时的激战，日军死伤惨重。他们气急败坏，又把调去“扫荡”沙区的部队调回不少，并动用坦克攻寨门。八路军第30团虽然也有重大伤亡，但大家为减轻沙区压力，越战越勇。日军无奈，开始用掷弹筒打出毒瓦斯和催泪弹。当时，八路军还没有防毒面具，为了对付毒气的袭击，只能用湿毛巾捂住鼻子和嘴，减轻毒气的伤害，同时继续坚持战斗。日军见两种毒气弹并没有减弱第7团的抵抗，又使用了伤害性更大的窒息性毒剂。这种毒气弹在空中爆炸后，令人呼吸困难，张着大嘴喘不过气！这时，已近傍晚，我父亲见近百名同志牺牲，不断有伤员的增加和毒气的影响，战斗力大减。相反，日军却越聚越多。如果坚持下去，有全团覆没的危险，于是趁天黑率部队向滑固营方向撤去。

盘丘战斗再一次起到了“牵牛”作用，大大减轻了根据地反“扫荡”的压力，进而保护了军区领导机关，受到杨得志司令员的表扬。

主教“抗大陆中”

1940 年 12 月，我父亲曾和赵基梅率第 7 团赴鲁西南开辟抗日根据地，因受伤被送后方医院治疗。1941 年 3 月康复后，担任抗大一分校下属的渡阳琉璃井联校校长。同年 7 月，上级决定在第 7 团的基础上组建教 7 旅，又改任他为该旅代旅长，重返鲁西南投入战斗。

1942 年 7 月，为适应斗争的需要，中央提出了“逐渐收缩，保存实力”的战略方针，并着手进行精兵简政。为保存、储备、提高那些被精简下来的军政干部，同时也为了从一些优秀青年中培养杰出人才，冀鲁豫军区决定组建一所抗日军政大学陆军中学，简称“抗大陆中”，杨得志兼任校长，我父亲任副校长主持工作。

我父亲上任后，首先和政委郑思群、教育长潘焱等人按照杨校长的指示，统一了思想，并重点采取了三项措施，即“烧官气”“烧惰气”“烧娇气”。所谓“烧官气”，是不准学员带战马、带警卫、带通讯员，放下官架子，以普通学员的身份参加学习，任何人不得搞特殊化。所谓“烧惰气”，是打掉某些教员、学员的“等、靠、要”思想，因陋就简，艰苦创业。没有教材，自己编印；没有教具，自己制作；没有教室，就在田间地头、打麦场上、树荫底下上课。届时，背包当凳子，膝盖当课桌，手指头当作笔，沙滩当纸张。上军事课时，无论男女学员，都常常在地里、沟里摸爬滚打，苦练基本功。所谓“烧娇气”，是当时部队和群众都严重缺粮，学校的供应也很差，每人每天定粮不过半斤，而且大部分是粗粮。为填肚子，只好发动学生采集树叶、野菜。由于长期缺乏营养，学员们有的得了夜盲症，一到天黑就犯愁；有的得了浮肿病，鞋子也穿不上，只好找条细绳系着。

此间，日军又不停地对中心区进行频繁的“扫荡”，部队天天行军，夜夜转移，常常是夕阳西下就出发，东方欲晓又开始宿营，每天平均行程 60 里左右；一遇刮风下雨，个个成了泥人。

尽管如此，由于烧掉了“三气”，树立了正气，学校上下洋溢着团结友爱的互助精神、大无畏的进取精神和革命的乐观主义精神。在行军中，身强的主动帮体弱的同志背背包，男同志主动帮助女同志背行李；到达宿营地休息时，还要帮助老乡扫院子、挑水、干农活等。在上课空隙或助农劳动中，对群众进行抗日宣传。

经过两年的边打仗、边行军、边上课，抗大陆中为冀鲁豫军区培养了一大批优秀的基层指战员。这些同志在抗日战争和解放战争的最前线，留下了他们的足迹和鲜血，为新中国的诞生作出了卓越贡献，并成为后来治党、治国、治军的杰出人才。

鏖战水东

“水东”是指河南的睢县、杞县、太康三角地带。这里始称“睢杞太”，因在黄泛区东边，所以又得此名。日军侵占水东后，彭雪枫、吴芝圃及张震、萧望东等人曾在这里创建了水东根据地。不久，为适应抗战形势的需要，主力部队东移，留下的小部分武装组成独立团，就地坚持斗争。日、伪、顽、匪和会道门乘机群魔乱舞，被人称为“五鬼闹水东”，搞得昏天黑地，民不聊生。为此，上级曾先后派到水东 4 位地委书记去加强领导。然而，他们刚到水东不久，却都英勇牺牲在那里。皖南事变后，新四军主力又转移到了津浦线以东，水东独立团遂与上级失去联系，孤悬敌后，举步维艰。

1943 年1月，水东划归冀鲁豫区。鉴于这里是八路军、新四军重要的联络枢纽，刘少奇、黄克诚等领导同志又经常从这里路过，中共中央于 1944 年 6 月 1 日电示中共中央平原分局恢复和发展这一根据地。冀鲁豫军区遵照中央指示，选派我父亲和地委书记袁振率 307 人的“南下大队”，开赴水东，去完成这项艰巨的任务。

◇水东独立团领导在部署战斗

父亲他们于7月1日到达杞县北部的崔林，在与前来迎接的水东地方党政军负责人谈及下一步作战方案时，得知当地伪保安大队长贾宪德占据的杨城镇挡住了前进的道路，当即决定拔掉这个钉子，给水东百姓一个“见面礼”。经过精心策划，他们在当夜就向敌人发起了进攻，并一举端了他们的巢穴，活捉了贼首，缴获了大量武器。消息传出后，群众欢欣鼓舞，奔走相告，好像盼来了救星。

杨城大捷后的第三天，我父亲和袁振率“南下大队”到达杞南，和水东独立团胜利会合。随后，遵照上级指示进行了整编扩建。整编后的队伍，仍用“水东独立团”番号，我父亲任团长，袁振任政委。

父亲他们认真分析了当时的形势之后，开始研定战略部署。接着，采取各个击破的方针，先是拿下了长岗镇，击毙日军7名、伪军100多名，并俘获了大量军用物资；继而夺取重镇河堤岭，并生擒了敌首孟昭炳，还利用他是睢县伪军头子孟昭华胞弟的特殊身份，打通了进入敌占区筹集药品、搜集情报的通道。这时，附近各县的敌人都相信我父亲他们的方针是专“拣最坏的打”，也纷纷撤离靠近八路军中心区的据点，躲在县城，不敢出来。我父亲他们审时度势，遵照上级命令，于1945年元月宣布了冀鲁豫军区十二分区即水东分区成立，我父亲任司令员，袁振任政委。

水东军区成立不久，在太康西南一带出现了一支专以反共为职业的部队，其首脑机关为国民党“泛东挺进军豫东剿共总指挥部”，设在叶寨，人枪达2000之众，且装备精良。他们联合当地的日伪军队，对水东军分区虎视眈眈，并伺机“围剿”水东根据地，若任其坐大，危害匪浅。针对这一情况，我父亲、袁振和有关同志商议后，决定集中兵力，歼灭该敌。

1945年2月19日夜，水东军分区按预定部署，从数十里地以外，以迅雷不及掩耳之势向叶寨敌指挥机关压来。20日拂晓，完成了对叶寨的四面包围；天亮之后，我父亲下令强攻。经过26个多小时的激战，活捉敌中将总指挥张公达、少将纵队司令耿明轩、少将参议杨昌杰3个将官，以及伪专员兼太康县长郭馨波等，共歼敌1600余人，缴获全部武器装备，其中有电台5部。

这一战斗的胜利，扫清了八路军西渡黄河、开辟水西、向南发展的道路；打通了华北、华中抗日根据地的交通；新开辟了扶太西（扶沟、太康、西华三县交界地区）、淮太西（淮阳、太康、西华三县交界地区）两个县的解放区，被延安报纸称为“豫东大捷”。

◇豫东大捷时妈妈生下了我

1945年8月5日法西斯德国投降后，日军也感到自己的末日已经到来，开始进行垂死挣扎。他们派河南省伪保安联队头子侯殿卿占据了杞通（杞县、通许）公路南侧的大集镇欧阳岗，并企图以那里为基地，向四周疯狂“扫荡”。父亲等人经过反复商议，决定马上夺取欧阳岗，并采取“围点打援”的策略：一面围攻欧阳岗，一面设伏消灭可能来援的日军。

果然不出所料，欧阳岗守敌在独立团强大的攻势下，很快就成了瓮中之鳖；驻通许县城的日军心急如焚，慌忙派一个中队分乘五辆汽车，向欧阳岗急驰救援。早已埋伏好的独立团战士见时机已到，个个如虎扑食，吓得日军哇哇大叫着跳下汽车四处逃窜。然而，他们已陷入独立团预先布下的天罗地网，80 多名日军除 3 个被生擒外，包括中队长加木在内，全被击毙！驻守欧阳岗的伪保安联队参谋长韩清云发觉自己没了指望，首先打出白旗，宣告投降。接着，欧阳岗之敌全部缴械，计约轻机枪 6 挺，步枪 800 多支。

这一仗，粉碎了敌人的“扫荡”，捍卫了解放区，有力地支持了水西军民的斗争，为夺取抗日战争在河南的胜利作出了重大贡献。为此，延安《解放日报》又专门发表了告捷喜讯，《冀鲁豫日报》也以醒目的大标题登出：“水东八路军先机制敌，重克欧阳岗，歼敌 80 人，毁汽车 5 辆，俘日伪军 600 人。”

1945 年 8 月 15 日，日本宣布无条件投降。这时，我父亲由于过度劳累而生病，被送到冀鲁豫军区医院治疗。1946 年春，他被任命为冀鲁豫第五军分区司令员，又继续投入新的战斗。

（本文作者：余克勤之子，原国内贸易部信息中心副主任，中物信息技术发展公司总经理）

陈宜贵坚持在冀中敌后办学的艰苦岁月

◇陈曦

陈宜贵【1914 ~ 1997.6】

安徽霍邱人。1930 年参加中国工农红军。1931 年加入中国共产主义青年团，1933 年转入中国共产党。抗日战争时期，任中国人民抗日军政大学第三分校 3 大队指导员，冀中军区 3 团政治处主任，晋察冀军区陆军中学政治委员。1945 年任冀晋军区第三军分区副政治委员。

1940 年至 1942 年间，陈宜贵作为抗大二分校 3 团政治部主任，参与组织敌后办学，深入冀中平原，在斗争形势复杂严峻的情况下坚持办教育，培训军政干部 5000 多名，书写了冀中抗战史册上的光辉篇章。

1940 年，伟大的抗日战争进入了战略相持阶段。在最艰苦的岁月里，中国人民抗日军政大学第二分校第 3 团（简称抗 3 团），遵照上级指示，深入敌后冀中平原，在日军疯狂的“扫荡”中坚持办教育，从 1940 年 7 月到 1942 年 9 月，先后培训军政干部共 5000 多名，为冀中抗日战争的壮丽史册增添了光辉的一页。同时那些可歌可泣的教学事迹、惊心动魄的战斗情景和冀中人民支持抗战，掩护抗日战士感人肺腑的鱼水之情，深深地铭记在我父亲陈宜贵的脑海中。

那年我父亲 24 岁，从延安抗大毕业后，为进一步贯彻党中央毛主席关于把抗大办到敌后去的战略思想，带领第一大队前去行唐一带，与刚从冀中回来的抗大总校 3 团合编成抗大二分校第 3 团，我父亲任政治部主任，重新开赴冀中，为冀中军区培训军政干部。

1940 年 6 月中旬的一天晚上，校长孙毅、政治部主任李志民等领导，把我父亲、陈文彪团长、李中权政委以及其他几名干部召集到校部开会，就当时冀中形势和他们的具体任务指示说，冀中平原北临北平、天津，西靠保定，南连石家庄、德州，是日军扼守、巩固整个华北的战略要塞。日军早就投入了大量的兵力并不断地进行“扫荡”，推行灭绝人性的“三光”政策，企图彻底摧毁冀中抗日根据地，使冀中变成敌人行使野蛮侵略的大本营和兵站基地。但是冀中军民没有被征服，他们广泛开展了敌后游击战争。随着抗日战争的蓬勃发展，迫切需要我们把抗大办到敌人心脏里去，就地培养军政干部，加强敌后工作的领导力量，彻底粉碎日军占领冀中的阴谋。会议结束时，孙毅校长和李志民主任握着我父亲的手，语重心长地叮嘱："你们这一去，冀中敌后就有我们的抗日大学了，这是历史上没有的事，你们要做好思想准备，不能怕吃苦，更不能怕流血牺牲，完成好党中央毛主席交给我们的光荣使命。"

回到驻地后，我父亲激动得一宿没有入睡。从领导同志的指示中，他不仅知道了冀中军民对抗 3 团前去的渴望，同时明白了上级这一决策的深远战略意义。面对重重艰难险阻，面对凶狠残暴的日军，我父亲心里始终抱着一个坚定的信念：就是有天大的困难也要顶住，坚决完成敌后办学的光荣任务。

从山区进入冀中平原，这里铁路沿线的各个县城和许多重要集镇都为敌人所占领，遍布了碉堡、封锁沟。敌人还在据点周围建立"爱护村"，在村中安插耳目，只要一有风吹草动，日军、伪军就会立即出动。而离据点远的村子，又都有伪政权，一些地主、富农当伪头头，还建立了保甲、大乡自卫团等一系列伪组织，专为敌人效劳。汉奸、特务活动也很猖獗，经常公开抢劫，秘密抓人杀人，制造血腥恐怖。

在这样一个复杂的环境下，如何才能完成教学任务，开始我父亲和抗 3 团的领导心里都没有底。但不久，通过同志们的摸索了解发现，尽管敌人封锁严密，但由于他们兵力不足，加之冀中平原幅员辽阔，一些偏远的村庄和区域仍是我们的抗日根据地或游击区。即使已被敌人占领的村庄，由于我党群众工作扎实，敌人占了村庄也占不了人心。另外，敌人即使在最疯狂的"蚕食""扫荡"阶段，也很难克服在时间、地区上形成的轻重缓急、松紧虚实的差别。因此，只要大家及时把握敌人这些薄弱环节，灵活运用有利条件，一定能顺利完成教学任务。

最后团领导决定，把坚强的决心与灵活机动的战略战术结合起来，上课、住宿、行军、转移都要因时因地制宜，力争做到行踪莫测、出敌不意。同时，大家还研究了如何贯彻为冀中军区培养军地干部的教育方针问题。领导们一致认为，教学中必须理论联系实际，从斗争中获取教材，使军事、政治、文化三门课程与当地的军民斗争紧密地结合起来，针对冀中斗争的实际，把学制定为半年。

正式开课以后，困难接踵而来。没有桌凳，同学们就把背包当凳子，膝盖当桌子，坐下就上课；没有校舍，就把村外的空场野地当课堂；没有课本，同学们就用几张纸订个本子，课上认真做笔记，课后互相帮助交换笔记，集体讨论取长补短，这些困难都难不倒大家。最困难的是敌情紧张，环境动荡。那时一个地方只能住十天或三五天，因此行军转移就成了我父亲他们的家常便饭。尽管如此，抗 3 团的课程依然抓得很紧，教育质量也没有丝毫的降低。在如此艰苦的条件面前，学员们更加清楚点滴的学习机会来之不易，因此都分外珍惜，发奋学习。

由于条件艰苦学制只能安排半年，所以课程安排相当紧张，学员们要在这短短的半年时间里学习《社会发展史》《中国革命问题》《党的建设》《党的基本政策》《八路军的政治工作》《步兵战术概则》《兵器与射击、制式教练》等一些教材。但学员们从不叫一声苦，喊一声累。他们在课堂上全神贯注地听，一丝不苟地记；课后讨论多安排在行军转移时进行，边走边讨论，常常是你问我答，你答我补，气氛友好而热烈。文化学习更是见缝插针，学员们都把学过的生字生词写在纸上挂在前面同志的背包上，一边行军一边背诵、默记。

到了晚上，则是做作业的大好时光，大家三三两两围坐在昏暗的油灯前，写着、想着，往往要学到深夜，经常没有油灯就借着月光学习。在那艰苦的岁月里，铅笔和纸张成了奢侈品，学员们如果能缴获到一个笔尖、一只铅笔都像是得了宝贝一样，行军转移时好好保藏，用起来也十分爱惜，钢笔尖都是用到写不出字为止，铅笔头也是用到无论如何也拿不住才罢手，不少同志只好用柴火棍、削尖的高粱秆在地上写字。后来有些手巧的同志就用废弹壳做成笔尖插在旧的笔杆上写字。

学员们的学习精神可贵，教员同志含辛茹苦、精心执教的精神更加感人。他们无比忠诚党的教育事业，为培养抗日军政干部，披肝沥胆，不惜倾尽满腔热血。抗 3 团在冀中敌后根据地办学两年多时间，700 多个日日夜夜，教员们很少睡个囫囵觉，吃顿安生饭。他们为了把课讲得生动透彻，便发动群众，想方设法就地取材。讲政策课就深入农村，了解群众贯彻统一战线，执行减租减息，统一累进税政策的情况；讲军事课，他们就联系部队平时行军、宿营、战斗实践，或深入作战部队和学员了解战例，然后精心归纳讲授。

记得 1941 年 9 月初的一天，我父亲他们 1 大队随七分区从市庄一带转移到无极县境内的西堡子。下午正在村外隐蔽上课，突然遭到万余敌人的奔袭合围，全体学员立即停止上课，和七分区直属队、17 团等部一起，投入了激烈的战斗，从下午 2 时一直打到午夜 11 时，才分四路突围出去。当第二天照常上课时，同志们风趣地说：“感谢鬼子吧，为咱们提供了活教材。”这一课讲的是游击战的战术知识，大家联系这次突围战斗，使学习变得更加生动活泼了。

1942 年 5 月以后，是抗 3 团在敌后教学最残酷的岁月，也是冀中人民最为他们牵肠挂肚的时候。在敌人血腥“扫荡”的时刻，冀中的群众主动为他们站岗放哨，传递情报，供衣送食，冒着身家性命掩护他们脱险。可以说，没有冀中军民和基层党组织的支持，抗 3 团是根本无法在敌人心脏办学。

1942 年 7 月 21 日，是我父亲终生难忘的一天。他在团直化整为零分散隐蔽后，和一名警卫员从沧石路南辗转到了沧石路北的郝村附近。由于敌人出没无常，他们趴在野地里，白天不敢进村，晚上也不敢轻举妄动。这样一直熬了两天两夜，没喝一口水，没吃一口饭，天还下着雨，衣服浇得透湿，夜里凉风一吹冷得钻心。我父亲只觉得眼前一阵阵发黑，几次差点晕过去，警卫员也干着急没有办法。第三天早晨，他们正在地里挖野菜吃，一位 40 多岁的老乡来到面前，他警惕地打量着我父亲二人。我父亲和警卫员也紧握着手中的枪，仔细地看着对方，都怕被敌人的便衣特务欺骗上当。几句对话后，那个老乡看出他们的确是八路军，立刻把藏在筐子底下的两个玉米饼子给了父亲。捧着手中的玉米饼，望着那既陌生又亲切的面孔，顿时两行热泪夺眶而出。这两个救命的玉米饼子包含了多少冀中军民的鱼水之情，和对共产党、八路军的赤诚之心。

还有一次，团机关有一位叫孙树棠的女同志，在护驾池村一位大娘家隐蔽。家里除大娘外，还有大娘的女儿彩慧和刚满周岁的外孙女。一天清晨，日军突然包围了村子，把全村的男女老少赶到野外一个坟场里进行逐一审问。凶残的敌人非常毒辣，审问中只要一听口音不是本地的，不管是男是女，抓出来就开膛掏心，或叫狼狗活活咬死。大娘知道孙树棠的口音不对，心里万分焦急。这时，敌人正从人群里一个一个往外拉人，审着，眼看就要拉到孙树棠了，大娘急中生智，对身边的女儿说："慧儿，快把孩子给你大姐。"彩慧马上明白了母亲的意思，立刻转身对孙树棠说："姐，该让孩子吃奶了。"说着把孩子推给了孙树棠。孩子不知是畏惧敌人面目的狰狞，还是他们手中寒光闪闪的洋刀，竟"哇"地一声，哭着扎进孙树棠的怀里。日军来到孙树棠跟前，狠狠地瞪了一眼就离去了。孙树棠得救了！当回到家里，她一头扑进大娘的怀里，发自肺腑地喊了一声"娘！"大娘搂着她，也激动地含着泪花。

这位大娘，不，应该说冀中千千万万个这样的大娘，不正是我们的亲娘吗？我们又有多少革命同志，在她（他）们的掩护下才得以化险为夷，死里逃生啊！正是从这些群众身上，抗大的同志们看到了自己身后最雄厚的力量基础，也鼓起了搞好教育抗击日军的巨大勇气。

此后敌人的奔袭、合围日见频繁，由冈村宁次亲自指挥，调动了日主力军团及伪军共五万余人，还配属飞机、坦克、炮兵、骑兵、自行车队，对冀中发动了震惊中外的五一大"扫荡"。

为了适应斗争需要，抗3团也由3个大队分成5个中队分别活动。为了完成第三期学员的教学任务，各队领导取得一致意见：坚决执行上级指示，积极做好反"扫荡"准备，不但要抓住一切机会完成教学任务，还要随时投入和日军的激烈战斗。在那艰苦的岁月里，抗3团的同志们每天都是在日军和伪军不断的包围、袭击、突围中度过的。

那是发生在3大队从套里村突围时的事情。当时3大队虽然摆脱了敌人的包围，可敌人还是蜂拥追击。同志们仍然处在万分危急之中。就在这时，三名学员挺身而出，主动要求留下阻击敌人，而且语气非常恳切坚定，紧急关头队领导只得含泪答应他们的请求。那三名学员立即回身，以迅猛的火力向追敌扫去。敌人见状，纷纷放弃追击目标，饿狼般地向他们扑去。他们的阻击有效地牵制住敌人，为3大队学员们赢得了宝贵的突围时间，最后他们终因寡不敌众倒在了血泊中，用年轻的生命换取了全队的安全。

还有一次是在9月的一天，在3大队回阜平的途中，学员们来到满城以西，准备连夜行进突过40里外的敌人封锁沟。不料，夜黑风大路又难走，21岁的1中队副队长小赵和14岁的战士小周迷了路，不幸被敌人抓住。敌人把他们带回满城，施以严刑拷打和非人的折磨，逼问三大队的去向。两位同志宁死不屈，破口大骂，其铮铮铁骨，凛凛正气，使敌人无可奈何，凶狠残暴的敌人把刺刀穿进了他们的胸膛。最后时刻他们拼着最后的气息，高呼："打倒日本帝国主义！""中国共产党万岁！"……

我父亲每当回忆起这些，总是久久不能平静，他说一个人如果对党没有无限的忠诚，对人民没有无限的爱，对革命事业没有坚定的信念，在凶恶的敌人面前，在刺刀顶住胸膛那一刻，决不会大义凛然英勇就义。

我们今天宣传和继承先辈们的光荣传统，和他们为革命抛头颅、洒热血的大无畏牺牲精神，那么到底什么是这种精神？我父亲说："当年，在那样艰苦的岁月里，随时都可能牺牲自己的性命，为什么我们能坚持下来？就是因为有坚定的革命信念，一定要打败日本侵略者，建立新中国！"这不正是我们今天所说的革命精神吗，它的核心和灵魂就是对中国共产党和共产主义的坚定信念，是中华民族的精神力量。

时代不同了，条件变了，赋予我们的历史任务也变了。但是我们坚信，这种革命精神没有过时，它始终是中华民族振兴的强大精神动力，是中国精神之魂。有了这种精神中华民族才无往而不胜！

（本文作者：陈宜贵之女，北京同仁医院医生）

钟元辉在八路军炮兵团和山西新军的抗战经历

◇钟洪江

钟元辉【1915 ~ 2009.8】

江西上犹人。1930 年加入中国共产主义青年团。1932 年参加中国工农红军，同年由团转入中国共产党。抗日战争时期，任八路军总部炮兵团政治处组织股长，副主任，延安军事学院区队长。1941 年任抗日军政大学总校炮兵团政治处主任，后任晋察冀军区教导 2 旅轮训队政治委员，旅政治部锄奸科科长，第 5 团政治委员。

抗战期间，钟元辉参与组建八路军炮兵团，在山西新军做统战和思想政治工作，光荣当选为中共七大代表，奔赴延安，参加了七大盛会，留下一生最引以为荣的经历。

我的父亲钟元辉是一名参加了长征的红军战士。抗日战争中，他亲身参与组建了八路军炮兵团，打造一支“有力兵团”；他奉命到山西青年抗敌决死一纵队，深入宣传党的统战政策，加强部队政治工作制度，有效团结了抗日力量，提高了战斗力；他光荣当选为党的七大代表，克服各种艰难险阻奔赴延安，参加了具有重大历史意义的会议，亲身见证和经历了抗战的峥嵘岁月。

亲身参与组建八路军炮兵团

在抗日战争初期，八路军 115 师在平型关与日军进行了一次成功的伏击战，取得了平型关大捷。而战斗取得胜利，发挥关键作用的正是 343 旅的迫击炮连。毛泽东看着战报兴奋地说，要给迫击炮连以特别褒奖。随之感叹道：“真正是没有炮兵就没有胜利呀！”几天后，中央军委下令组建八路军炮兵团。

八路军炮兵团组建前期，我父亲钟元辉因伤病治愈，刚好出院，正等待重新分配工作，随时奔赴抗日前线。这天他来到 18 集团军政治部组织部报到。他推门一看，组织科的首长正是当年红 11 团的老政委王平，老相识见面格外高兴。我父亲是个直性子，见面的头一句话就说：“首长，我要上抗日前线去！”王平看了看我父亲笑着说：“抗日前线需要人，我这里也同样需要人啊！我也想去前线工作！这不，没走成就留在这

◇ 1945 年春，钟元辉（前排左站立者）和教导旅部分领导同志在延安合影。

里了，刚分配到组织科工作还没几天呢！”他接着又说：“你就留下来吧！总部炮兵缺干部，你就到这里作临时指导工作吧！”我父亲听了老首长的一番话，愉快地接受了新的任务。

1937 年 10 月，中央军委按照毛主席指示决定组建八路军炮兵团。由武亭、邱创成等人负责筹建。同时我父亲来到炮兵团分管组织建设工作。炮兵团部设在山西临汾刘村镇卧口村。至此，我父亲成为了一名亲自参加八路军炮兵团的创建、亲身见证了八路军炮兵团的发展和壮大的亲历者。

八路军炮兵团组建初期，面临着诸多困难，不仅武器装备奇缺，干部和技术人员也非常缺乏，可以说一无所有。当时八路军正处于迅速发展壮大时期，各部队都需要大量干部，单靠上级委派、抽调很不现实。除缺少干部人员外，更缺少懂技术的骨干。组织工作怎么开展？一个个困难摆在了我父亲面前。这时团领导班子统一认识，统一思想，决定自力更生，走自我培训、自我提高、自我发展的路子。

团领导指派我父亲抓组织工作，由他负责深入临汾一带宣传八路军的抗日主张，发动青年积极报名参军。宣传发动工作效果十分显著，在很短的时间内招收了一批年轻学生、爱国青年、周边农民和铁路工人。加上汾阳游击队和八路军原有的四个炮兵连，把他们集中起来，组成了一支初具规模的炮兵队伍。

没有武器就自己想办法解决。有缴获敌人的、有从河里捞上来的，加上红军时期就有的，经过多方努力，炮兵团搜集了10多门山炮和4门迫击炮，以及一些必备的装备器材。其中一架炮兵镜和一批炮兵需要的观测设备，还是周恩来从武汉自筹资金买到的，并想方设法运过来的。这时的炮兵团的武器装备已基本具备了履行作战任务的能力。

1938年1月28日，八路军炮兵团在刘村镇火星庙举行了隆重的成立大会。并宣读了任命：武亭为团长、邱创成为政委、匡裕民为参谋长、袁光为政治部主任，我父亲被任命为团政治处组织股股长。这一天，彭德怀、左权、任弼时、邓小平、彭雪枫、杨尚昆等领导同志亲自到会祝贺，并发表热情洋溢的讲话，鼓励大家勤学习，不断提高科学文化知识；刻苦训练，努力掌握炮兵作战能力。首长们的发言极大地鼓舞了炮兵团全体指战员们的抗战热忱，坚定了日本帝国主义必将彻底灭亡的信心。

炮兵团虽然成立了，但我父亲深深感到部队人员的政治思想、部队作风、军事素养、文化水平以及党的队伍建设亟待需要努力提高。新组建的炮兵团人员构成比较复杂，新入伍的年轻人只有纯朴的抗日热情，对共产党、八路军的性质、宗旨以及革命道理知之甚少。许多人连枪都不会打，更不用说操炮了。我父亲对年轻人说："你们光有革命的热情远远不够，要想成为一名合格的军人，必须要勤学苦练。"尽快培养出一批干部和技术骨干，提高全团指战员的政治素质，成为了刻不容缓的迫切任务。全团上下达成共识，立即有组织、有领导、有步骤地展开政治学习教育和军事培训工作。

在炮兵团正准备集中训练时，情况突然发生了新的变化。此时，日军已占领了太原，开始向南进犯，企图占领临汾，情况万分危急。八路军总部立即命令炮兵团西渡黄河，到陕甘宁边区后方的洛川进行整训。我父亲和炮兵团一起，于2月25日离开了山西临汾。当时胡宗南10万大军包围陕甘宁边区，386旅参谋长周希汉奉命带两个团负责护送。罗贵波奉命带了三个团和几个县的游击队配合负责接送。炮兵团上百匹骡马驮着数十门大炮和大量辎重，长长的队伍不见首尾。在武亭团长的带领下，部队一路向西，通过同蒲路，涉过汾河，渡过黄河，冲破敌人一道道封锁线，于3月4日抵达延安。到达延安后，团领导受到了毛泽东主席的接见，并作出了重要指示："炮兵团要像母鸡下蛋一样，为今后炮兵部队的建设培养骨干，要建设更多的炮兵团，以适应革命需要。"毛主席的指示给刚刚成立的炮兵团以巨大的鼓舞。炮兵团在洛川抓紧培训骨干，采取以老带新，先集中后分散的方式，短短几个月的集训很见成效。培训结束后，这批优秀学员和技术骨干分别担任了指导员、支部书记、连长、排长、参谋长等职务，满足了当时部队的急需。在炮兵团的统一领导下，我父亲主抓炮兵团的组织建设工作卓有成效，为日后炮兵队伍的发展壮大做了组织准备和技术准备，许多骨干日后都成为了炮兵部队的高级指挥官。

1939年1月28日炮兵团创建一周年的日子，毛泽东主席亲自给炮兵团题词：造成抗日战争中的有力兵团，达到战无不胜攻无不克之目的，为民族争光荣，为八路军争模范。朱德总司令、周恩来副主席、林伯渠也都在百忙之中专程来到洛川看望集训的全体指战员们。党的高级领导干部时刻关心着八路军炮兵团的建设与发展。我的父亲在同年4月升任八路军炮兵团政治处副主任。

炮兵团成立初期，刚拥有基本的战斗力就开赴抗日前线作战。1938年8月，参加了115师685团和686团在邓家坪附近的对日伏击战。这是炮兵团成立以来参加的第一仗，大获全胜，首战告捷。

1939年9月，炮兵团在武亭团长的率领下，与115师686团进攻彭城，帮助主攻部队攻克守城伪军，顺利完成了作战任务。同年11月7日，八路军炮兵团迎来了抗战以来最大战果，在黄土岭炮毙日军名将——阿部规秀。

八路军炮兵团在抗日战火中成立，在抗日战场上成长，其中政治工作、组织工作起到了关键作用。为了配合部队的作战能力，团政治处做了大量的政治思想工作。我父亲在红军时期曾担任俱乐部主任，在炮兵团他发挥其专长，协同部门领导，组织成立了炮兵团宣传队，取名“怒吼剧社”，这个宣传队参加了大量的宣传活动和演出。同时期炮兵团有一位李伟教员谱写了一首《炮兵歌》，报到团政治处，我父亲和几位团领导一看，这么好听的歌曲，当即定为八路军炮兵团的团歌。“英勇强健，把炮兵的技术熟练，快开到前方火线，担当起八路军主力骨干……”

奔赴山西新军，开创党建工作

1940 年初，八路军炮兵部队的组织建设已见成效，政治工作有条不紊地展开。这时我父亲接受了一项新的任务。八路军政治部副主任傅钟找我父亲谈话，让他带领工作组赴山西抗日决死一纵队，帮助建立连队政治工作。随即，我父亲又奔赴了新的战场。

山西青年抗敌决死一纵队是山西新军的主要力量。山西新军成立于 1937 年 8 月 1 日，是中共北方局与国民党山西当局阎锡山通过谈判达成协议，而建立的一支特殊形式的统战武装。新军一部分军事干部为阎锡山所属，但部队大多数干部是中共党员，成员由抗日进步青年组成。自新军成立的那天起，阎锡山就把这支武装队伍视为异己力量，并积极策划发动进攻。

1939 年 3 月，阎锡山提出改编新军，改用旧军番号，取消新军中的政治委员，解除共产党员的军权，并秘密制订“讨伐”新军的作战计划。同年 12 月爆发了“十二月事变”，袭击抗日民主政权，杀害山西牺牲救国同盟会干部。“十二月事变”是国民党顽固派掀起的第一次反共高潮的重要组成部分。1940 年 1 月 2 日，新军与旧军在山西马坊地区展开激战。山西新军自卫反击，打退了国民党顽固派的进攻。鉴于当时的紧迫形式，必须要加强共产党在新军的力量。组织即刻派我父亲前去抗日决死一纵队，让他尽快把这支部队基层党组织建立起来，把连队政治工作搞起来，充分发挥共产党员在队伍中的领导作用。

抗日决死一纵队虽然是在共产党领导下的抗日统一战线部队，但内部坏分子、特务活动十分猖獗，部队人员构成复杂，新军、旧军各方势力明争暗斗，我父亲带工作组来到这个部队开展工作困难重重。工作组成员既没有丰富的社会知识，又没有在这种部队进行斗争的经验。我父亲认识到，要想顺利开展工作，必须要让工作组每个成员首先认清统一战线工作的复杂性和阶级斗争的残酷性，必须依靠部队内部的党组织，抓好现有的党员力量和爱国青年骨干力量，调动这部分人员的积极性，发挥他们熟悉环境，掌握情况的优势。工作组在我父亲的领导下，深入基层，了解每个连、排、班的具体情况，采取不同策略，既有团结，又有斗争，让连队每个人都了解到我党的抗日方针和主张，让我党的抗日民族统一战线政策深入人心。我父亲根据多年的政治工作经验，团结绝大多数爱国青年、抗日积极分子，发展他们入党，帮助建立连队的政治工作制度，指导部队开展党的组织活动，将八路军的政治工作经验传授给他们。工作组的工作局面很快就打开了。巩固了党在决死一纵队的坚强领导，有效地打击了敌对势力，团结一切可以团结的抗日力量。在短短的几个月的时间里，我父亲就完成了八路军总部交给他的任务。该部队的党组织对他们的工作很满意，因此受到北方局的表扬。

当选七大代表　奔赴延安

1940 年 5 月，我父亲刚圆满完成在抗日决死一纵队的任务，就接到通知，立即到八路军总部报到，我父亲被选为七大代表，作为八路军总部直属队的代表前去延安开代表大会。我父亲接到通知异常激动，作为七大代表又要回延安了，这是组织上对自己工作的肯定和信任，这是一次多么好的学习机会呀！

报到的这一天，从晋冀鲁豫地区集中的七大代表已从四面八方汇聚在一起，代表们除了八路军总部直属队的以外，还有 115 师、129 师和冀南地区及山东地区的代表，他们一起组成了一个大队，大队领导由傅钟、张经武、徐立清和曾传六等组成。为了便于管理，下设了三个中队，我父亲分在 1 中队，担任中队指导员，王英高任中队长。1 中队在行军路上主要分管大队的后勤保障，饮食、住宿安排。

当时的环境恶劣，斗争残酷，正遇上敌人向晋西南抗日根据地发动大“扫荡”，蒋介石、阎锡山又掀起了反共高潮，通往延安的道路被敌人严密封锁，交通不便，只能步行。这也是我父亲第二次跟着部队通过敌人封锁线去延安了。为了代表团行军路上的安全，晋察冀军区司令员聂荣臻派了两个团担负着护送任务。

1940 年 5 月 7 日，全体代表们带着太岳根据地人民的重托，踏上了奔赴革命圣地延安的征程。代表团从蟠龙镇出发，担任护送任务的两个团，一个团在前开路，一个团在后掩护。当代表团通过正太路封锁线时遭到敌人的伏击，但没有伤亡，代表们在两个团的掩护下强行通过。第二天准备白天通过阳泉公路，又遭到了敌人的伏击，两个团与敌人交火，激战了一整天，把代表们全部逼到山上，直到晚上十来点钟，又重新组织兵力反攻，代表团才顺利突围。我父亲他们披星戴月，风餐露宿，翻山越岭，连夜通过敌人封锁线，最后安全到达平山县，来到了晋察冀边区。再往前走就进入敌人防守十分严密的敌战区。这时上级决定就地休息待命，等待时机好转后再过晋绥封锁线。

代表们来到平山县，就地组成了一支华北参观团，在晋察冀抗日根据地参观、学习。他们深入晋察冀各部队和各级政府参观学习，开阔了眼界，长了见识。彭真前来参观团，给大家作了目前形势和任务报告。参观团在这里一住就是 3 个多月。

1940 年 8 月，八路军发动了一场对日破袭战，以破坏华北日军占领的交通线为目的，参战部队达到 105 个团，即著名的百团大战。这时趁百团大战节节胜利的有利时机，中共北方局决定，代表团由晋察冀军区派骑兵护送，由 120 师派部队来接。代表团全体成员一起通过晋绥封锁线。途中在穿越同蒲路时已是深夜，代表们行至一座小桥时被敌人发现了。敌人从碉堡里开枪射击，这时骑兵团与敌人展开激烈交火，代表团化整为零，人从桥下走，马从桥上过，他们趁着月色飞跑，直上吕梁山。天亮了，敌机在天空盘旋，不停地扫射轰炸，我父亲他们躲在山窝里直到天黑。这次行动除几匹马跌落到桥下外，人员都安全通过。但骑兵团却伤亡了十几名战士，为了护送代表团穿越敌人封锁线，骑兵团付出了血的代价。

代表团穿过敌战区，经过人迹稀少的荒山野岭来到120师兵站，受到兵站同志们的热情接待，大家都感到像回到家里一样。随后我父亲他们又来到兴县120师驻地，正值中秋节，120师师长贺龙等领导同志前来代表团驻地看望大家，并给大家做了有关时局形势和根据地建设方面的报告，代表们受到极大的鼓舞，情绪十分高涨，希望尽快到达延安。休整几天之后，代表团离开了兴县，又踏上了去延安的征程。

◇ 1944年，钟元辉（右二）任延安联防军教导第2旅政治部除奸科科长。

这天，代表团一路向西，由部队护送，顺利穿过敌人最后一道封锁线，躲开胡宗南部队的封锁，经神木来到黄河边，坐上小木船渡过了黄河，又经绥德到达陕甘宁根据地。

陕甘宁边区是模范抗日民主根据地，在党中央和边区政府的领导下，根据地一片欣欣向荣的景象。正值秋收季节，看见农民正在庄稼地里繁忙地收割，我父亲他们怀着喜悦的心情，一路高歌，加快步伐向前走去。看到了巍巍宝塔山，清澈延河水，一心向往的革命圣地延安终于到了。

自1940年5月到10月，从山西八路军总部出发，在中共北方局的直接关怀下，在晋察冀军区和沿途人民群众的大力协助下，穿越多条敌人封锁线，排除各种困难，历时5个月终于来到了延安。随后毛泽东、朱德等党中央领导同志专门看望他们，一一握手问候，此时他们激动的心情将长途跋涉的疲劳一扫而光。七大代表们在等着党的新的召唤。

代表们来到延安，原以为七大很快就能召开，但战事紧，有些代表不能按时赶到，七大会议一再延期。因开会日期未定，中央决定代表们都进入军政学院学习，我父亲编入3队，任区队长。学习一年多以后，于1942

年初，中央决定七大代表再转入中央党校学习。我父亲在延安共学习了四年，这是他一生学习时间最长、收获最大、受到教育最深刻的一段经历。1944 年 10 月中央党校毕业后，被分配到联防军教导 2 旅工作。1945 年 4 月 23 日等待五年时间的党的第七次代表大会终于召开了，6 月 11 日大会闭幕。我父亲参加了我党具有历史意义的大会，这是他一生最值得骄傲的经历。七大会议结束不久，1945 年 8 月 15 日，日本天皇宣布无条件投降。中国人民抗日战争最终取得了胜利。

（本文作者：钟元辉之女，先后在天津第二五四医院、北京卫戍区医院、北京卫戍区警卫一师干休所工作直到退休）

抗战时期耿锡祥在延安从事通信保障工作

◇耿燕京 耿纪宁 耿纪豫

耿锡祥【1909 ~ 1990.8】

湖北黄安（今红安）人。1927 年参加黄麻暴动，任自卫队小队长。1929 年加入中国共产党。抗日战争时期，任中央军委三局二科副科长兼电器材料厂厂长，一科科长，军委三局干部训练队队长。

抗日战争全面爆发后，耿锡祥被派到中央军委三局机务室工作，他与同志们一起，因陋就简，潜心钻研，为全军部队、党政机关单位装配和维修急需的电台；他参与创建了军委三局通信材料厂，带领同志自力更生，就地取材，创造性地解决许多技术难题。1942 年末，他调到三局一科主管通信联络工作，留下了他革命生涯中浓墨重彩的一笔。

1931 年 8 月，我的父亲耿锡祥领导的游击队成为红军主力部队，因为他有一定文化基础，被调离战斗部队，进入中共鄂豫皖分局军委参谋处通信训练队学习有线通信，成为工农红军正在组建的第一批通信兵成员，并从机务员、报务员一直成长为红军总部电台台长。1937 年 7 月抗战全面爆发。同年冬，父亲在红军西路军失败后，只身穿过硝烟弥漫的祁连山区，通过敌人层层封锁线，回到了延安。组织上征求他对工作安排的意见，我父亲希望去抗大学习，但组织上的意见："现在前方战事紧张，军队和地方都急需电台等通信设备，军委三局正缺像你这样搞过电台和机务的同志，你还是先到那里去吧！"于是父亲二话没说立刻背起背包去三局报到，受到局长王诤的热情接待。父亲被分配到军委三局二科材料处机务室，后扩建为延安通信材料厂，这是新中国国防电子工业的摇篮。1937 年 12 月至 1942 年底，父亲历任军委三局二科材料处机务、修配厂股长、材料厂支部书记兼副厂长、二科副科长。

一、小小机务室办大事

中央军委三局是红军时期（红一方面军在 1934 年，红四方面军在 1935 年）成立的通讯联络局，是党中央和中央军委为了加强通讯联络管理和通信网络建设而设置的专门机构。抗日战争初期，中央军委、八路军和新四军全军仅有电台 34 部，通信器材严重匮乏。一方面是各战场对通信器材的消耗及全国各战略区对通信装备的需要，一方面是日伪和国民党顽固派的经济封锁。在这种情况下，军委三局除了主持全军通信兵编配建立通信网络工作外，尽快建立自力更生的制造体系，用自己的设备装备部队，是打破封锁、保障全军需要的第一要务。

1937 年，三局机务室只有七八个同志，在延安这个物资奇缺的抗战大后方，他们要负责给全军部队、党政机关单位装配急需的电台，还要因陋就简自制电台器件器材、负责日常电台设备维修，承担着任务量大、技术含量较高的工作。机务室装配电台没有大型加工设备，没有测试仪器和图纸，只有小型手工工具，他们凭着自己的双手和丰富的实操经验，把电台装出来或修理好。父亲到机务室后 3、4 个月的时间里，便和同志们一起组装出 20 多部电台，先后运往前方部队、地方机关和对外派出机构等单位。

机务室这些 20 多岁的年轻人，在红军时期大都做过电台机务，有独立工作能力和坚强的革命意志。他们努力学习，认真总结，业务能力提高很快。抗战入伍的电台报务员杜牧平叔叔说："在我眼里，以为你爸爸这些干着高难度技术活的老机务一定是大学生，其实他们许多人是贫苦出身，参加红军后才学的文化，在残酷的战争实践中自学成才。他们是一个团结友爱，敢想敢干的战斗集体，在艰苦的环境中做着常人做不到的事情，堪称神奇！"

1938 年，机务室接受了党中央加强延安广播电台发射功率的任务。父亲和同志们日夜奋战，通过重新设计线路，更换元、器件，自制大功率电源等，使电台功率从 50 瓦增强到 100 瓦，扩大了延安广播电台的覆盖面积，让党中央的声音传遍全国。此外，机务室还担负了党中央、中央军委直属战略指挥台各种机器的维修任务。他们常常通宵达旦突击任务，确保了首脑机关对外通讯联络的畅通。

二、艰苦创建通信材料厂

尽管机务室超负荷工作，装配出来的电台仍然赶不上战争形势发展的需要。1938 年二三月，三局决定在延安城延店子村组建军委三局通信材料厂。

建厂选址后，机务室全体同志首先搬来，并陆续从抗大、陕甘宁边区农具厂以及上海、重庆等地调来技术工人和设备，全厂加起来不到 30 人，1938 年 5 月成立。1938 年夏至 1940 年秋，又先后调来了一批具有大专水平的工程技术人员。他们在试制新产品、组织生产和教育、改进动力设备等方面都起了重要骨干作用。工厂产品主要是以小型军用野战通信器材装备为主。

1939 年开始，通信材料厂必须完全依靠“就地取材，自己制造”了。当时延安的生活条件是：吃小米、玉米，一套粗布衣穿三年，最困难时有的同志只有一条裤子，下河洗澡要等裤子晒干才能上岸。但他们在党的领导下，凭着坚定的信念，自力更生、艰苦奋斗的精神，在短时间内制造出大量重要器件，装配出大批电台，解决了前方急需。

建厂伊始，父亲他们遇到了两个技术难题。1938 年五六月，工厂开始试产军用小型电台，首要任务是制造军用小型电台的核心零件——可变电容器。由于没有铝压接的加工条件，第一个试制品既不牢靠又不美观，极片之间的间隔距离也不合技术要求。在我父亲他们的研制下，将电容器片设计成马蹄形，合理调整极片间距，增加极片数量，缩小体积，增大了耦合值；还设计了压力卡具和卡盘等工具，使电容片和转轴接触紧凑，调试片距间隔均匀；改用钢材作支架以增电容器的牢固美观。经过两个来月的反复测试修改，同志们硬是用双手自制成功第一批基本合格，用于收、发讯机调整频率、寻找电台信号的可变电容器。

其次，要解决小型军用电台上非金属零件、器件（如刻度盘、旋钮、高频线圈管筒等）的木料代用品如何制作问题。这也是特殊历史时期遇到的又一大难题。父亲他们多是南方人，只知道桑、槐、栗、枣、榆木的特点用途，但在北方选用哪种材料没经验。他们访问当地的木匠后得到结论——杜梨木最好，并根据杜梨木木质坚韧、纹理细致的特点，改进设计、革新工具。刻度盘由月饼形改成“镲钹”形，刻度线条整齐；密度分划由红色改涂醒目白漆。但制作的线圈筒却老是解决不了干燥条件下管筒线条松散，造成频率漂移、电讯号微弱的问题，最后他们派人外购存放多年的杜梨木，做成管筒后以湿火“油炸”到适当程度，绕上铜线再涂一层蜡油，才达到高频电路线圈的技术要求，保证了产品质量。

初创时期的通信材料厂几乎是在一张白纸上开始工作的。就是在这样简陋的条件下，他们开始为部队生产制造和装配小型电台。缺少技术资料，就通过试验不断摸索，没有材料就找代用品替代。经过艰苦勤奋的工作，延安通信材料厂不但相继制造出可变电容器、可变电阻、电键等多种元器件，甚至研制出了技术领先于国统区的波段开关。到 1938 年年底，电台元器件自给率达到了40%，两年后达到了 70%。

1939 年秋通信材料厂改为电器材料修造厂。从 1938 年春到 1946 年底，延安材料厂共生产携带式野战电台和固定式大功率发射机及高等级四灯收信机等 400 余部，使全军电台数到抗战结束前夕达到了 700 部，比抗战初期增长了整整 20 倍。他们的工作得到了中央领导的认可，在庆祝建厂两周年时，三局举办的“自制电讯器材陈列展览”受到中共中央、中央军委和总部领导的赞扬。朱德总司令等先后参观了展览，毛主席为通信材料厂题词：“发展创造力，任何困难可以克服，通讯材料的自制就是证明。”后来美军观察组来到延安，在参观通信材料厂后表示十分赞赏。

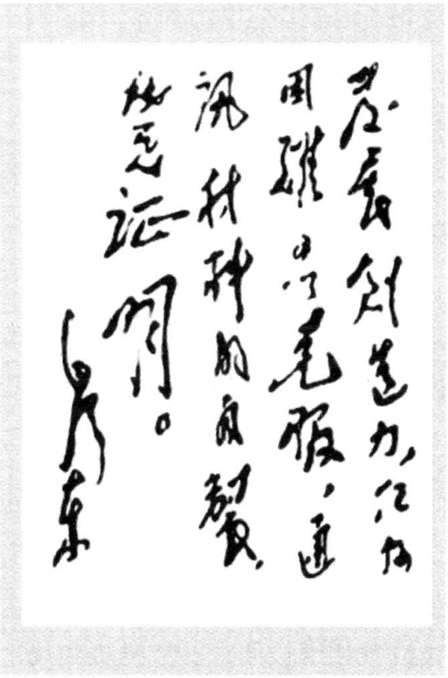

◇毛泽东为通信材料厂的题词

延安材料厂为新中国的国防电子工业奠定了一定的基础，培养了一批干部，在新中国成立后这些干部成为了中国国防电子工业的骨干力量。

三、组建三局集中台

抗战进入相持阶段后，中共中央和中央军委要联络的单位几乎遍及全国。军委三局直属电台增加到10部，联络对象达80个，按照工作性质和联络对象分别组成8个无线电通信网。到了1941年，日军实行“南进”计划，集中主力对抗日根据地进行疯狂“扫荡”。八路军、新四军各根据地、各驻地办事处电台数量越来越多，延安总部无线通信的工作量也越来越大，通信联络以单机工作方式已不适应形势的需要，出现了小功率电台远程通信困难、单机工作供电困难和管理困难。8个通信分队、10多部电台分散在30多公里山沟里，电报传送效率低，勤务人员多等。军委三局决定，建立集中台，改善通信条件，提高通信保障能力，是刻不容缓的政治任务。

1941年初冬，父亲从通信材料厂被抽调出来，兼任主任，负责发信台集中试验。我军第一次组建集中台，谁也没有实践经验，全靠摸索着干。

开始把4、5分队合并，电台工作情况正常。11月上旬，把7分队合并进来，3部电台集中工作，情况就不正常了。他们采取改变天线方位和高度、错开发信机位置的办法，解决了这一问题。两星期后，加上8分队合并、4部电台集中工作时，出现了不能同时开机工作的现象。这次搞了几个昼夜，大家折腾得疲惫不堪，但报务员发不出报，调机员调不好机器，工作还是不正常，4机同时工作就测不到某台频率。经分析，判定是发射机本身问题，当时生产的单极自振式发射机有电磁散射，集中放置时造成电磁波互相干扰严重。情况报到局里，王诤局长立刻指示通信材料厂赶制出2部电磁屏蔽较好的20瓦发信机，用3只RCA10型电子管，一只作主振，两只作推挽放大，两极分别用铁皮密封，较好地消除了相互干扰的问题。

发信机集中正常后，本以为收信机集中简单，但收信机集中以后，电台工作不正常。报房仍反映工作不好，发出的信号漏点多，曾怀疑是收报机到发信机房遥控线上的继电器接点吸力不够，用提高继电器电压的办法不仅漏点没消灭，反而更严重。这才肯定原因是遥控线接触不良。大家齐心协力抢修，在电台工作量少时，把遥控器所有接点重焊一遍，彻底解决了漏点问题。经过半年的试验、磨合，集中台终于能正常工作了，组建集中台的任务也胜利完成。1941 年 10 月 10 日，毛主席给通信兵题词“你们是科学的千里眼顺风耳”。

1942 年末，父亲离开材料厂调到三局一科主管通信联络工作，但这一段难忘的经历，在他的革命生涯中留下了浓重的一笔。后来集中台又进行了电机设备改造、改建扩建工作，1944 年中央军委批准，正式成立中央军委无线电总台——标志着我军无线通信的发展进入一个新阶段。到抗日战争后期至解放战争时期，各大战略区也先后采用了集中台的工作方式，将全军的无线电通信保障提高到一个新的水平。

中国革命的历史长河中，正因为有无数像我父亲这样党培养的忠诚、坚定的革命战士的前仆后继、英勇奋斗，才使中国革命事业不断胜利前进。

◇第一排左三为耿锡祥，第二排左四为王诤局长，第一排左一为伍云甫。

（本文作者：耿锡祥之子、之女，中国电子进出口总公司系统装备事业部总经理、电子工业出版社有限公司技术编辑、北京市长城企业战略研究所办公室主任）

栗在山从发展河南地下党组织到坚持中原抗战

◇栗松北

栗在山【1916 ~ 2006.12】

曾用名栗元恒，河南南阳人。1933 年加入中国共产主义青年团。1935 年转入中国共产党，同年参加西华县游击队。抗日战争时期，任中共开封市委组织部部长，中共中央中原局秘书。1939 年起任新四军豫鄂独立游击支队政治部组织科科长，豫鄂挺进纵队政治部组织部部长，第 3 团政治委员。1941 年起任新四军第 5 师 13 旅政治部主任，第 5 师参谋处处长。1945 年任中共豫中工委书记兼豫中军分区政治委员。

栗在山从河南地下党的艰苦斗争开始，亲历了恢复中共河南省委、建立中共中央中原局，到发展豫鄂敌后抗日武装、建立豫鄂边区、开辟嵖岈山抗日根据地的艰苦岁月。他肩负重担，不辱使命，在中原土地上书写了他的抗日历程。

九一八事变后，国民党对日军的进犯不但不抵抗，反而执行攘外必先安内政策，残酷镇压共产党人和爱国人士，中共河南省委被破坏。我父亲栗在山从河南地下党的艰苦斗争开始，亲历了恢复中共河南省委、建立中共中央中原局，到发展豫鄂敌后抗日武装和建立豫鄂边区的艰难岁月。他不辱使命，肩负重担，在中原这块土地上书写了他的抗日历程。

一、唤起民众齐抗日　星星之火可燎原

1935 年春，我父亲受党组织派遣前往许昌，秘密开展党的工作。他在灞陵中学以做庶务为掩护，开展地下工作，成立了灞陵中学党支部，领导学生运动，宣传抗日主张。

1935 年 12 月 9 日，北平爱国学生掀起声势浩大的抗日救国示威游行，反对华北“自治”，揭露日本帝国主义侵略中国、吞并华北的阴谋，要求停止内战、一致抗日。在许昌地下党的领导下，我父亲组织了由学生带头、许昌各界参加的对北平学生的声援游行，唤醒民众，共同抗日。

根据当时许昌地下党的负责人郭晓棠、贺建华等同志的布置，我父亲和吴剑等同志经过紧张的准备，联系了灞陵中学、男师、女师、四中、女小等校的 2000 余名学生于 12 月 25 日举行了声势浩大的示威游行。上午八九点钟，各校的游行队伍同时涌向各大街，散发红绿传单，张贴各色标语，群情激愤，斗志昂扬。高呼“打倒日本帝国主义”“反对华北自治”“反

对冀东伪自治政府”等口号。各大街小巷的群众也纷纷涌向街头，连妇孺亦热情相助，积极参加示威游行。当游行队伍沿南大街出城到火车站时，有着光荣革命传统的许昌火车站铁路工人和在英美烟草公司的雇员、店员和市民、工人也踊跃加入了游行队伍的行列，声势越来越大。游行队伍沿铁路两侧前进到西门进城后，涌向许昌专员公署请愿，提出了停止内战、团结抗日、保障救国运动自由，言论、出版、集会、结社自由，释放北平被捕的爱国青年、学生等几条要求。许昌公署专员徐亚展不敢接见学生代表，一直相持到下午五六点钟，他们才派人表示：可以满足学生要求，同学们取得了初步的胜利。这次运动后，许昌成立了许昌各界抗日救国联合会。

许昌游行是河南地下党领导的一次成功的、大规模的抗日爱国行动，在河南引起很大震动，并带动了郑州、洛阳等地学生一起声援北平爱国学生，成为许昌革命斗争史上光辉的一页，也为我党培养和锻炼了一支预备队。后来许多同学都参加了共产党领导的革命队伍，成了八路军、新四军的战斗骨干，为中华民族的解放事业作出了贡献。

不久，中共许昌党支部成立，我父亲担任青年部长。在他们这样一些共产党人的艰苦努力下，河南各级党组织逐步恢复，中共许昌中心县委、河南省临时工作委员会、河南省工委相继成立。

二、恢复河南省委　动员抗日力量

1937 年七七事变后，局势恶化，艰苦建立起的河南省工委与上级组织北方局的联络中断，我父亲冒着生命危险多次设法与北方局联络无果后，前往西安，通过七贤庄红军办事处主任伍云甫辗转见到中华苏维埃西北办事处主席林祖涵（林伯渠），建立起与党中央的直接联系，此后，河南党组织的工作就在中共中央直接领导下展开。

随着抗战形势的日益严峻，河南成为抗日战场的重要战略地区，党中央决定尽快恢复组建中共河南省委，并指派朱理治担任河南省委书记，负责省委的筹备和领导工作。1937 年 8 月，朱理治从延安前往河南，在陕西源县云阳镇，将正在这里办手续准备赴延安红军大学学习的我父亲拦了下来。虽然我父亲久已渴望去延安，但他坚决服从党组织，义不容辞地返回河南，参加河南省委的重建工作。

1937年9月初，我父亲和朱理治、苏菲离开云阳镇，经西安八路军办事处回到河南。他们先到洛阳见了吴芝圃、郭晓棠等同志，了解豫西的情况。在洛阳停留了两三天又到了开封，与省工委负责人刘子久、沈东平等同志会合，9月下旬在开封建立了河南省委。我父亲在省委秘书处工作。初到开封时，住在北土街北口路东杜星吾家的客房里。10月份搬到鼓楼街北如意斋胡同14号院内，以河南大学选修生作掩护。如意斋胡同14号是省委秘书处所在地。

就是在这里，我父亲和我母亲相识。母亲那时是开封省立女子师范学校学生党支部的组织部长。这年10月，组织安排她与父亲假扮“夫妻”，组建“家庭”，更好地掩护党的地下工作。于是，如意斋胡同14号就成了他们的“家”。他们以河南大学经济系进修生的身份，一边学习，一边从事地下工作。在白色恐怖下，两人配合默契，出色地完成了任务，也在共同工作中相互了解。1938年春，正式结为夫妻，并一辈子坚守着这份爱。

河南省委建立以后，党中央的精神得以更有效地落实，敌后抗日工作稳步展开。

三、护送少奇赴竹沟　敌后建立中原局

1938年8月，我父母前往延安。父亲在抗大学习，母亲进入中组部训练班，后到党校学习。

同年10月，党的六届六中全会召开，重申坚持党的抗日民族统一战线策略和坚持独立自主地放手发动人民武装斗争的方针，确定了巩固华北、发展华中、扩大抗日武装、积极向沦陷区发展、广泛开展抗日游击战、建立敌后抗日根据地的战略部署。全会决定，撤销长江局，成立以刘少奇为书记的中共中央中原局，统一领导豫、鄂、皖、苏广大地区的敌后抗日工作。

很快，我父亲有了新任务，不得不中断在抗大的学习，离开已有身孕的母亲，护送刘少奇前往竹沟，并担任秘书，协助建立中原局。

在中组部党训班（地址在城隍庙）我父亲第一次见到刘少奇同志。11月23日，天刚刚亮，刘少奇（化名胡服）、李先念、朱理治、郭述申、谭希林等领导同志和我父亲等人乘四辆大卡车离开延安，经黄土高原驶向西安。在西安八路军办事处住了几天，李先念、谭希林、朱理治、郭述申等几位同志陆续离开，奔赴中原各地。我父亲和副官李拓，会计郭金林，保健医生钟毓，电台机要员田畴、熊景钊、苏登科，随刘少奇一起于11月27日离开西安。当时因敌人占领风陵渡，经常打炮，他们乘汽车绕过潼关以南的山区到达安全的地方后才上了火车。当天就到了渑池，住渑池县城东关八路军兵站。

父亲他们随刘少奇在渑池住了近两个月，刘少奇一是向豫西特委县以上干部传达党的六届六中全会精神，并到郭晓棠主持的党训班讲了党史、党的建设、论共产党员修养等课程；二是在这里等彭德怀。毛泽东主席给第一战区司令长官卫立煌写了一封信，要刘少奇和彭德怀一起去做卫立煌的统战工作。彭德怀与随从参谋魏国运于1939年1月中旬到达渑池。几天后，大家一起乘坐卫立煌派的蓝钢皮车离开渑池由陇海路到了洛阳。

在洛阳住了三四天，彭德怀走后，父亲他们随刘少奇一起乘坐办事处租来的一辆木炭车，离开了洛阳，经临汝、宝丰、叶县、方城，当天到达南阳。刘少奇在那里找到河南省委在此工作的王阑西和特委副书记兼组织部长郭以青，了解豫西南情况并做了指示。在南阳停了一天两夜，第三天早上出发，经唐河、泌阳，1月28日到达竹沟。

中原局成立后，我父亲留在秘书处工作。中原局坚定地实施党中央和毛泽东制定的东进、向敌后发展的战略方针，统一指挥中原敌后抗战，推进各项工作的开展。至3月中旬，已先后建立了豫鄂边、鄂中、鄂西北三个区党委和鄂豫皖、豫皖苏、豫西省委，为开辟华中抗日根据地、确立党在这一地区的领导地位奠定了组织基础。

四、挺进敌后打游击　志在群山建边区

随着抗战形势的发展和中共中央战略部署在中原地区的展开，大批干

部被派往敌后发展抗日武装。1939 年 4 月初，我父亲也带领部分干部汇入到陈少敏的部队，开始了敌后抗日武装斗争。

6 月，陈少敏部与李先念部会合，两支队伍整编为新四军豫鄂独立游击支队，11 月，豫鄂边区的抗日武装统一整编为新四军豫鄂挺进纵队。1941 年 1 月皖南事变后，豫鄂挺进纵队又改编为新四军第 5 师。从 1939 年春到 1944 年春，队伍和边区在几十万日伪军的“扫荡”和几十万国民党顽固派的“围剿”下得以发展壮大。

皖南事变后，新四军军部撤出皖南，豫鄂边区的地位更加突出和孤立。日军频繁“扫荡”“清乡”“蚕食”，国民党顽固派严密封锁、连续“进剿”，加上持续两年的旱灾，边区和 5 师遭受到严重的财政经济困难。为了走出困境，扩展经济来源，我父亲再次挑起重担，前往到汉孝陂一带开辟更广阔的抗日根据地。汉孝陂位于武汉外围，汉阳、汉川、云梦、孝感、黄陂五县相连，平汉铁路和襄（阳）花（园）公路交叉穿行，具有重要的战略地位。

我父亲此时任新四军 5 师主力 13 旅政治部主任。1941 年 6 月，他和旅长周志坚率部，首先拿下云梦南部湖区和汉川北部湖区，继而挥师南下，推进到汉阳、黄陂边界，接着挥戈东进，向黄陂、孝感交界湖区推进。局面打开后，周志坚率 13 旅主力执行机动作战和保卫 5 师领导机关的任务，我父亲则只带领旅直侦察连留下来，保卫、巩固新区，开展经济建设，为 5 师和边区筹集物资、经费。

7 月，中共汉孝陂工委和军政联合办事处在东山头成立，父亲兼任工委书记和办事处主任，置于日伪前沿的汉孝陂抗日根据地基本形成。

7 月中旬的一天，驻黄陂的日、伪军得知 13 旅已撤离，出动 200 多人，偷袭白龙潭、马家河，抢走部分粮食。我父亲立刻与东山区区长饶民太研究对策，派出旅侦察连和区中队在铁路、公路沿线设伏、夺粮。狡猾的日军队长山田已一路护送粮食返回，自己亲自带领大部人马直奔东山头，企图偷袭工委办事机构。父亲身边只有手枪队和民兵五六十人，但他临危不惧，从枪声判断，山田并未掌握我方真实情况，于是唱起了“空城计”。一面静观敌人动向，一面安排人准备好铁桶、鞭炮，待日、伪军抵近后，他一声令下，军号吹起，四下里“枪声”大作，打头的伪军立刻败下阵来。山田以为新四军主力还在东山头，急忙掉头回撤，被赶来的侦察连堵个正着，两头夹击，山田部队死伤惨重，落荒而逃。“栗主任用铁桶、鞭炮吓退鬼子，机智化解东山头危机”一时间传为佳话。

孝感城是鄂中重镇，临近武汉，交通便利，被称为水路、公路、铁路“三路码头”，是日军重兵把守的物资运输、补给基地。通过侦察，父亲对拿下孝感县城有了底。5 师决定攻打孝感城，进一步打击日伪，夺取敌人物资，补充边区需要、化解经济困境。

8 月 8 日夜 10 点，夜袭孝感城的战斗打响。13 旅 37、38 团攻击两个城门，特务营和部分地方武装攻打日伪宣抚班、县政府、警察局、别动队。我父亲和区长饶民太亲自带领运输队和部分地方武装直奔仓库、汽车站，夺取敌战略物资。拂晓前，战斗干净利落，大获全胜。击毙日宣抚班小松队长和盐务主任，活捉驻守仓库的板仓队长，烧毁大部分据点及 10 多辆汽车，重创城内日、伪军及地主武装，缴获大批武器弹药和粮食、食盐、布匹等物资，圆满达成预设目标。

◇ 1942 年，栗在山任新四军 5 师参谋处长。

不久，父亲又接受新的任务离开了这里，但汉孝陂根据地已发展成为 5 师和鄂豫边区的重要财政来源地，对艰难时期边区的坚守起到重要支撑作用。

五、挺进中原通南北　大军会师嵖岈山

1944 年春，日本帝国主义在太平洋战场节节败退，为摆脱困境，加大

力量进攻中国内地。河南国民党军一触即溃，37天失城38座。

党中央、中央军委和华中局先后于6月2日、7月2日和7月9日发出向河南沦陷区发展的指示。7月，新四军5师抽出部分武装组成豫南挺进游击兵团，后改编为河南挺进游击兵团，派往中原敌后。尽管5师中有人主张先稳固根据地，反对出击豫中，父亲还是从大局出发，担任兵团政委，与司令员黄霖率部夜以继日跋山涉水，突破敌人层层封锁，向豫中挺进，开赴河南沦陷区，胜利插入嵖岈山地区。与此同时，八路军南下部队359旅在王震和王首道率领下也进入河南，两部会师于嵖岈山一带。

1945年4月，以嵖岈山为根据地，中共豫中工委成立，父亲担任工委书记。游击兵团也与各县武装统一整编为豫中游击兵团，黄霖为司令员，我父亲为政委。

从1944年7月出发北上挺进河南，到豫中军分区和中共豫中地委建立，在不到一年时间里，这支原本1000余人的武装，边打、边巩固、边建设，发展了豫南、豫中7个县的新区，开辟了以嵖岈山为中心，东西宽140余里、南北长200余里的敌后抗日根据地，地方武装发展到8000余人。豫中地区的开辟，标志着新四军5师打通了与八路军的联系，解决了5师长期孤悬敌后的处境，使华中、华北、陕北连成一片，也为我军北上南下的会师和进军打开了通道。

7月，嵖岈山迎来了陈先瑞所率八路军豫西抗日游击第3支队，并与豫中游击兵团合编，组成豫中军分区；中共豫中地委和豫中行政专署同时成立，我父亲任中共豫中地委书记兼军分区政委，陈先瑞任军分区司令员。

8月15日，日本宣布无条件投降，中国人民迎来抗日战争的最后胜利。

10月，王定烈所率八路军冀鲁豫军区水东8团和豫西八路军皮定均旅两路人马也先后来到嵖岈山根据地，受到我父亲和黄霖司令员的热烈欢迎。15日，新四军5师师长李先念专程赶到嵖岈山土山村，在东山坡召开三路大军胜利会师大会。30日，中共中原局、中原军区和中原行署正式成立。

父亲从大山里走出，亲身参与了河南党组织的恢复、发展和壮大过程，经历了发展中国共产党领导下的抗日武装的艰难岁月。新四军中原奋战，由小到大，建立起跨越七个省的抗日根据地，抗击和牵制日伪军几十万，歼击国民党顽固派 14 余万，为抗战的胜利作出不可磨灭的贡献。

1945 年，栗在山任中原军区司令部参谋处长兼豫中军分区政委和豫中地委书记。

（本文作者：栗在山之子，原第二炮兵装备研究院高级工程师）

曹丹辉在皖南事变中的突围经历

◇曹琳

曹丹辉【1915 ~ 1977.4】

江西南康人。1928 年加入中国共产主义青年团。1929 年参加中国工农红军。1930 年由团转入中国共产党。抗日战争时期，任中央军委电台队长，新四军军部第 3 科科长兼无线电总队总队长。

在震惊中外的皖南事变中，新四军广大指战员以血与火的战斗在中国革命历史上写下了英勇悲壮的史诗。时任新四军军部无线电通信总队总队长的曹丹辉亲历了事变的全过程，上演了一场壮怀激烈、惊心动魄的突围经历……

小时候，我们就听过父亲讲述他在皖南事变中惊心动魄的突围经历，至今令我们记忆清晰、历历在目！

一

1938 年 3 月 24 日，我父亲曹丹辉由延安（中央）派往新四军军部工作，很快被委任为无线电通信总队（台）的副总队长、代理总队长（因总队长胡立教赴港未返）。1939 年 5 月，我父亲被委任为军部 3 科副科长，实际负责 3 科（科长胡立教调 2 科）工作。数月后又改任无线电通信总队的总队长。

1941 年 1 月 5 日凌晨，部队从云岭防地开拔，循着羊肠小道，在崇山峻岭中前进。当队伍渡过青弋江，进抵泾县茂林地区时，国民党反动派七个师的部队，便从四面八方包围上来。皖南事变爆发了。

皖南事变第一枪，是国民党军 40 师首先打响的。在丕岭我军东进的道路上，激烈的战斗持续到下午 4 点钟，我父亲当时率领三部电台、一个通信连随军指挥部登上了丕岭高峰，俯瞰四周，到处是硝烟弥漫，炮火连天。国民党反动派的军队，已封锁了我军东进抗日的一切去路。一座座碉堡的火力口，向我军吐射着无耻的枪弹。大家痛骂蒋介石这个民族败类。

在丕岭山下一个小茅草房里，叶挺军长草拟了两份电报稿，交给我父亲他们迅速发出去。一份给蒋介石和顾祝同，责问他们为何一面命令我军北移，一面调兵围攻我军？要他们立即停止这种无耻的行径。否则，我军当不惜决一死战！另一份电文发向延安，请求党中央指示。

◇皖南事变后，曹丹辉奉命率13名突围出来的报务员化装赴盐城新军部，途经南京拍照留念。

次日晨，国民党军144师和79师沿着茂林大路，向新四军军部进攻，一直打到离军部住的小村庄只有二三里路的地方。军直属队全部都组织起来了，不分男女老少，有枪的拿枪，有手榴弹的拿手榴弹，炊事员也提着菜刀参战了。叶军长手持二十响驳壳枪，亲自指挥，激烈地战斗一直到天黑。

外围敌人越集越多，敌我兵力悬殊，要实现原先的突围计划，已经不可能了。晚上，部队全部轻装，冒雨向青弋江方向转移。9日拂晓，到达了石井坑。在这里军部几个负责人会合了。3团、5团和特务团的一部分部队，也会合在一起了。

我父亲他们刚把电台架起，耳机里就发出了延安的呼号。党中央、毛主席的指示来了。电文的大意是：皖南部队的一切军事指挥权，完全由叶挺军长负责。应高度集中兵力，选择敌人的弱点，坚决组织突围。遭受损失时，应设法多保存一些干部。

副军长项英看了电报，把它交给了叶挺军长，说："一切请你决定吧！"叶军长看了电报，激动地说："党中央和毛主席是信任我们的……"说着，泪珠掉在电报纸上。他接下去对大家说："为了我们党的事业，为了中国人民的解放，我们要坚决战斗下去。从我起，直到每一个战士、炊事员、饲养员，就是剩下最后的一人一枪，也要与卖国贼打到底……"叶军长忠于党、忠于革命的伟大品质，使在场的同志们都极为感动！

眼前的处境，考验着领导干部，也考验着每一个人。

反复的争夺战，从9日下午一直延续了整整四天四夜。部队顽强地守卫在石井坑附近。国民党反动派曾别有用心地公开广播过新四军北上的路线，因而在我军被包围时，日军的飞机也以12架的大编队飞临石井坑上空，为蒋介石罪恶的反共内战助威。

13日黄昏，国民党反动派又发起一次总攻。军部指挥所的电话铃声不绝。5团阵地上打来电话：团长徐金树与敌人短兵搏斗牺牲，全团只剩下十几个同志，话还没说完，电话就不通了。形势非常险恶，部队苦战一周后粮弹俱缺、伤亡殆尽。之前父亲已下令破坏两部电台机件并烧毁一切密件，只留一部电台至1月中旬最后失败时才忍痛将其破坏掉。

天黑之后，敌人的进攻仍没停止。信号弹、曳光弹交织在空中，把石井坑照得如同白昼一般。突然，枪声在离军部200米处响起。敌人占领了指挥所东边的一座小庙。叶军长沉静地对参谋长周子昆说："子昆，左侧的小庙必须马上夺回来，否则不但我们指挥所难保，南山上的第3团也要陷入敌人的包围！"

"哪里来部队呢？"周子昆焦急地说。

"让我去吧！"特务团团长刘别生大步跨上前说。然而，这时刘团长手下只有四名通信员了。

这位还不满25岁的团长，曾经是坚持湘赣边三年游击战争的英勇战士，如今虽然手下只四个人，他仍不灰心、不气馁，斗志昂扬率领四名通信员，猛扑小庙，仅十几分钟，便从敌人手中夺回来了。但是，由于他有五个昼夜没合眼了，打进小庙后，倒下便睡着了。四个通信员推叫不醒，直到外面咣咣响了两炮，他才猛地跳起来，叫着："通信员，打！"看看没有敌人，又倒头睡着了。

小庙夺回后，指挥所的威胁解除了。他们刚刚松下一口气，对面的南山和西面的敌人，又发起了猛攻。电话中传来3团一位参谋的报告："第三支队张正坤副司令负了重伤，血流不止，他坚决不下火线，正亲自抱着一挺机枪向敌人猛扫。我们只剩20几个战士了。"电话刚放下不一会儿，耳机里又传来那位参谋悲痛的声音："张副司令牺牲了！"

此时此刻，他们已经没有眼泪！只有对国民党反动派无比的仇恨！在我军阵地上，同志们无不以一敌十，子弹打光了用刺刀、石头，用血肉和敌人作殊死搏斗！直到反动军队进攻石井坑时，指挥所才向后山撤去，最后只能分散突围了。

第二天早晨，在一个杂树丛中，我父亲遇到了参谋周绍坤、秘书陈烙痕。他们一面走，一面叫："同志们，随我们上山去！"教导总队一个同志，把随身带着的一面红色讯号旗打起来，在空中挥舞着，激动地呼喊着："我们的红旗，是永不会倒的！同志们挺起胸来！握紧枪，继续战斗！"红旗就像大海里的帆，在风浪中高高飘扬，许多被冲散隐蔽起来的同志，看到红旗，三三两两聚集起来，向着红旗飘动的方向，奔上山来。

很快，我父亲他们的三人战斗小组，扩大成了一支50多人、40多支枪的队伍。在敌人的枪炮声中，他们召开了一个党员会议，选举了党小组长，把全体人员整编成五个战斗班，又继续战斗了。

在这支队伍里，军部、第1团、新1团、第3团、新3团、第5团、特务团、教导总队等，哪个单位的人都有。虽然同志们互不认识，但都像一个妈妈的孩子，相互帮助，相互鼓励，人人听从指挥，服从命令。只有高度觉悟的无产阶级战士，才能有这样的组织性、纪律性！

在一个山头上，他们坚持了一整天。敌人冲上来，他们反下去，一直到天黑。然而，由于敌众我寡，当晚在突围中，他们这支临时组成的队伍，又被敌人冲散了。

二

在父亲突围的过程中，让他特别感动的是人民群众的无私、真诚的帮助。

突出包围圈，当时就剩父亲一个人了！想起他们被派往新四军之前毛主席亲切、难忘的讲话："聂荣臻同志大闹五台山，他比鲁智深厉害多了！在那里建立了第一块抗日根据地，我们就是要到敌后去抗战，建立抗日根据地，要不畏困难，不惧艰险……"这激励起他继续战斗的决心和信心！

父亲忍饥耐饿走下山来，逃过了敌人的搜捕，不停地向前走，千方百计寻找部队……一天黄昏，他到了山下一个小村子，意外的碰上了机要秘书顾雪卿。他们悲喜交加，拥抱在一起，几乎是同声地说："到江北去！"然后摸到一家茅草屋前，轻轻地拍了几下门。

“这里没有新四军！”一个老大爷的声音，“保长刚刚来查过，你们又来干什么？”

“我们不是查夜的！”我父亲轻声地说：“大爷，开开门吧！我们是从山上下来的！是自己人……”

房门开了。老大爷披着件破棉袄，端着盏小油灯，从上到下把他们照了一遍，惊讶地叫道：“新四军同志，你们……”话没说完，拉着我们坐到铺上。

老人家听说他们几天没吃饭了，一面叫他睡在床上的儿子起来弄饭，一面又担心地说：“同志，你们吃了饭快点走吧！刚才保长带了3个人挨门挨户查，说见到新四军要向他们报告。”然后，指指他儿子端出来的一盘苞米饼，一盘霉豆腐，说：“唉！这年头没有好吃的，你们委屈些吧！”

他们边吃边向老人说，反动派查得很紧，能不能帮他们换两套便衣？老人沉思了半天，为难地说，衣裳全都穿在身上了，实在没有多余的。我父亲看他有两个儿子，个头和他们差不多，就说：“把你家两位老弟的衣服脱给我们，我们留给你一些钱，明天烦你老人家出去再替他们买两套衣服吧！”

老人思谋了片刻，也认为眼前只有这个办法了。青年人立即坐到铺上，把衣服脱给了我父亲。他弟弟也同时把上衣、裤子脱给了顾雪卿。他们换好衣服，掏出足够买四套衣服的钱给老汉。老人说什么也不收这么多。他们塞给老人，说了声：“大爷，我们永远忘不了你们！”就继续赶路了。

可是，走到青弋江支流渡河的时候，碰上一群国民党兵，我父亲和顾雪卿又被冲散了。父亲接连跑了三个村庄，也没找到顾雪卿。

青弋江两岸，国民党军队警戒森严，没法通过。我父亲辗转到了泾县二十里铺，小街上挤满了国民党军。他在街外一个小摊前停住，想买些麻饼之类食物充饥。卖东西的青年妇女，仔细打量后，低声说：“快，到屋里去！”我父亲随她进了草房，她闩住门，对我父亲说：“从这里到泾县一带，都是国民党52师的宪兵队和便衣，现在到处封锁，寸步难行，快从我这房子后面的稻田向北走，那里有只小船。”我父亲又惊又喜地问：“你是组织上布置的？”她不答复，塞给我父亲一筒麻饼和一瓢花生，又催了一句："快走！保重！"我父亲接过东西，把钱放在桌上，按她指的路，迅速向北走去。

快到渡口了，路旁一个歇脚的人突然朝我父亲叫了一声："这不是曹科长吗？"我父亲立刻认出来，是小岭造宣纸的工人张大哥，元旦那天还和他们一块吃过饭，现在正要挑着两捆稻草过江去。他拉着我父亲一起向渡口走去，并低声说："新四军的同志从这里渡过去很多。大前天晚上，傅司令（指傅秋涛）带了几百人从这里过去，还在对面山上打了一仗，把一群反动派全打垮了！"

听说有很多同志过去了，我父亲心里一阵温暖，立刻就想到顾雪卿。他现在在哪里呢？真巧！一到渡口，就在等船的人群中看见老顾了，父亲心中的大石头终于落下了。

下了渡船和张大哥分手后，即与老顾到前面小岭街上去吃点东西。进了一家茶馆，小跑堂的过来问他们要什么，他们点了两碗汤面、两盘烧麦。我父亲刚吃了一个，小跑堂就进来低声说："你们快走，泾县县长带着二十几个人进街来了。前门出不去了，我给你们开后门。"他怕我父亲他们不信他，又急促地说："我认得出，你们是新四军同志，快，快……"

他们谢了这位小同志，出了茶馆后门即登上了山，只见一群穿黄军装的反动军进了小岭街。老顾感慨地说："我永远不会忘记茶馆的这个小鬼！"是的，他们不会忘记一路上帮助他们、掩护他们的人民群众！

晚上，他们走到了江边的一个小村旁。为打听突围出来的同志们的去向，他俩摸黑敲开了一户老乡家的门。里面住着老两口。可是不管他们怎么问，老人都摇头说不知道。当他们亮明新四军身份时，他们的态度变了，把家里仅有的一块腊肉，拿出来炖给我父亲他们吃，老妈妈还忍不住露了一句，说她女婿和儿子都当新四军。但对新四军的驻处仍闭口不谈。

第二天早晨，告别二老出门时，老汉才指指一架山说："孩子，你们从那里翻过山去就好了！"

老人最后这句话，给了我父亲他们希望，他们飞快地向山上跑去。到达山顶，只见滔滔长江，像飘带一样环绕在起伏的丘陵中。他们激动地呼喊："长江！长江！"因为渡过长江，就能找到部队了。新四军挺进游击纵队，就在巢县、无为一带。

怎么过江呢？他们决定先到山下村子里侦察一番再说。来到村边，我父亲叫老顾先隐蔽在村外，然后悄悄向村里走去。突然，一个背枪的士兵走出来。糟糕！又碰上敌人了……

跑已经来不及了，我父亲迅速躲到一堆小树丛里。那个士兵走着，走着，突然轻轻地唱起歌来："东进，东进，我们是铁的新四军……"听到这歌声，父亲不顾一切冲出小树丛，高声地接着那个同志的歌声唱："东进，东进，我们是铁的新四军……"

"哪一部分的？"他立即向我父亲发问。

"军部的！你们是哪部分？"

"3团！"

"3团，我们的3团！"我父亲激动得眼泪直流，转过脸向村外大声喊叫："老顾！顾雪卿同志，快来啊！3团，我们的3团……"老顾连跑带跳地扑进村来。

那个战士引着他们来到了营部。营长正是袁大鹏。1938年4月，他们是一同从延安调到新四军的。老战友劫后重逢，格外亲切！袁大鹏说，特务团也突出来一个营，团政委张闯初就住在前面村子里。当他们走进特务团驻地时，村里又传出了熟悉、亲切的新四军军歌声。

◇ 1941年曹丹辉（中）为庆祝新四军建军四周年与战友在苏北益林合影

当晚，他们几个团营干部开了个会，决定暂在长江南岸铜陵、繁昌地区开展游击战争，并继续收容皖南事变突围出来的同志，相机渡长江北上，到皖中与挺进游击纵队会合。

为了很快和江北指挥部取得联络，突围出来的十几个电台工作人员用收音机零件，连夜赶制出一部电台，同志们兴奋地说："我们就要和上级取得联系了！"

"哎呀，哪里有密码和呼号呢？"一个同志发愁地问。

我父亲对此早已胸有成竹。在突围那天，电台全部破坏时，他就把延安和陈毅、张云逸两个指挥部的电台呼号等联络规定，用笔写在两条大腿上和衬衣袖筒里了，同时，他脑子里还有一本密码更是不会丢失的。电台架起来，很快就叫通了。

次日下午，他们收到了江北指挥部转来的刘少奇和陈毅两位首长从苏北盐城新军部发来的慰勉电。曾希圣把电文传达给每个突围出来的同志，它鼓舞、激励着大家！他们2个营4个多连，在日伪顽三面夹击中，坚持斗争了一个月，终于胜利地渡过了长江，更加坚定地投入到新的敌后斗争中去。

（本文作者：曹丹辉之子，原电子工业部南京第28研究所高级工程师）

独臂将军彭清云抗战时期二三事

◇彭少江

彭清云【1918 ~ 1995.7】

曾用名彭庆云。江西永新铁炉家村人。1930 年加入中国共产主义青年团。1933 年参加中国工农红军。1934 年由团转入中国共产党。抗日战争时期，任八路军第 120 师 359 旅新兵大队政治委员，第 719 团营政治教导员。1939 年起任第 359 旅教导营政治处主任，团政治委员。

1938年10月，时任359旅719团1营教导员的彭清云，在邵家庄伏击战中负伤。白求恩大夫亲自为他治疗，因伤势过重，不得不截去右臂，险些送命。劫后余生的他依然斗志昂扬、精神抖擞地驰骋在抗日战场上……

1937年卢沟桥事变后，我父亲彭清云随120师717团挺进山西抗日前线，开启了他跟随党和人民军队八年抗击日军的生涯。

一、在邵家庄伏击战中失去右臂

1938年，抗日战争进入关键而艰苦的阶段。7月开始，日军驻华北方面军5万余人（含独立第二混成旅团），分25路围攻以五台山为中心的晋察冀地区，沿平绥铁路东段、同蒲铁路北段、正太铁路沿线，分进合击，规模空前。日军在河北广灵地区同样重兵把守，9月拉开攻势。10月26日，根据情报，日军北线指挥官独立第二混成旅团长常冈宽治少将，将带领步兵一个中队，重机枪、炮兵各一个小队及通信分队共200余人，从张家口出发，到蔚县、广灵、灵丘等地“视察”，鼓舞士气。

获悉敌人的这个情报后，359旅旅长王震立即在旅部所在地灵丘县上寨村召开团以上干部作战会议，决定利用邵家庄的有利地形，集中兵力打一个漂亮的伏击战，并亲自点将任命我父亲为突击队队长。于是，我父亲带领部队隐蔽在公路东西两侧，战士们个个斗志高昂，摩拳擦掌，等待着激战的到来。

我父亲时任359旅719团1营教导员，团长是贺庆积。任命我父亲的原因有两个：一是我父亲在当时部队里还算有点文化，打起仗来有勇有谋，多次受到王震旅长的夸奖。二是我父亲的军事基本功比较过硬，当时在部队称得上神枪手。为此王震旅长有意识锻炼一下我父亲，他说：“彭清云同志打仗非常勇敢，脑子也很灵，现在他是教导员，等他打完这一仗，让他当营长。”

10月28日上午约10时，敌人大约有十多辆汽车，进入伏击圈。我父亲率领突击队，利用水渠作掩护，从侧后接近敌人，冲锋枪、机关枪、步枪一齐向敌人猛烈射击，打得敌人晕头转向，鬼哭狼嚎。敌人逃跑不成，利用河滩里的大石头和汽车作掩护进行抵抗，意图拖延时间，等待援兵。父亲很快识破，决定迅速结束战斗。他们利用干河沟、田埂作掩护，冲到离敌人汽车不到二三十米的一排矮墙下，利用有利地形，向敌人猛烈射击。这时，从第二辆汽车里钻出来一个很胖的日军，穿着呢子衣服，戴着金灿灿的肩章。父亲看见这个日军缩在汽车底下，张牙舞爪地指挥他的部队进行反击，便拿过身旁战友的一支步枪，沉着地瞄准，一枪就把这个日军给报销了。事后查明，被我父亲亲手击毙的日军，就是日军北线指挥官、独立第二混成旅团长常冈宽治。

常冈宽治被击毙后，敌人陷入更加混乱的状态，但仍疯狂抵抗。因邵家庄距广灵和灵丘敌人的据点很近，为避免遭遇援敌，我军必须尽快结束战斗，不能恋战。于是，父亲将两个连稍事集中后，便又杀向敌人，同敌人展开了肉搏战。几百米的河滩里，战士们杀声震天，刺刀寒光逼人。敌人一下子就被我军打了下去，死尸横七竖八地躺在河滩里，全部被消灭了。

大约一小时，广灵增援的敌人赶到了。埋伏在邵家庄以北山地的2营为掩护突击队的撤离而打响了阻击战。阻击战很激烈，伤亡也很大。面对几百名援敌的凶猛攻势，父亲果断地把部队带到两侧山上，急速撤出战场。紧跟在我父亲身后的战士们一边往后撤，一边打扫战场，汽车带不走就全部烧毁；每个人肩上都背了五六支枪。有个战士想去拉走敌人的一门小炮，结果被敌人击中，牺牲时还死死地抱着那门炮；为了一挺重机枪，已经牺牲了两名战士。这时，援敌已从三面向我父亲他们包围过来，大约只有20多米的距离。我父亲带着一个步兵班和卫生班长、两个卫生员一面阻击敌人，一面往山上撤退。当撤到半山腰时，接到团长命令：务必将那挺重机枪抢回来。敌人越来越近了，父亲将胳膊靠在土坎上观察，一边指挥拖运重机枪，一边组织撤退。为了掩护战友，突然他的右臂肘关节被一颗子弹打中，血一下子涌了出来。卫生员立刻给他作了简单包扎。虽然伤口非常疼痛，但这时已经顾不上了，他忍痛指挥部队战斗，一口气跑了十多里路，终于摆脱了敌人。

邵家庄伏击战取得了重大胜利，共歼灭日军500余名，击毙日酋常冈宽治少将和诸森炮兵大尉、山崎少佐，毁敌汽车10多辆，缴获山炮1门、轻重机枪7挺、步枪百余支。这次伏击战，为巩固以恒山为中心的抗日根据地作出了重要贡献，受到了晋察冀军区司令员聂荣臻的通报嘉奖和中央军委的高度赞扬。

邵家庄战斗结束后，我父亲被送到灵丘县石矶村359旅卫生部前方医院治疗。由于医疗条件极差，医药奇缺，我父亲得不到及时救治，伤口严重溃烂，最后导致动脉血管破裂，生命垂危。王震旅长得知后特地致电白求恩大夫。白求恩冒着大雪从70多里外赶到后立即为其检查，然后深沉地说："彭很危险，如果不先输血，难以经受住手术。""情况紧急，抽我的！"在场的同志不忍让他多次输血，但白求恩坚定地说："来不及验血了，我是O型血，万能输血者，赶紧抽。抢救伤员要紧。"说着就挽起了袖子。同志们望着他那严峻的眼神，知道无法改变这位倔强老人的决定，只好把针头插进了他的血管里。然后，白求恩又亲自把针头插进了我父亲的血管里。就这样，诺尔曼·白求恩的鲜血，徐徐地流进我父亲的身体，两个民族的血液溶合在一起了。

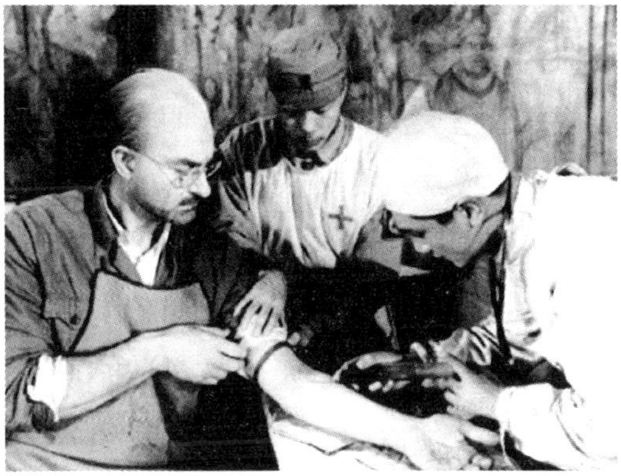

◇电视剧《诺尔曼·白求恩》为八路军战士输血的镜头

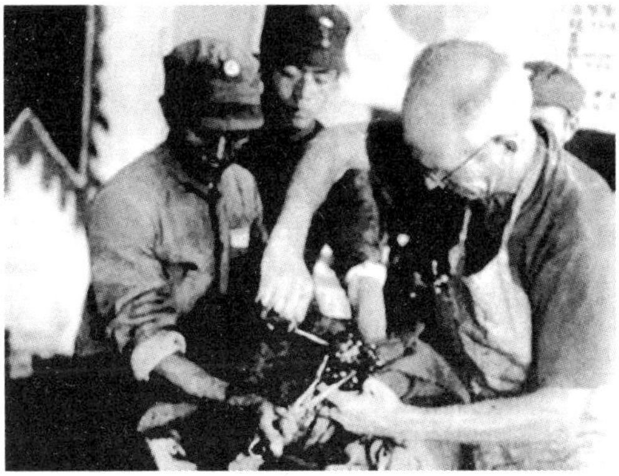

◇电视剧《诺尔曼·白求恩》抢救八路军战士手术的镜头

刚刚献了血的白求恩大夫顾不上休息又开始为我父亲进行手术。白求恩大夫仔细地剥离腐烂的肌肉，聚精会神地寻找损伤的血管。当第一次找到血管断头准备缝合时，血管断了，这说明血管已经坏死。白求恩大夫毫不灰心，一次、二次、三次，当第四次夹住血管缝合完毕、白求恩大夫刚要直起腰时，血管又一次断开了。这时候，他难过地说：“为了挽救彭的生命，只得截肢。”

截肢手术首先就遇到了手术器械问题，没有手术锯，最后只好将从日军手中缴获的工兵锯，修整、消毒之后作手术锯用。白求恩原想尽量把截肢的位置截得低一些以便将来有可能安装假肢，先从关节以上稍高位置截起，但截开之后发现肌肉组织已严重坏死，只能上移。又截了两次，都发现肌肉腐烂了。第四次截肢定位是齐胳膊切起，也就是从腋窝处截起。此时，白求恩大夫双眉聚拢，眼睛湿润了，额头上已渗出汗水，他知道如果这次再不成功，我父亲的生命就危险了。很幸运这次终于成功了。

手术从上午10点一直进行到下午4点，在长达六个小时里，白求恩大夫没有吃一点饭，没有喝一口水，他的烟瘾本来是很大的，却连一口烟也没有抽。

手术后，白求恩大夫又亲自护理，为我父亲打针、喂水、喂汤。术后的第八天，他专门从前线回来看望我父亲，为他检查伤口亲自换药，最后面带笑容地说：“你脱离危险了。伤好以后，就可以重返前线，继续同法西斯作战了，希望你在战斗中消灭更多的敌人，杀死更多的法西斯。”我父亲眼含热泪地对他说：“白大夫，你给了我第二次生命啊！”检查完以后，白求恩大夫就离开了后方医院。这个故事也是在小学课本里《白求恩的故事》的素材原型。

断臂那年我父亲刚满20岁，正是一个风华正茂、积极要求进步的年青人，这个遭遇对他是多么大的打击呀！

伤愈后，我父亲的第一件事就是找王震旅长要求回原部队继续打仗杀鬼子。他对王震旅长说：“我还有腿、有左臂、有白求恩给我输过血的身躯，照样能行军滚地雷打鬼子，只要还让我上前线打鬼子就行。”当听到王震旅长说让他到旅教导营当政委时，我父亲高兴地说“行，保证完成任务！”并从心底里感激王震旅长。

◇ 1939 年山西神堂堡 359 旅祝捷大会上，三位独臂战友合影（彭清云—左、左齐—中、晏福生—右）。

1939 年 5 月，在五台山的上下细腰涧战斗是父亲失去右臂后参加的第一场较大的战斗。激战中，父亲冒着枪林弹雨深入基层宣传鼓动、出谋划策，协助营长指挥战斗。上下细腰涧战斗在王震直接领导下取得了重大胜利，共消灭日军 1000 多人。战斗结束后，717 团、718 团和教导营在山西神堂堡召开了隆重庆功大会，王震讲了话，表扬了参战部队，还特别讲了这次战斗的重大意义。

这场战斗对我父亲来说更是意义非凡，极大地鼓舞了他的斗志，增强了自信心，从此他一直精神抖擞地驰骋在抗战疆场上。会后，我父亲和 717 团政委晏福生、718 团政委左齐“三个一把手”（他们三个人都没有右臂），特地请战地记者为他们拍了一张照片，展现了八路军战士的革命乐观主义精神。

二、智斗国民党绥德专员何绍南

1939 年下半年，随着国民党《限制异党活动办法》的颁布，国民党顽固派坚持假抗日、真反共的立场，在中共中央所在地陕甘宁边区周围，强拉民夫，修筑了包括沟墙和堡垒等五道封锁线，驻兵 20 多万，不时制造磨擦，大有进犯边区之势。

为了保卫陕甘宁边区，1939 年 8 月，359 旅奉中央军委命令除部分部队留驻晋察冀边区外，其余部队移防陕西绥德，担负保卫党中央、保卫陕甘宁边区的任务。10 月，359 旅抵达绥德，接替警一旅的河防。我父亲率旅教导营驻绥德飞机场。那天正是双十节当晚，绥德专员、国民党顽固分子何绍南，在绥德飞机场挑灯搭台，国民党保安队站一边，我父亲他们教导营站在另一边。说是召开“欢迎会”，实质是向八路军挑衅，制造事端，妄图把八路军挤出去。

会上何绍南先说了几句开场白后，随即话锋一转，直指八路军：“你们八路军在前方抗日，为什么又跑回后方，这不是‘溃军’是啥？……”台下的保安队员纷纷拍手应和“反对游而不击，‘溃军’可耻！……”

我父亲见状，“噌”地站起身，举起左臂高呼：“反对磨擦，坚持抗日，服从边区政府领导！”八路军战士也跟随高喊。在义正词严的怒吼声中，王震旅长走上了台。

何绍南不等王震开口，抢先说：“你们共产党极左，喊口号都举左手，表面倡导抗日统一战线，实际是破坏统一战线！”

王震说：“刚才何专员说呼口号举左手，是共产党极左，是破坏抗日统一战线。诚然，你们知道吗，方才那位举左手的八路军，已经失去了右臂，他是打死日寇将军的人，他是在掩护部队撤出时负伤失去了右臂……”保安队员及何绍南听到这里都瞪大了眼睛。

王震接着说，我们359旅驻防绥德，是毛主席、朱总司令的命令，是合法的。八路军是抗日的部队，要抗日就必须依靠群众……。王震越讲声音越大，教导营官兵在下边热烈鼓掌，一下子把何绍南的气焰打下去了。他低垂着头，像丢了魂似的，看八路军人多势众，怕吃亏领保安队走了，欢迎会不欢而散。

当时，绥德城由何绍南管辖，359旅驻防后就针锋相对。双方比着在城里设哨所及制高点。但我父亲带领教导营私下给何绍南的士兵进行宣传鼓动，讲统一抗日的道理，主动团结他们。因此，保安队士兵对八路军都比较友好，有的还给八路军通风报信。

12月，国民党顽固派掀起了第一次反共高潮。1940年1月，何绍南秘密纠集五个保安大队企图袭击359旅。有一天，一位老汉拧着他保安队员儿子的耳朵，来见我父亲。“快告诉八路长官，你们都要干啥事！”开始老汉的儿子死不张嘴。我父亲循循善诱，晓之以理，硬是把他给说服了，他透露：何专员命令全区保安队集中，秘密向绥德城靠拢，但时间说不准。经进一步核实，1月23日，我父亲向王震报告了何绍南阴谋暴乱的情况。

王震即以警备司令的名义，邀请何绍南参加绥德开明绅士和各界代表的联谊会，当众揭露了他的罪行和暴乱阴谋。何绍南气急败坏地跑了。我父亲乘何绍南离开绥德去西安告状之际，率领部队深入大街小巷，发动群众，揭露何绍南破坏抗战、制造磨擦、横征暴敛、纵兵为匪、贩运白洋和鸦片的罪行。民愤群起，陕北百姓也都拥护八路军。陕甘宁边区政府根据人民群众的要求，向重庆政府告发了何绍南破坏抗日统一战线的罪行。重庆方面不得已贬了他的官。

何绍南被贬后贼心不死，秘密潜到绥德，企图控制保安队与人民对抗。2月3日，旅教导营2队几个学员到飞机场西面的村子搞宣传，刚到村口就碰到从村中跑出来的两个农民说："村上的保安队要叛乱，机枪都上窑顶了！"

我父亲听了，挥手向政治教员金忠藩和几位学员说："走，看看去！"

"政委，危险，带上家伙多去些人吧。"

"别怕，他们要动武，人民饶不了他们！"

果然进村后听到"嘟嘟"哨响，保安队员端着枪在窑顶，拉动枪栓，喝止我父亲他们不许向前。我父亲环视了一下，仍若无其事地朝前走。保安队长在几个士兵簇拥下蹿出来，横在我父亲一行人面前，蛮横地说："再不走，别怪老子不客气！"

面对凶残的敌人，我父亲凭着多年斗争经验，他深知：你硬他就软，你软他就欺。于是他猛地跨前两步，伸出左臂，一把揪住保安队长的衣领，义愤填膺地吼道："你带头破坏抗战，人民不会饶你，蒋委员长也不会饶你！"

金忠藩乘势将驳壳枪口朝保安队长的腰间一顶："放老实点，顽固到底没有好下场！"此时保安队士兵也子弹上膛。气氛紧张，瞬间都会流血。保安队长看到身旁几个八路军的枪口时顿时慌了神。

这时我父亲想，无论谁先开枪，局势都于我不利。他灵机一动，头朝右侧的农院一摆，命令保安队长："别叫嚷，进屋里谈！"并对保安队随从厉声说："你们不要进去！"几名八路军战士和几个保安队士兵都止步站在门口。

我父亲揪小鸡似地将保安队长拉到农院，松开手。保安队长此时才发现这个八路是“一把手”。“你们组织叛乱，破坏抗日，就不怕杀头？”我父亲质问他。随即让他供出“叛乱”的组织者、时间、具体行动计划。保安队长表示，何绍南只交代做好准备，时间不知道。我父亲觉得再问不出更多情况，便对保安队长讲述了团结抗日的道理，提出做群众工作，动员民众抗日，保安队只能支持不能阻拦。

保安队长点头称是，并发誓今后决不破坏抗战。我父亲乘势给他个台阶：“说得好，你既然不愿意落个破坏抗战的罪名，那就让你的人马从窑顶上下来，都回窑里去。”还让他亲自护送我父亲几人到机场边的桥上。

我父亲一行安然回到驻地，迅速将保安队叛乱的情况报告给旅政治部副主任王恩茂。

2月5日，王震命令组建临时平息叛乱团，由教导营营长江子炎任团长，我父亲任政委。八路军官兵听说要打仗，一个个摩拳擦掌。旅首长指示，一定要等何绍南逃出他的营房以后，再开始消灭他。王震还特别讲到，彭清云打仗是很有经验的，也是很勇敢的，是会打仗的人，这次一定要很好地完成任务。何绍南原想捞一把再走，发现情报已经泄露，便趁黑夜率领保安队一部向西逃走了。江子炎和我父亲立即率部追击了70多里，截歼了保安队一部200多人。何绍南不敢恋战，率大部人马朝榆林城里跑了。

2月13日，何绍南带领数十名保安队员，化装潜回绥德，煽动各保安队哗变为匪，抢劫民众，袭击八路军。

2月29日，何绍南部队中的几个士兵跑来告诉八路军说，今晚保安队要从后面的山上袭击教导营，然后向榆林方向逃跑。对这个情报大家有点半信半疑，但仍做了战斗准备，并派了一个营埋伏在绥德通往榆林的道路上。何绍南没有袭击行动，而是在四更天率绥德附近的第七保安中队，焚烧文件、弹药、被装后，连同国民党新任绥德专员包介山一同逃往石湾、榆林等地。当教导营发觉时，他们已逃出八九里路。于是，我父亲带着部队一口气追了40多里路，午后终于追上了何绍南的保安队，很快就把他的第七中队消灭了，活捉了好几百人。但何绍南带着几个随从冲过埋伏逃向榆林。

叛乱平息后我父亲受到王震旅长的称赞，只是遗憾没能活捉何绍南。

三、南下2支队勇闯同蒲铁路封锁线

1944年抗战进入战略反攻阶段。中央决定359旅组建两个南下支队。我父亲提前从中央党校回到719团任政委进行南下的准备工作。当时他们主要从三个方面着手：思想教育和作风纪律整顿、抓紧军事训练、筹备必要的物资。我父亲跟随的南下第2支队的任务是：南下湘粤赣，与王震、王首道率领的第1支队会合，同时还担负护送中央派往两广、湖南工作的第9干部队和派往中原工作的第5干部队的任务。这两个干部队里有许多党的高级干部和重要骨干，要护送这批干部安全到达目的地，任务是相当艰巨的。为此南下2支特别成立了临时指挥部，文年生任指挥，刘转连任副指挥，张启龙任政委，晏福生任副政委。

第2支队是1945年6月10日从延安出发的。出发前，毛泽东、朱德、任弼时、林伯渠、贺龙、叶剑英等领导同志，在中央大礼堂接见了营以上干部，延安各界人士又在东关机场举行了隆重的欢送大会。

南下2支从延安出发东进，经绥德、吴堡，渡过黄河后，顺利地到达山西的文水县，接着，部队继续向南开进。7月10日，当719团准备通过同蒲铁路时，遭到了日军的阻击。

为了安全通过同蒲路，719团先在铁路周围进行游击活动，以迷惑敌人。当敌人包围过来时，他们派一些小分队同它接触、周旋，而团的主力趁此机会进行了一个晚上的急行军，一下子把敌人甩在后面100来里路。

晋南一带的老百姓对八路军非常好，即便是夜晚，他们所路过村庄的老百姓都出来欢迎，给他们送饭送水，帮体弱掉队的战士扛枪、背背包。天亮后，部队停下来稍事休息，准备早饭，这里离同蒲路还有10多里路。

不料，敌人追赶的速度非常快，他们一出村就同敌人交上了火。我父亲同萧团长指挥部队且战且走，千方百计想甩开敌人，以便尽快通过封锁线。因为文年生和 9 干队、5 干队的二三百名干部随同 719 团一起行动，所以他们深感责任重大。部队经过一夜急行军，加上早饭又没有吃好，战士们又累又饿，相当疲劳。而这时敌人开来一列装甲车，封锁了他们前进的道路。敌人的迫击炮、机关枪不停地向他们射击，形势对他们十分不利。文年生大声地问我父亲："彭清云同志，现在怎么办？"我父亲说："我们的主要目的是穿过同蒲路，因此千万不能同敌人纠缠，如果被敌人拖住，就会更加被动。"

于是，我父亲命令 2 营同敌人拼刺刀，要不惜一切代价为部队杀开一条血路。2 营是 120 师的警卫营，战斗力很强。就这样，2 营在前面冲杀，部队在后面跟进，经过一阵拼杀，719 团的大部分部队冲过了封锁线，但 9 干队、5 干队、2 支队队部和 3 营还没有冲过来。怎么办？我父亲同萧团长说："你带 1 营和团直属队先走，我带 3 营掩护支队和 9 干队、5 干队。"但萧团长坚决不同意，要求他带 3 营担任掩护，他说："政委，你放心吧！有一个侦察班掩护我，还有一个营，我们一定完成任务。"这时，敌人已经向他们包围过来，情况十分紧急。于是，我父亲带 1 营和团直属队边打边走，很快通过了敌人的封锁线。而萧团长带领 3 营为掩护部队与敌人展开激烈拼杀，总算为部队杀出了一条血路，大约中午 12 点左右，9 干队、5 干队和掩护部队才通过同蒲路封锁线。在同敌人拼刺刀的过程中，萧团长不幸牺牲。当听到萧团长牺牲的消息时，我父亲非常悲痛，大家都为失去亲密战友而悲痛至极。

当地的老百姓对八路军真好。过封锁线的时候，跟随我父亲的电台没人挑，一位老乡明知有危险但仍答应帮忙挑过封锁线并执意不收钱。

在部队通过封锁线的时候，战士伤亡很大，驮物的骡子也死伤不少，他们带的许多东西和宝贵的经费也丢掉了。因为战斗非常激烈，不要说经费和物资来不及找回来，就连伤员一时也无法救治。但是，老百姓不仅把他们的伤员送回了部队，连他们丢失的东西、经费，也全都收集了起来，如数交给了部队。过了同蒲路就是太岳根据地了，老百姓又是欢迎又是带路。

南下2支队通过同蒲路后继续直驱南下，不久，传来了日本投降的消息。

（本文作者：彭清云之子，北京中长企业发展公司董事长）

曾雍雅与大龙华、雁宿崖等战斗

◇曾安东
曾南萍

曾雍雅【1917 ~ 1995.3】

江西雩都（今于都）人。1921年参加中国工农红军。1932年加入中国共产主义青年团，同年转入中国共产党。抗日战争时期，任八路军第115师独立团敌工股股长，晋察冀军区第一军区敌工科科长，广灵县县长，晋察冀军区第一军分区3支队支队长兼政治委员，第34团政治委员。1944年任冀东军区第十四军分区副司令员、司令员。

曾雍雅带领晋察冀军区第一军分区游击3支队活动在冀西山区，这支队伍军政素质高，战斗力强，在1939年间的大龙华、雁宿崖、黄土岭等多次战斗中屡建奇功，特别是成功调动敌军进入伏击圈，为击毙日军"名将之花"阿部规秀发挥重要作用。

抗战初期，我父亲曾雍雅领导的晋察冀第一军分区游击3支队，又称"曾支队"，经常活动在冀西山区，与人民群众结下了鱼水般的深情，对敌情、社情和地形都非常熟悉。部队经过整训，军政素质明显提高，士气高涨。根据分区的统一部署，他们主动接敌，侦察袭扰，设伏歼敌，在1939年的大龙华、雁宿崖等战斗中发挥了重要作用。

大龙华运动歼灭战

1939年，日军华北方面军执行"治安肃正"计划，令第108旅团对易县以西地区进行"扫荡"，企图驱逐在易县至涞源公路两侧活动的八路军。4月，驻易县日军内海大队（即140联队第3大队）及伪军一部共700余人向西进犯占领了梁各庄，而后进占大龙华，修筑坚固工事，残害百姓，奸淫掳掠，无恶不作。日军抓来民夫，准备上千挂骡马大车，集运弹药装备。一切迹象表明，日军有大的行动。

4月的形势已非常紧急，我父亲召集机关人员和大队干部开会，对敌人的动向作了研究分析。他说："从敌人的行动来判断，他们有两个企图：第一，抗日军民发动起来了，铁路、公路大动脉受到破坏，粮草运不进，敌占区的日军、伪军粮秣匮乏。大家算一算，这一带驻有敌军1000多人，加上骡马，一天消耗粮食就要两千多斤，日军、伪军吃什么？所以必然出来抢粮；第二，长江流域战区，日军被中国军队抗击，敌人后方八路军日益壮大，不断打击日伪军。所以，也可能回师增兵华北。如果日军北撤，就会大量涌入华北敌占区。河北是日军屯兵之重点，那么多的敌人也得吃粮食。为了不让增援的敌人有立足之地，把现有的敌人困住，因此，我们一下打不死他，也要把他们饿死。”说到这里，他翻开作战地图，继续说：“首先出动的可能是易县梁各庄这股敌人，由东向西，一路行一路抢。我们要运用游击战术，把敌人消灭在半道上。我命令：张云率1大队前去迎敌！”

◇曾雍雅在1942年冬

1大队受领任务后于次日出发，侦察班长赵满仓兼程百里，乔装打探敌情，获取的情报印证了我父亲的判断。

我父亲肯定地说：“敌人的目的一是为了生存抢东西，二是很可能在大龙华建据点，企图打通易县至紫荆关到涞源的联系，切断我北岳区与平西的联系。来吧，我们要坚决给敌人一个沉重的打击！这一仗必须要打好，我随1大队行动，打他个措手不及！”

第二天清晨，他带领骑兵排和一大队向小龙华方向前进。侦察兵报告：“敌人从梁各庄出发了，大约四五百人。”我父亲拿起望远镜向敌人行动方向望去，只见敌人兵分两路，左边是日军大约一个排，向松树山走来；右边是伪军，一个连兵力，向光秃山开进，中间一路离得远，沿着公路前进。

“1大队注意隐蔽！”我父亲发出了命令。

敌人为占领松树山，掩护公路上的主力前进，开始爬山了。他们扛着枪，松松垮垮，分不出什么队形。当敌人进到距1大队20来米时，父亲发出命令——“打！”

刹那间，“轰隆隆”一阵阵巨响，天崩地裂。敌人的断臂碎骨，随着弹片树枝飞溅。

紧接着，又是一阵射击，敌人被打得滚的滚，爬的爬。日军指挥官声嘶力竭的叫骂，几面膏药旗乱舞，日军的武士道精神大发，一鼓作气又涌上来。敌人拼命往上冲，“曾支队”拼命往下打。机枪、手榴弹在敌人队形内开花、爆炸，敌人死的死，伤的伤。武士道精神也随着他们的躯壳回了老家。左路的敌人垮了下去。

右边来的那路敌人，是梁各庄伪军守备队。其队长被八路军打成了独眼龙，是日军的一条忠实走狗。他看到主子被“曾支队”打得抬不起头，就带领他的亡命之徒跑步前进，企图占领光秃山，从后侧夹击松树山“曾支队”的骑兵。他哪里知道，骑兵只是个掩护，下面埋伏的才是千军万马。战士们拉出手榴弹弦，机关枪对准了目标，等到独眼龙爬到射击圈内，杀声大作，一阵猛打、猛炸。伪军们像松树山的“皇军”一样，被炸得血肉横飞，哭的哭、叫的叫，好像一堆烂西瓜，从半山腰一直滚到山脚下。中路的日军指挥官亲眼看到前面两路人马的惨败，气急败坏，挥舞战刀，组织猛烈的火力向山上轰击，炸得飞沙走石，硝烟四起。

敌人在强大火力掩护下，嚎叫着冲上山头。日军指挥官洋洋得意。哪知上山一看，连个人影都没了。“土八路到哪里去了？”当他从望远镜里看到“曾支队”的骑兵在四里开外绝尘而去，只能气得咬牙切齿。

独眼龙在日军指挥官面前战战兢兢地说：“小龙华原来八路的没有，谁知从哪里冒出来的‘曾支队’，神出鬼没太厉害了。”

听到曾雍雅的名字，敌人不禁直打哆嗦。不到一个小时，搞掉他几十人，来无影去无踪。

敌人将松树山下几十具尸体草草收拾，整理队伍，继续向大龙华推进。

随后我父亲又率领3支队迅速机动到敌人前面，多次组织袭扰，消耗迟滞日伪军。敌人吃过“曾支队”的大亏，如惊弓之鸟，每遇到复杂地形，都要先打一阵炮，看看没有动静才敢前行，行进速度每小时不过三里。战士们风趣地说：“我们的侦察员失业了，敌人自己就报告了他们的位置，曾支队长收拾他们更方便了。”我父亲又运用敌驻我扰，敌疲我打的战术，在大龙华东北小高地成功发动一次夜袭，歼敌一个排。由于“曾支队”连续袭击，敌人虽然占领了大龙华，但坐卧不安，胆战心惊，从天黑到深夜一直处于戒备状态。疲惫不堪的日军已经被“曾支队”搞得懵头转向，以至于“曾支队”的侦察兵摸到日伪军窗下他们都没有发现。晋察冀第一分区根据曾支队的侦察报告和活动情况决定——攻打大龙华。

5月19日午夜，杨成武司令一声令下，大龙华突然响起了“轰轰”的爆炸声。紧接着，八路军从四面八方以雷霆万钧之势，对敌人展开了全面的进攻。顿时冲杀声和震耳欲聋的枪炮声交织成一片。筋疲力尽又被麻痹的日军从梦中惊醒，像没头的苍蝇乱跑乱窜。虽然敌人拿出了武士道精神拼死顽抗，但终究逃不脱被消灭的命运。经过几个小时的激战，敌人被打得焦头烂额，死的死、伤的伤，只剩下小部分敌人，失魂落魄地突围逃命。据载，大龙华战斗共歼敌400多人，更为重要的是缴获大批日军绝密文件，供党中央参考。后来，这批材料在研究敌军、制定对敌斗争方针政策上发挥了重大作用。

晋察冀军区一分区对“曾支队”在大龙华战斗中的评价极高，并给予通令嘉奖。分区首长说：“‘曾支队’这次起了迷惑、欺骗敌人的作用，弄得敌人疲惫不堪，后来敌人又极端麻痹，攻击部队摸进去了，还不知道。促使这次战斗容易胜利。”兄弟部队也称赞“曾支队”：“夜间动作好，静肃秘密，没有声响，真像久经训练的老部队。”

雁宿崖歼灭战

我父亲率领的游击支队活动于广灵、灵丘、涞源、易县、阳原、蔚县等地区，和八路军其他部队配合，四处袭扰敌人，断敌交通，收复城镇，已令敌人闻风丧胆。当年《一分区战斗概报》中写道：“抗战3年来，曾支队每战必胜，如占领大龙华的敌人有500多人，炮3门，被曾支队搞得筋疲力尽，无招架之功。敌人600余人进攻走马驿，与曾支队战斗整日，走马驿被敌人占领一次，又被曾支队夺回。”著名历史学者萨苏在日军高级指挥机构当时的电文中发现如下内容："这个地区的一支八路军游击支队，非常活跃，频频挑战皇军的尊严。"可见，这只"曾支队"确实令日军如鲠在喉。

1939年秋，日军阴谋策划对晋察冀抗日根据地进行全面"扫荡"。决策、指挥"扫荡"的是一位被称作日本名将之花的阿部规秀中将，这个阿部规秀是日本帝国将领中的佼佼者，被称为擅长运用战术的"帅才"和"山地战专家"，并已被任命为日本天皇的侍从武官即将赴任。日军把精通"山地作战"的阿部规秀中将派遣到太行山区，专门对付共产党八路军。

一天，在"蒙疆驻屯军司令部"里坐着辻村宪吉大佐、绿川钝洽大佐、中熊直正中佐、坻斗中佐、森田春次中佐等，不一会儿，阿部规秀中将进来了，只见他趾高气扬，傲气十足，两颗将星金光闪烁。会议上，他手拿一支红蓝铅笔，在一幅华北战区地图上重重一画说："涞源城出击，要将那只八路军曾支队通通歼灭！"

阿部规秀这次行动虽属绝密，但我父亲在10月3日就收到了涞源城送出的紧急情报："涞源敌寇可能兵分三路，分别向水堡、走马驿、银坊方向'扫荡'……"情报特别强调，敌人妄图来个大包围，寻歼与其多次交战的"曾支队"！向银坊进攻这一路是敌主力，企图从走马驿的侧后迂回包围攻击"曾支队"。

形势严重，我父亲立即将这一重要情况报告一分区司令部。聂荣臻、杨成武二位首长研究后决定亲自指挥这场战斗。杨成武司令赶回分区组织指挥，他首先命令我父亲率领游击支队牵制敌人，诱敌深入，给敌人"带路"。然后命令独立师的1、2、3团，25团两个营为主力，在雁宿崖设伏，待机攻击，歼灭向银坊进攻的这一路敌人，对向水堡、走马驿进攻的两路敌人采取阻击牵制。

任务下达后，我父亲将作战方案作了详细的部署：以一部分兵力在三岔口、张家坟、雁宿崖三线，向鼻子岭、白石口侦察警戒，如发现敌人，且战且退，诱敌深入，把向银坊进攻这路敌人引致张家坟、雁宿崖地段。一句话："我们支队的任务，就是把敌人带进雁宿崖，不让敌人走错路，然后我主力全部出动，叫敌人进得来出不去！"

雁宿崖是在涞源境内的白石山。从涞源到银坊，只有一条路经过内长城，是一座奇峰耸立的石山，陡壁悬崖，没有树木。从白石山到雁宿崖这段路，两山峡谷，中间是一条宽仅四五米的干河套，这是一个天然绝妙的“口袋”。

11月2日，“曾支队”把诱敌任务交给5大队。要点是：保持接触，打击敌人，又要让敌人前进。就是说有打又有退。要打就打得着，打得狠，而敌人想打我们却让他打不到，把敌人带进坟墓，来个一网打尽。

11月3日上午7点左右，从涞源向银坊进犯的日军600多人出现在我父亲的望远镜里。为首的辻村大佐，指挥两个精锐步兵中队、一个炮兵中队、一个机枪中队及伪军一部。但离开白石口不远就停了下来。辻村大佐怕遭埋伏，用望远镜搜索观察多时，幸亏5大队隐蔽得好，又加上阳光反射，敌人看了一会儿，什么也没有发现，为试探虚实又打了几炮，还是没有动静。此时，我父亲也在高度注视敌人的动静。他知道，这一仗胜败在此一举，稍有不慎则会满盘皆输。只见辻村大佐指挥部队开始向白石山移动。敌人先头部队刚到白石山正在往上爬，“曾支队”的枪声、手榴弹声顷刻响起，10多个日军应声倒下。敌人立即组织机枪，掷弹筒和步兵炮向山腰山顶猛轰。敌指挥官遇到这样突发情况十分急躁，乱蹦乱跳。敌人不要命地往上冲，“曾支队”的勇士们拼命地往下打，子弹、手榴弹和石雷在敌群中开花。

敌人轮番攻击，好不容易冲上山头，哪知连个人影也没见着。原来我父亲命令5大队给敌人一顿猛打之后，立即撤走两个排，只留一个排与敌人周旋，给了敌人又一次狠狠打击之后，也神速撤离了。辻村大佐气急猛追，拐过几道大弯时，远处隐隐约约看到“曾支队”的几个人影，辻村大佐以为这下可找到了八路军游击队了，当即下令射击。可是由于距离太远，尽管把三八大盖、轻重机枪、掷弹筒、九二步兵炮全用上了，也无济于事。

敌人追了10多里路，体力有些不支，加上走走打打，速度越来越慢。我父亲命令5大队边打边退，让敌人追又追不上，打又打不着。但总不知道在什么地点、什么时间还要挨上游击队一顿枪炮。敌人疲惫不堪地爬上鼻子岭又停了下来。战士们十分着急。我父亲立即下达命令：“下午要少打多走路，让敌人一蹦三个高地追。要记住不能让敌人走错了路，一定带着他们钻进我们的口袋。”

从鼻子岭直到雁宿崖，两边都是高耸入云的大山，地势陡峭险恶，道路狭窄崎岖，中间那条河套中的山谷越走越深，爬不上去，没有别的办法，只好合拢成一路纵队行进。由于敌人不知道有八路军主力部队，认为前面只是“曾支队”一支队伍，有些藐视，前进速度加快。

下午 3 时，5 大队将敌诱至雁宿崖北三岔口，进入了预设地区，这就是他们的坟墓。

而辻村大佐以为自己咬住了“曾支队”。立即兵分两路，一路 200 余人经辛庄迂回五大队侧后，其主力这一路沿河套向峡谷攻击，妄图将“曾支队”一口吃掉。

此时，一分区杨成武司令指挥的主力部队 2 团、3 团突然从东西两侧出击，漫山遍野地压下来；1 团从敌人背后杀出，200 多挺轻重机枪一齐向山下的敌人开火。辻村大佐才恍然大悟，在他面前的不仅仅是一支游击队，而是八路军主力的铁拳。

敌人遭此猝然打击，伤亡惨重，但仍占领河套附近小高地顽强抵抗，并以炮火掩护，向 3 团阵地进行了五次反扑，均被击退。

下午 4 时，八路军对被包围之敌发起总攻。我父亲率领的游击支队在东南面突击，各部队相互衔接，对敌一顿痛打。数千把雪亮的刺刀，在落日余晖的映照下，闪射出万道霞光。枪弹、手榴弹像骤雨般倾泻到敌人的阵地上。敌人的枪炮也在疯狂射击。群峰被烟雾笼罩，杀声震荡山谷，经过反复拼杀，敌人已被消灭大半。

夕阳西下，残余的敌人已面临山穷水尽，辻村大佐指挥残部进行最后的垂死挣扎。为了全歼这股来犯之敌，分区又命令部队发起新的进攻。雁宿崖谷内杀声震天，好像晴天霹雳。为了节省弹药速战速决，“曾支队”反复冲进敌群，与敌人展开激烈肉搏，杀得敌人丢盔弃甲，尸横遍地。

雁宿崖歼灭战，日军共 600 多人，被我军歼灭 500 多人，俘虏 13 人。

缴获各种炮6门，轻重机枪13挺，步枪210支，骡马300匹。向走马驿、水堡进攻的两路敌人得到这一消息后仓皇撤回涞源。至此，这支耀武扬威的辻村宪吉部队宣告全军覆没。

黄土岭战斗

本想“围剿”“曾支队”的精锐辻村大队却遭覆灭，阿部规秀中将恼羞成怒，决定采取报复行动。这在八路军预料之中。一分区杨成武司令员根据军区聂荣臻将军的指示，针对敌人可能采取的报复行动，决定以我父亲的游击3支队在白石山打击敌人，在银坊北出击，诱敌东进，待敌进至黄土岭一带有利地形时，集中主力将其包围歼灭。也就是说，“曾支队”的任务还是给敌人“带路”。

11月4日，敌人果然行动了。日军第2混成旅中将旅团长阿部规秀亲自率领1000多人，杀气腾腾，由张家口急驰涞源。敌人以为“曾支队”还要在雁宿崖打伏击，变兵分三路，兜了个大圈子，形成了一个“大包围”。没想到，我父亲手下侦察排的任务主要是监视袭扰敌人，诱敌深入，打了几排子弹就迅速撤走了。日军冲上山头，游击队已无影无踪。日军拼命急追，当进至白石口与鼻子岭之间时，又遭“曾支队”迎头痛击。日军连续组织三四次冲锋，最后总算冲上了山头，“曾支队”神出鬼没，早撤走了。被气疯的日军决定与“曾支队”决一死战，于是部队展开搜索。我父亲早有准备，他命令部队边打边转移，使得敌人求战不能，又追不上，跟在“曾支队”屁股后面乱转。夜间，敌人宿营烧起篝火，这是最好的射击目标。我父亲命令集中火力向敌营地射击，打得敌人惊慌失措，盲目还击，四面乱射，不仅消耗大量弹药，而且弄得人困马乏。

第二天，阿部规秀发现自己又中了八路军的计，妄图摆脱困境，于拂晓率领所部又向东进。但没想到，当他的部队一掉头时，就遭到“曾支队”迎头痛击。

敌人见势不妙，又急忙窜到上庄子，当其先头部队到达寨坨附近时，八路军主力部队1团、2团、3团、25团、特务团、“曾支队”的四个大队，迅速从西、南、北三面合击过来，将敌人团团围住，压缩在上庄子附近2公里长、宽仅800米的沟里。数百挺轻重机枪一齐猛打，子弹雨点般落在敌人头上。敌人虽多次组织反击但仍上天无路，入地无门，见大势不妙，便掉头向黄土岭突围，企图逃回涞源。但八路军把口袋越扎越紧，经过反复冲杀，终于又把敌人压在上庄子附近的山沟里。阿部规秀带领多名军官退缩到上庄子一个教场上，八路军炮兵发现这一目标，迫击炮连发数弹。随着几声巨响，敌军官立刻倒下一片。“名将之花”阿部规秀也随之上了西天。

阿部规秀是八路军在抗日战争中击毙日军的最高将领。日军在自己的战报中哀叹：“自从皇军成立以来，中将级将官这样牺牲，是没有先例的。”

（本文作者：曾雍雅之子，大连舜康国际贸易有限公司总经理；之女，中国人民解放军海军机关门诊部军医）

赵一曼与侵略者的决死抗争

◇陈红

赵一曼【1905.10 ~ 1936.8】

原名李坤泰。四川省宜宾县人。1923 年加入中国社会主义青年团，后任村团支部书记，在家乡积极组织“妇女解放同盟会”。1926 年夏，加入中国共产党。

九一八事变后，被党组织派往东北地区发动和组织群众进行抗日斗争。1932 年秋，任满洲总工会秘书、组织部长、代理书记。1934 年，任中共珠河（今尚志）中心县委特派员、铁北区委书记。1935 年秋，任东北抗日联军第 3 军第 1 师第 2 团政治委员。

原名李坤泰，又名李一超，人称李姐。四川省宜宾县白花镇人。中国共产党党员，抗日民族英雄，毕业于黄埔军校六期，曾就读莫斯科中山大学。东北抗日联军将领，担任抗联第 3 军 2 团政委，在与日寇作战中受重伤被捕，受尽酷刑，坚贞不屈，英勇就义。入列“100 位为新中国成立作出突出贡献的英雄模范人物”。

“赵一曼”是一个英雄的名字，感动和教育了几代中国人。作为她的后人，也深受她的事迹、她的精神滋养，体会她作为革命者的坚强，作为母亲的光辉，那么高大，却并不遥远。

东北抗日联军是在中国共产党领导下的一支英雄部队，同日本侵略者进行了长达十四年的英勇斗争，是一部艰苦卓绝的英雄史诗。我的奶奶赵一曼，是东北抗联无数革命英烈中的一位。

奶奶出生在四川宜宾县北部伯阳嘴村一个较为殷实的封建地主家庭。曾祖父李鸿绪乡里行医，曾祖母兰明福操持家务，膝下六女三男，奶奶行七。1924 年大姐夫郑佑之（中共首届四川省委委员）介绍她加入社会主义青年团。1926 年就读宜宾女子中学，被选为女中学生会常委兼交际股股长、宜宾妇联常委会主席。同年，宜宾特别支部成立时，奶奶转为共产党员，同时担任宜宾妇联和学联党团书记。中学时代的奶奶在党的领导下，积极组织领导开展反帝反封建斗争，1926 年底开始在武汉黄埔军校进行正规政治学习和军事训练，1927 年 9 月赴莫斯科中山大学学习。1928 年冬，奉命回国，在宜昌、上海、江西等地从事秘密革命工作。奶奶与同在黄埔军校和莫斯科中山大学学习的爷爷陈达邦婚后育有一子，即我的父亲陈掖贤（小名“宁儿”）。1930 年，奶奶回到上海，将我父亲寄养在爷爷的大哥家。

1931 年九一八事变后，奶奶奉调东北，走上了民族危亡关头抗日的最前线，从此，再也没有见到爷爷和她的宁儿。奶奶先后出任满洲总工会秘书、组织部长、哈尔滨总工会代理书记（参加和领导哈尔滨电车工人反日罢工斗争）、中共珠河中心县委委员、铁北区区委书记、珠河区委书记，积极组建农民游击队，配合抗日部队作战。

我奶奶深入扎根基层，经常从这个堡子到那个堡子。每到一处，堡子里群众便会很快聚集起来——他们喜欢听“瘦李”宣讲当前抗日斗争的形势和任务，喜欢感受他们面前这位年轻女子身上澎湃的爱国热情，也喜欢这位叫不上官衔的共产党员给他们布置任务……奶奶几乎总是独来独往，走路的速度又特别快，据说很多男同志都赶不上……奶奶的工作卓有成效。1934 年 9 月，省委巡视员在给省委的报告中对她当时负责的道北地区的工作给予高度评价：“道北一般比道南好，特别是五区一带，几个月来的工作比较深入，相当地巩固又相当发展。农民自卫队有 3000 多人，那面群众也比较团结……”

她还利用各种机会对伪满军人进行统战。1934 年 12 月，大批日伪军对珠河抗日游击根据地展开冬季“讨伐”。由于一个姓吴的叛徒告密，敌人对我后方医院所在地的四方顶子和苇塘沟一带进行了重点“清剿”，奶奶和另一位女同志被伪满军队抓走。拘押期间，奶奶大义凛然地对看守她的伪军士兵进行抗日宣传。一些伪军士兵听了宣传后，逐渐觉悟，不肯再为日本人卖命。亲自审问的伪军连长也成了奶奶的“听众”：“你虽在伪满军队，但毕竟是个流淌着中华民族血液、有着东北大汉血性的中国人。我知道，让你马上倒戈抗日并不现实，但是我希望，咱们除了在战场上兵戎相见、死伤难免外，你决不可以趁火打劫，和日本野兽一样，对自己的同胞再去烧杀抢掠。我奉劝你们为人做事都要像个中国男人的样子才是！”“至于对我，你们要杀就杀，要砍就砍，悉听尊便。但是我只有一个要求，就是我决不死在日本人的手里！”伪军连长听了赵一曼的一席话，哑然无语。后来，经过当地商会的担保，他把奶奶交给了与我地下党组织有联系的乌吉密商会，并用十分钦佩的口气对商会的人说：“她讲的道理实在太对了，每个有灵魂的中国人都不能不听！”

奶奶获释后，1935 年 2 月被党组织任命为珠河县铁路北地区区委书记，珠河抗日革命根据地的迅猛发展，给日伪军带来极大恐慌。1935 年七八月间，日伪军集中了大量兵力，再次闯入珠河抗日游击根据地，对我抗日军民进行规模空前的大“讨伐”。在这种形势下，上级决定将原赵一曼等人领导的青年义勇军、珠河五区模范队等地方武装统一编成新 2 团，由王惠桐任团长，赵一曼任政治委员。新2团的任务是在珠河地区继续与敌人开展游击战争，牵制和打击敌人。

在反“讨伐”战斗中，赵一曼等率领新2团与敌人多次血战，有力地策应了赵尚志领导的第3军的抗日斗争。11月15日，新2团在道北的春秋岭被敌人重兵包围。敌人以数倍的兵力和精良的武器装备，与接近弹尽粮绝的新2团展开了激烈战斗。终于，我军寡不敌众，部队被打散，团长王惠桐受伤被俘，惨遭杀害。赵一曼左手被子弹贯穿，和另外四名同志转移至两北沟养伤。11月22日，因汉奸告密，被敌人包围。战斗中，奶奶的子弹打光了，左大腿被子弹击穿，大腿骨被打碎，奶奶昏死后被敌人抓捕。

日军急忙对她进行审讯。然而她除了讲了自己叫赵一曼，在妇女抗日会工作，家庭是个富户，本人受过中国女性的高等教育以外，特别是当问到有关抗日部队和共产党活动情况时，她的回答只有一句话：“我不知道。”当敌人问她为什么要进行抗日活动时，奶奶一下子提高了声调：“我是中国人，日本军侵略中国以来的行动，不是几句话所能道尽的。如果你是中国人，对于日军目前在珠河县的行动将怎样想呢？中国人反抗这样的日军难道还用得着解释吗？”“我的目的，我的主义，我的信念，就是反满抗日！”

她激愤的控诉，令敌人不知所措。曾经审讯过赵一曼的日本特务大野泰治，后来在供认杀害赵一曼的经过时，说到了那时的感受：“我感觉不是在审问她，倒是她在审问我。”

奶奶伤势严重，生命垂危，日军为得到重要口供，将她送到哈尔滨市立医院监视治疗。奶奶利用各种机会向看守警察董宪勋与女护士韩勇义进行爱国思想教育，受到感化的两个人冒死帮助奶奶逃离魔窟。在奔往抗日游击区的途中，他们不幸被日军追上，再次落入虎口。日本军警用鞭子抽打、猛戳奶奶的伤口，老虎凳、十指夹、辣椒水、电刑等所有酷刑用尽，奶奶一次次昏死过去，但始终坚贞不屈，没有吐露任何实情。后来，连刽子手都无法下手了：“不能再用刑了！她身上已经没有一块完好的地方，再打肯定要死了。”

直到这时，日本人才开始真正懂得这位瘦小中国女子的内心。负责审讯赵一曼的特务头子大黑检讨自己说：“我们最大的错误，就是让一个了不得的敌人活了下去！”1936年8月2日，敌人把被折磨得奄奄一息的赵一曼押回珠河县处决。押解的路上，敌人如临大敌，动员了沿途各地的日伪军警，三步一岗，五步一哨。赵一曼将被押回珠河处决的消息传到当地百姓的耳中，许多人都纷纷悄悄拿出家里最好的大米，准备了丰盛的送行饭和壮行酒，早早地就等在了街头。许多年以后，曾亲历了那悲壮一幕的人们都还清晰的记得，赵一曼是在沿街含泪的百姓默默地夹道送行中，昂首高唱着《红旗歌》的歌曲慷慨赴死的。日伪档案对赵一曼就义时的记载说：“其态度从容，毫无惧色，令人震惊。”

81年前奶奶被日本侵略军杀害在黑龙江珠河县北小门外。奶奶31岁为国就义的时候，远在千里之外的我父亲才七岁，而我1958年12月份才出生，既没有见过奶奶慈祥的微笑，更没有机会亲耳聆听奶奶讲她过去的故事。

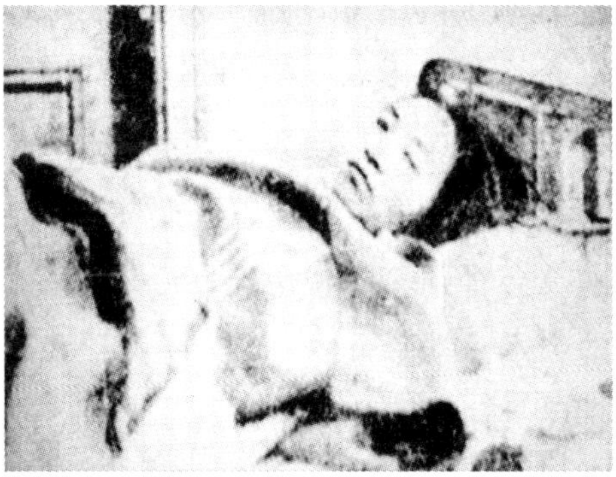

◇治伤中的赵一曼

对奶奶的了解，我是从小学的语文课本中那篇《一只粗瓷大碗》开始的，后来我还看过电影《赵一曼》。带着对奶奶的崇敬，只要一有机会，我就会去了解奶奶的事迹。

在我心里，奶奶是位了不起的巾帼豪杰。我上中学的时候，四川宜宾市为奶奶修建塑像。一些见过赵一曼的老人，都说她和我长得像，所以他们就找来我，以我为模特画了奶奶的像。等塑像落成了，很多人都说塑像非常像年轻时代的赵一曼。我在塑像前凝视很久，发现自己和奶奶只是形似，奶奶眼神里透出的那种豪迈、无畏的气质，是我永远无法比拟的。

我曾见过敌人在哈尔滨市立医院给奶奶拍摄的照片。从这张泛黄、模糊的照片上，尽管可以看出奶奶被枪伤和酷刑折磨得痛苦不堪，但她的眼神中依然透露出坚毅、自信和对苦难深重的祖国的深深眷恋。日伪档案里记载：“女匪首赵一曼被俘后，伤口已溃烂，伤情危重，时常发高烧。经X光片检查发现，左大腿里粉碎性骨折，软组织中有二十块碎骨片……”

当时只有 31 岁的奶奶，面对着惨无人道的刑讯拷打和死亡，是需要多大的勇气呀！

◇赵一曼之子陈掖贤、儿媳及两个孙女合影

我两岁时就离开父母，从北京回到奶奶的故乡，在奶奶的二姐家生活，很大程度上是也为了安慰奶奶的亲人，让他们看见我就和看见奶奶一样。我在老家数十年的岁月里，在农村也插过队，经历了那段是非颠倒的十年内乱，身边的亲人一个个扔下我离开人世。我曾彷徨过、痛苦过，甚至曾考虑过选择轻生。但是，每当我望着奶奶住过的老房子，想起奶奶坚毅的眼神，我的面前总会看到希望和曙光。后来，我就主动到一曼村生活，和乡亲们一起下地劳动，学干重体力活。不久，我还当上了民兵连长，每天扛着枪带领基干民兵顶风冒雨保村护院。我虽出生在北京，但实实在在地当了几十年的四川人，经历过一些城市姑娘无法理解的磨难，但如今我不仅不后悔，反而觉得是一笔人生的财富。

奶奶教给了我如何面对困难和挫折，如何珍惜自己生命里的每一天。在我心里，奶奶是最亲切、也是最有母性的女人。奶奶生前仅留下的两张照片里，有一张是她在上海抱着只有几个月大的宁儿的。几天后，奶奶便自己只身前往东北参加抗日斗争。曾听老人讲，照相的那一天，奶奶特意化了妆，穿上漂亮的皮鞋，早早就来到照相馆等候。她不停地亲吻着我父亲的小脸，不停地轻声说："宁儿，要听叔叔和姑姑的话，等着妈妈来接你！"

然而，几年之后，奶奶留给宁儿的，却只有她牺牲前在囚车里写下的那封遗书：

宁儿！母亲对于你没有能尽到教育的责任，实在是遗憾的事情。母亲因为坚决地做了反满抗日的斗争，今天已经到了牺牲的前夕了。母亲和你在生前是永久没有再见的机会了。希望你，宁儿啊！赶快成人，来安慰你地下的母亲！

我最亲爱的孩子啊！母亲不用千言万语来教育你，就用实行来教育你。在你长大成人之后，希望不要忘记你的母亲是为国而牺牲的！

1936年8月2日　你的母亲　赵一曼　于车中

数小时后，奶奶诀别人世，壮烈殉国，母子从此阴阳永隔。我父亲是在他长大成年后才知道自己的母亲就是赵一曼的。我记得，我父亲曾捧着这份遗书泣不成声，要我牢记奶奶的嘱托。我看到父亲的手腕上，深深地刻着“赵一曼”三个字，我永远不会忘记。

后来，随着我逐渐成长，为人妇、为人母，我也开始越来越理解奶奶的心。我常想，如果奶奶还活着，一定会像隔壁家的奶奶一样，颤颤巍巍地做些小家务，心疼地叫孩子们多吃点饭、好好上学，心满意足地看着一大家子人快乐地在一起生活。可是，她已经早早地去了。我喜欢我现在心目中的奶奶，她是英雄，是一种精神力量的象征；她更是一位让我记挂的亲人，离我并不遥远。

（本文作者：赵一曼之孙女，退休于四川省大件运输公司）

冯仲云在东北抗联的战斗岁月

◇冯松光

冯仲云【1908 ~ 1968】

江苏武进人。1926 年 7 月考入清华数学系。1927 年加入中国共产党。1930 年 10 月受党派遣去东北从事党的地下工作，曾任东北反日总会党组书记、中共满洲省委南满巡视员、省委秘书长、东北抗日联军第 3 军政治部主任、政委，第 6 军政治部主任，北满省委书记。

冯仲云从九一八事变起直到抗战胜利的14年间，一直在东北地区坚持抗战，亲身参与了这段艰苦卓绝的斗争历程。抗战胜利后，他还撰写了《东北抗日联军十四年苦斗简史》，记述发生在白山黑水间惊天动地的抗战往事……

我的父亲冯仲云曾是清华大学公开招考录取的第二期学生，在校期间加入了中国共产党，后来到哈尔滨东北商船学校担任教授。1931年九一八事变后，他从一个学生、教授成长为中国共产党领导下的东北抗日联军的著名将领，在东北坚持了十四年艰苦卓绝的抗日斗争。

“抗联的父亲”——老李头

抗战胜利后，他遵照陈云同志的指示，饱含激情地撰写了《东北抗日联军十四年苦斗简史》，记述了那段感天地泣鬼神的斗争业绩。在文中父亲特别提到几个使他永远不能忘掉的人，其中就有“抗联的父亲——老李头”。老李头叫李升，1867年出生，是东北抗联和抗日救国会的老交通员。那时，抗联各军和各地抗日救国会的负责同志，很少有人不知道这个老交通员的，从哈尔滨中共满洲省委派往各县的同志，大都由老李头领送到各自的目的地，而且为了行动方便，他常常与被他领送的人化装成父子、父女，或父媳。像杨靖宇、魏明胜、赵一曼、张寿篯（李兆麟），以及我父亲等，都曾经装作他的儿子、女儿或儿媳，是名副其实的“抗联的父亲”。

父亲回忆说：“他虽然很老，可是还很健步。”1933年初夏，我父亲和他一起由汤原步行回哈尔滨，一直走了200多里，我父亲的两只脚掌上都起了两个大水泡，走一步钻心地疼。好不容易到了巴彦县，老李头上街买了几个乌枣，去了核，将乌枣肉贴在我父亲脚掌底下破了皮的水泡上，打好脚布，又走了半天，居然就觉得一点也不疼了，我父亲埋怨他，为什么不把这方法早点告诉自己。老李头风趣地回答："就试试你，看你是不是好小子！"

老李头很少跟人谈自己的身世，他对我父亲说："我在东北各地乡村都跑过，还没看见过像你这样一个大先生，刻苦地跑在这样穷苦的乡下，来告诉这许多抗日救国的大道理。我现在才认识了中国共产党才是真正抗日救国的。"就在和我父亲一起步行回哈尔滨路过通河时，他向我父亲倾诉了自己的遭遇。他原来是山东省德州人，闯关东采金、种地，后来曾去俄国修铁路，回国后在黑河从事邮政工作。九一八事变后的一天，投降日本人当上伪吉林省"剿匪军"总司令的原东北军骑兵师长于深澄抓了他的邮政车运送军火，还派了一名伪军押运，他把车开到江边，打死了押运的伪军，把军火推到江里便跑了，以后再也没敢回家。后来听说，日本人和于深澄的军队到了他居住的方正县，烧了他家的房子，杀了他的妻儿，从此他就到处流浪，当了抗联的交通员。

他担任交通员时曾几次被捕，最后一次是在1938年，他在狱中受尽酷刑，背被铁丝鞭子抽得稀烂，却始终没有透露半点机密。他被释放出狱时，由于党组织被敌人破坏，失去了与党的联系。抗战胜利后，我父亲到处打听他的消息，终于找到了他，并帮助他恢复了党籍。1951年，他作为松江省的代表参加了北京国庆观礼，我家还珍藏着那时的照片。

在汤原发展壮大抗日武装

东北抗战初期，东北军民自发起来形成了抗击日本侵略者的高潮，那时共产党领导的游击队数量还很少，影响力也很弱。中共满洲省委决定派出精兵强将到农村敌人统治相对薄弱的地方去发展抗日武装。1932年秋，杨靖宇被派往南满指挥磐石游击队；赵尚志去了巴彦县领导巴彦游击队；周保中被派到王德林领导的国民救国军协助指挥；我父亲则去了松花江下游的汤原。

汤原距哈尔滨大约400来公里，它的北面就是小兴安岭的崇山峻岭，南面是松花江，东面是广阔的三江平原。独特的地理位置和丰富的矿产林木资源，决定了此地乃兵家必争之地。曾任东北军旅长的李杜将军保卫哈尔滨之战失利后，也曾屯兵于此，意图再举。不料整军未毕，被日军顺松花江水路偷袭，又致惨败，队伍被打散，形成了无数股大大小小的“武装力量”。有的凭借中国人的良心支撑，还在自发地顽强抗日，有的干脆上山入林做了土匪。省委派我父亲此去的目的，是想在纷乱的格局中建立苏维埃政权，并发展革命根据地。

我父亲化装成商人，乘船顺江直下汤原，住在了七号屯县委委员金成刚家里。金成刚一家是朝鲜人，早年涉过鸭绿江逃入中国。家中的男性都已为革命牺牲了，只剩下她和婆婆带着个女儿，女儿叫李在德，后来也成为了抗联战士。

我父亲在汤原的半年间，经受了艰苦斗争的锻炼。他一个在大城市的教授，一下子要过敌人入侵和水灾之后贫苦农民的悲苦生活，吃最粗劣的食物，一件棉袍白天当衣穿晚上当被盖，爬满了虱子。他还多次遭遇危险，由于群众冒死救助才大难不死。

李在德在回忆她母亲时，谈到当年的一段往事：“一次冯仲云同志来到我们村开展抗日活动，住在我们家。有一天正准备开会，突然有一群穿着便衣、带着枪的人闯进村子，他们见到外来人就抓。母亲怕冯仲云同志受害，就把他的东西和近视眼镜藏好。正在这时，敌人已闯进院子里，把冯仲云同志堵在屋中。在这紧急关头，奶奶急中生智，告诉冯仲云同志装哑巴。敌人进屋抓住冯仲云同志就打，母亲和奶奶急忙上前阻拦。敌人不相信，要拖出去枪毙。母亲和奶奶拽住冯仲云同志死死不放，哭着喊着不让带走。母亲又急忙上前说道：‘他是我的哑巴弟弟，你们欺负一个不会说话的人算什么能耐！’说得敌人无言对答。他们问周围的群众，群众都异口同声地说：‘他是老太太的哑巴儿子。’敌人没有发现破绽，走了。母亲和奶奶不怕风险保护了抗联领导同志，冯仲云同志被感动得流出了热泪。”我父亲也经常给我们讲起这个故事，他对金成刚一家，特别是老奶奶充满了感恩之心，并且自我调侃说，是靠装哑巴捡回一条命。

我父亲在汤原期间，整顿党组织、发展党员、领导秋收抗租，特别是整顿重建了受到挫折的汤原游击队，虽然我父亲离开时，这支游击队还很弱小，但后来的抗联第 6 军就是在此基础上发展起来的。由于中国共产党人的艰苦努力，在东北军民自发的抗日武装陷于散漫零乱的时候，我党领导的抗日游击队却在各地蓬勃发展，逐渐成为东北抗日游击战争中的主力，一直坚持了十四年。

在通江的一次险情

1934 年春，由于叛徒的出卖，东北地下党组织受到严重破坏，我父亲成了重赏通缉的要犯。他几次被派往外地巡视，多次遭遇险情。

一次，他身穿长衫，头戴礼帽，以乡村教师的装束去下江视察。在回来的路上，与通信员在通河县二道河子码头下船，这时对面走来了一个戴墨镜、身着便衣带匣子枪的特务。那人正在送一个老妇人上船，他盯着我父亲看了一会儿，两个黑洞洞的眼镜片后面射出饿狼般的眼光。我父亲看见他经过码头上伪警察的身边时，不知说了些什么，立即觉察到有危险，就对交通员说："有情况，快离开，分开走，到指定地点集合。"

当那个戴墨镜的特务把老妇人送上船后问伪警察："那个戴礼帽的人上哪里去了？"伪警察用手一指，说是上那家饭馆了。戴墨镜的特务对那个伪警察骂道："你他妈的，混蛋，到手的鸭子飞了，你知道那人是谁，他是三江省厅通缉的赤色分子冯仲云，抓住他赏一万元国币，报个信还给三千呢！走，挨家挨户给我搜！"

这时，我父亲从饭馆的大门进去，从窗户跳了出来，看后边无人追赶，便进入了一户农家。院子里有一位 40 多岁老汉，正忙着烧猪食。我父亲求老汉说："老乡，后边有特务追我，请老人家帮帮忙吧！"老汉看了看四周，没有什么地方好藏身，正在烧猪食的灶台有两口直径一米多的大锅，一口烧着猪食，热气腾腾的，老汉灵机一动，指着旁边的另一口大锅说："快躺进去！"我父亲蜷缩进锅中，老汉提起满篮的灰菜（野生的猪食草）全部倒出来盖在我父亲身上，然后扒拉严实，再拿起锅盖，盖上一半，故意露出锅中的灰菜，又叫他老伴从那口正在烧猪食的灶口，连柴火带灰扒拉了一簸箕倒在那口冷灶灶口边，这时整个院子到处是烟，是雾气，还充满猪食的气味，看上去好像这两口锅都在烧猪食。

一会儿，戴墨镜的特务带领着伪警察和自卫团五六个人闯进门，他命令伪警察和自卫团屋里屋外搜查，又把后院柴垛、马棚、猪圈、铡草栏子搜了个遍，什么也没有发现。他还不甘心，冲着老汉骂道："你这个老东西，那个穿长衫戴礼帽的家伙跑到哪里去了？"老汉说："长官，我在院里烧猪食，没出院呀，哪儿看见什么长衫、礼帽，不信，你们好好找找吧！"狗特务一声令下："再搜，我就不信，他能飞上天去！"伪警察和团丁们又重新搜查了一遍，连房顶天棚都看了，还在地面上敲敲打打，看看有没有地窖，最后还是一无所获，灰溜溜地走了。

老汉等特务、伪军走远了，才从大锅里把我父亲扶出来，看见我父亲浑身是汗，脸色通红，关切地说："憋坏了吧？"我父亲说："没事儿，灰菜味挺清香，怪好闻的呢。"并一再感谢老人家的救命之恩。老汉说："我认识你，1931 年你曾带领学生来我们这里宣传抗日。"又说："你这身打扮，太显眼了。"于是拿出他大儿子的衣服让我父亲换上，还套上车把我父亲送到了江边。我父亲从和老汉的交谈中，才知道他的父母和大儿子全被日军杀害了。我父亲一直惦记着冒着生命危险掩护过他的这家人，抗战胜利后，在通河进行土改时，我父亲派人找到了他们，帮助他们安排了晚年生活。

克山战斗和父亲的惭愧

东北人民的抗日斗争，在白山黑水之间，在冰天雪地之中，前仆后继坚持了 14 年，最困难的是与外界的隔绝，和中共中央失去了联系。为了寻求苏联对抗联的援助，更重要的是想建立与中共中央的联系，1939 年 9 月 18 日，我父亲和高禹民乘轮船来到了黑龙江和乌苏里江交汇处的苏联城市伯力（哈巴罗夫斯克）。在伯力他以中共北满省委代表的身份参加了中共吉东、北满省委代表联席会议，和周保中、赵尚志一起讨论，总结了 1936 年以后东北抗日游击运动的经验教训，确定了未来斗争的任务和策略，建立了和苏联边疆党组织、远东军的关系。这次会议，使寻求苏联对抗联的援助得以实现，但与延安党中央建立联系的愿望并没有实现。

在伯力期间，我父亲他们从苏联友人那里得到了毛泽东的《论持久战》，这本书是从中文译成英文，从英文译成俄文，俄文再译成中文，几经辗转，虽已不是原文，但也得来不易。毛主席对抗战形势和前途的分析和认识，使人茅塞顿开，更坚定了我父亲他们抗战到底的决心，毛主席对抗战战略战术的论述也使他们大受启发。

1940 年春，我父亲带领 30 多名游击队员，踏着黑龙江的冰面回到东北，经过艰难跋涉，终于找到了抗联三路军的指挥部，见到了久别的战友张寿篯。在三路军指挥部召开的党委会上，我父亲传达了“伯力会议”的精神，并和大家一起学习了《论持久战》，大家被毛泽东在《论持久战》中阐述的战略、战术方针震撼，像久别的甘霖，又听到了党中央的声音，根据这个方针制订了今后一段的行动计划。此后，抗联三路军在张寿篯和我父亲的领导下依托朝阳山区，利用夏秋季节青纱帐便于掩护的有利条件，和日伪军展开了江省平原的游击战争，并曾攻破克山县城，在三肇一带掀起了反日高潮。

我父亲曾写过一篇回忆录《1940 年及克山奇袭》，记述了那段斗争生活，奇袭克山县城是最精彩的内容。

1940 年 9 月 25 日，部队接到讷河县委的报告，说克山县伪军 19 团 1000 多人大部分进山“讨伐”去了，只有少部分留守，加上县城西门外日本守备队几十个人，总共就百余名武装，是兵力最空虚的时候。3 支队支队长王明贵坚决主张乘敌人在山里“讨伐”抗日部队，给他来个掏贼窝。这时，我父亲带领九支队与 3 支队会合在一起，他支持王明贵的意见，并且决定由王明贵统一指挥 3 支队和九支队攻打克山。他说：“敌人在山里，并且牵着大批马驮子，看样子不会很快出山。现在我们如果进山，就正好挨打。我们又没有粮食、棉衣、弹药、马匹，进去还得出来，我们更得挨打。我们正好深入敌人的心腹，袭击他们的城市解决我们的棉衣、马匹、经费……”

克山战斗打死打伤日军和伪军 20 多人，俘虏伪军 50 多人，缴获迫击炮 4 门、步枪 100 多支、子弹几万发，还有各种大量物资，击毁日军汽车 3 辆，炸毁了许多不能带走的弹药。我部仅牺牲了 1 人，3 人负轻伤。部队还打开监狱，释放了300多名“犯人”，当时就有100多名报名参军，立即拿起武器，参加了歼灭敌人的战斗。唯一没有按计划实现的是进攻城东敌人开拓团种马场夺取马匹时，遇到了日本武装移民的顽抗，他们大多是退役的军人，很有战斗力，进攻没有得手。

在敌人援兵赶到时，王明贵及时指挥撤出了战斗，到事先约定的离县城5里远的张发屯与其他几路部队集合。老百姓把准备过中秋节的面和肉拿出来犒劳他们，给钱都不收。

等到部队吃完饭，已经夜间两点半了。部队背负着战利品赶路，行动非常迟缓，特别是刚刚拿掉镣铐的犯人，还不能好好地走路。一个钟头过去了，还没走出四五里。从黑暗中看出去，高秆的庄稼已经割得差不多了，天一亮，敌人可能组织汽车队追击。经过一夜的战斗，队伍已经十分疲劳，又是满载，在这平坦的地方，敌人追来，就有被全歼的危险，必须迅速接近山边。支队党组织紧急开会讨论，必须抓马匹，否则部队很难脱离险境。为了保存这支抗日救国的武装力量，最后我父亲决定，同意抓马，但只抓地主富农——大户的马，不许抓贫苦农民——小户的马，并且抓马的时候要告诉他们我们是借用，夺得敌人的马匹以后就一定归还。

◇ 1951年10月，薛雯（后排左三）、李升（前排左一）、梁树林（前排左二），被推举为松江省赴北京国庆观礼代表。图为冯仲云（后排左二）、冯忆罗（后排左一）与他们的合影。

抓马开始不到一个钟头，就解决了队伍的马匹问题。虽说决定是只抓大户的马，但抓起来就乱了，特别是还有刚刚释放的囚犯，更不懂部队的政策。抓来的马匹主要是几个大户人家的，但有些马匹也是从小户人家抓来的，侵犯了群众利益，破坏了党的群众纪律。部队回到山里后，作为政委的我父亲在北满省委会议上总结这次行动时，就抓马的问题作了深刻的检讨，承担了责任，接受了省委的严厉批评和党内严重警告处分。

克山战斗在东北抗战史上留下了光辉的一夜，而我父亲却特别提到抓马这件事，他在回忆录中写道：“二十多年了，我始终耿耿于怀，愧对克山的当时贫苦老农民。今天我在回忆录里写出这段经过，借以请罪于克山贫苦农民，请求他们谅解，以释我心上沉重的负担。”我父亲回忆了在敌人残酷的保甲制度下，老百姓宁肯遭到惨杀牺牲，也不肯告诉敌人真实情况的事迹，他说：“老百姓是太好了。”这也就不难理解，为什么抓马这件事在我父亲的心中留下了难以平复的创痛，正是因为抗联在极端艰苦的环境下坚守党的群众纪律，所以才得到广大群众的衷心拥护。

（本文作者：冯仲云之子，原香港启邦公司副总经理）

邓拓与《晋察冀日报》

◇邓小岚

邓拓【1912 ~ 1966.5】

原名邓子健。1930年加入中国共产党。1931年秋，转学到上海法政学院，曾任社会科学家联盟和上海反帝大同盟区党团书记，中共法南区委宣传干事、宣传部长和南市区工委书记等职。全国抗日战争爆发后，先后任晋察冀中央局宣传部副部长，《抗战报》社长兼主编，《晋察冀日报》总编辑、社长，新华社晋察冀分社社长等职。

卢沟桥事变后，时年25岁邓拓心怀革命理想从中州大地翻山越岭，途经太原，到达了五台山晋察冀边区，原想可以成为一名拿枪的抗日战士，却从此成了一名党的新闻工作者，拿笔做枪度过了八年的浴血抗战。

1937年7月卢沟桥的枪声激起千万中华儿女投身到了伟大的、艰苦卓绝的抗日战争中！我父亲邓拓时年25岁，来到晋察冀边区，先是担任中共晋察冀省委秘书长的工作。很快，当年12月，省委的党刊《战线》创刊，他受命主持党刊的编辑工作。几乎同时创刊的晋察冀军区《抗敌报》（1937年12月11日创刊，1940年11月7日改名为《晋察冀日报》）1938年4月转由中共晋察冀省委主管时，我父亲也随之被任命担任了抗敌报社主任的工作（报社主任兼总编辑）。

在烽火连天的抗战岁月中，我父亲和报社同志们不论环境多么残酷，物质条件多么恶劣，交通运输怎样困难，他们都千方百计坚持出报，用他们的话讲就是"有24小时驻地时间，就要争取出一期报纸"。有些同志不安心报社工作，总想到前线拿枪打敌人。我父亲就经常对他们讲："我们的一张报纸，就是射向敌人的一颗子弹，更是一颗炮弹，打出去就能杀伤一大片敌人。你们这些人就是重炮手，也是机枪手！"

报社的同志还每人发了两颗手榴弹，他们在遭遇敌情时是战斗员，而在非战斗时期则各司其职，编印报纸。他们就是一手拿笔一手拿枪的抗日战士！

1941年反"扫荡"时，报社正在平山县滚龙沟村工作。9月初的一天，敌人向滚龙沟围拢过来，报社已在日军的包围中，但敌人尚未找到报社的队伍所在。情况十分危急，报社领导一致决定：将大队人马化整为零，分散到四周高山上隐蔽，待敌人撤退后，仍回滚龙沟集合、出报，与敌人周

旋于滚龙沟的高山峻岭中。我父亲临危不乱，坚定而镇静地对同志们讲："情况很严重，我们要做好（牺牲的）准备，你们有手榴弹，我和老谢（报社党总书记）有手枪，会把最后一颗子弹留给自己。万一走不脱时就和他们拼，宁死不能当俘虏。"敌人逼近时，他们就分散隐蔽，机器也都隐蔽在山里。敌人一撤退，大家就迅速回来，搬出机器来印报。那次在滚龙沟铧子尖的两个月中，设备七次坚壁，又七次挖出，坚持印报32期。他们像战士坚守阵地一样，在危急的时刻坚持出报。这段"七进七出"的经历，成为了晋察冀日报"游击办报"的佳话。

1943年在一次日军对边区发动的"扫荡"中，报社坚壁好机器，按战时编队离开了他们当时的驻地马兰村。途中，接到上级指示，有重要社论要发。经分析敌情后，我父亲决定全队马上返回马兰村出报。时已傍晚，全队人员在麻油灯下紧张地工作开了：编辑人员就地而坐，膝盖就当小桌，开始编写文稿；排字员、校对员，紧张仔细地排字、查对，很快，社论《一致行动起来，坚决粉碎敌寇的大"扫荡"》和配套的文章、通讯都出来了，印刷工人迅速地把从掩埋地挖出来的印刷机器架好，立即印报！次日清晨，报纸印出了100张、300张！每印出100张，大家都欢呼一次胜利，这就是战地报人在和敌人斗争啊！山头警戒哨几次报警，大家还是决心多印些报纸出来，当印到800张时，全体同志激动万分，欢呼跳跃，高呼"胜利的800张"！发行人员把新报随印随发，流水般地发送出去了。大队人马在阴雨连绵中，带着出报机器和物资安全撤离了马兰村。当日入夜，数百敌人侵入了马兰村，搜寻报社，这中间只相差四个小时！

他们出版的一张张报纸，载着重要内容传播到边区军民手中，充分发挥了党报在战时的宣传鼓动和战斗作用。它就是党的新闻战士向敌人投去的重磅炮弹，是我们的新闻战士冒着生命危险为党和人民作出的一次次贡献。

这一年的冬天，报社在大雨和山洪中转移急行军，傍晚在灵寿县北营村意外地遭遇了敌人，事后得知那是敌人的一支运输队，双方当时都不知情，混战后就尽快脱离，趁夜黑撤离了。在这次交火中，报社有三位同志牺牲，我父亲的坐骑也中弹倒毙了。我妈妈那时怀我已经七八个月了，我父亲过来搀扶她，妈妈焦急地对他说："你不要管我，快去前面指挥队伍去！"我父亲叮嘱她"一定要跟上队伍！"就冲到队伍前面去了。妈妈在战友们的帮助下，艰难地跟着队伍在山坡间攀爬。

我父亲和领导小组的同志们果断指挥队伍分散撤离危险区之后，又另外择地迅速集合，并尽快地向新的阵地转移了。

以后的三个多月中，这支战地报人的队伍踏着满地荆棘的崎岖山路，辗转在灵寿、阜平、平山交界的高山地带，坚持游击出报。在千米高山玫瑰坨上仅有两户人家的小山庄日卜住下来出报。那时，已是深秋入冬的季节，寒夜难入睡，点着篝火，躺在简陋的草棚里，透过棚顶的柴草，可以看到云走星移。我父亲常常让小报务员去休息，对他说："你休息一会吧，我要写东西，反正也不能睡，我就帮你守着电台了。"这种情谊使这支队伍团结得胜似亲兄弟。

这次反"扫荡"中，就在报社回来的五天前，敌人还包围了下庄小水峪沟村，报社病号队的四位同志在突围的战斗中光荣牺牲了。连同在北营遭遇战中牺牲的三位同志，报社在这次反"扫荡"斗争中，一共有七位同志为革命献出了他们年轻的生命。他们当中有当地的农家子弟，也有远离家乡亲人来到北方战场的南方知识青年。

反"扫荡"后，同志们把这七位烈士的遗体从他们的牺牲地迁回了马兰。在马兰村东的小河边，一块依山而立的巨石旁，埋葬了他们。我父亲痛心地写下了《题马兰烈士墓》：

故乡如醉远，天末且栖迟。
沥血输邦党，遗风永梦思。
悬崖一片土，临水七人碑。
从此马兰路，千秋烈士居。

在艰苦卓绝的八年全国抗战中，《晋察冀日报》共出报 1843 期，及时传达了党中央对全国人民的号召，传达了边区领导对边区抗战各项工作的指示和要求，国际国内反法西斯阵线的各项重大事件和胜利的消息，鼓舞着边区人民的抗敌决心和勇气。《晋察冀日报》还广泛报道了晋察冀边区抗日战争中党、政、军、民、妇、救、青、学各行各界的动人事迹：如民族英雄马本斋的故事，地雷爆破英雄李勇，聂荣臻和日本小姑娘的故事，国际主义战士白求恩和柯棣华的故事，英勇牺牲的刘耀梅，英勇战斗视死如归的狼牙山五壮士，子弟兵的母亲戎冠秀，还有地道战、地雷战、水上雁翎队、少年英雄王二小的故事，等等。这许许多多的英雄模范，感动鼓舞了千百万抗敌战士，至今还被人们崇敬歌颂。

1945 年 8 月 15 日，日本天皇投降了！《晋察冀日报》的新闻战士们和全国人民一起迎来了抗日战争胜利的一天！我父亲禁不住激动地挥笔写下《庆祝抗战胜利》：

喧天锣鼓，卷地红旗舞。革命长征万里路，极尽人间艰苦！今朝四海同声，欢庆抗战功成。喜见漫山遍野，火光星月齐明。

（本文作者：邓拓之女，北京市公安局科讯部干警）

朱卿云在抗大二分校大熔炉中锻炼成长

◇朱岩

朱卿云【1919 ~ 2007.1】

今河北完县人。1937 年参加八路军，次年加入中国共产党。抗日战争时期，曾任晋察冀军区连指导员、抗大二分校学员队支部书记、营教导员、支队副政委、团副政委、团政委，第 20 兵团师政治部主任。

朱卿云在全国抗战爆发后参加八路军，1940 年在抗大二分校学习约一年时间，于大熔炉中受到锤炼，打牢了坚强的军政素质基础，留下了受用不尽的精神财富，也结下了一生的“陆校”缘。

我父亲朱卿云 1937 年 10 月参加八路军。1939 年初，晋察冀军区三分区政治委员朱良才轻装简行，直接深入到 10 团通讯连检查、指导。在现场，他在团长兼政委王紫峰陪同下，亲自考核并提问该连党支部书记、指导员朱卿云。对朱良才的提问，我父亲好似一本“活字典”，对每个战士的姓名、年龄、籍贯、入伍时间、文化程度、家庭出身、本人成分、家庭情况、个人性格、特长和当前思想情况等等，了如指掌，对答如流，顿时轰动全场。朱良才当场对我父亲给予了高度评价。尤其是当得知他是一个入伍半年就当上了指导员、当指导员还不到一年的时间、现在刚刚 20 岁时，当即在现场号召全区所有基层政工干部都向我父亲学习，并奖励锦旗一面，授予该连党支部为三分区的第一个模范党支部称号。之后，我父亲被上级点名派送到当时在河北灵寿陈庄镇的抗大二分校学习深造。解放后，我父亲调到抗大二分校的后身——石家庄高级陆军学校担任政委，并从此将陆校作为一生的归宿。

1938 年冬，中央军委主席毛泽东和总政治部主任王稼祥发出电报指示，决定由抗日军政大学组建一分校和二分校，分别挺进晋东南和晋察冀，到敌后去办学，为战斗在华北战场上的八路军培训干部。晋察冀的二分校第一任校长是陈伯钧，第二任校长是孙毅。

学员队历来是我军军事院校各项工作的交汇点和出发点，是军事学院建设的基础。加强和改进学员队党支部建设，是创办一流院校、培育合格人才的基础中之基础。1940 年 2 月至 11 月，我父亲通过在抗大二分校特

◇朱卿云（卧姿）在二分校练兵

科大队 2 队学习，同时担任 2 队党支部书记的这段经历，更加深刻地体会到了这一点。

二分校在晋察冀军区办学五年多，这段时间正是抗日战争的相持阶段，是敌后抗战最艰难的岁月。我父亲记得，当时上课，每个学员用一块石头作课凳，睡觉时每人只有一块砖的空间，大家诙谐地称之为“课堂一人一石，宿舍一人一砖”，条件之简陋，生活之艰苦，由此可以略见一斑。但是，师生们遵照党中央和毛主席的指示，在战争中学习战争，使抗大真正成了造就民族脊梁、骨干的熔炉。其中，学员队党支部充分地发挥了战斗堡垒作用是关键。

当时校方培训学员按照三个阶段进行，分别是入学阶段、深入学习阶段和临近结束阶段。学员队党支部针对学员不同阶段的不同特点，采取相应的重点分阶段进行工作。入学阶段，党支部主要工作是了解学员政治思想情况，熟悉学校的有关情况，建立党政组织和各种规章制度，根据教学计划制订党支部的工作计划，安定学习情绪，端正学习态度，使学员学习尽快走上正规。深入学习阶段，主要是结合各门课程的学习内容、目的、重点、要求，提出注意事项，紧密联系学习实际，不断改进学习方法，表扬先进个人。推广学习经验，提高学习质量，保证学习任务的圆满完成。临近结束阶段，主要是动员学员集中学习精力，善始善终，防止松劲情绪，迎接毕业考试，搞好毕业鉴定，动员他们服从组织分配，愉快走上各自的工作岗位。

如何使学员队党支部成为学习、战斗的坚强堡垒?时任支部书记的父亲总结说:

一是支部书记要以身作则,时时刻刻、事事处处注意培养自身的优良作风,发挥自身的党员先进模范作用。当时的形势是国家危急、民族危急,国人面临着亡国灭种的威胁,形势残酷,条件艰苦,作为革命队伍的一员,特别是作为一名政工干部,没有一点精神是不行的。政治部主任李志民要求每个政工干部必须做到:具有共产主义的优秀品德,坚持无产阶级的党性,培养深入扎实的工作作风,发扬勇于批评和自我批评的精神。这些我父亲经常一条条对照、检查、做好。临毕业时我父亲正发疟疾,身体忽冷忽热难以忍受,但一想到自己是一名党员还是支部书记,就咬牙坚持并且带头走在前。无论是繁重的功课、严格的操练甚至急行军拉练,他都坚持不误,一点没打退堂鼓。在抗大二分校虽然时间不到一年,但给他留下的红色烙印永不磨灭。正是通过学习、教育,使他从一名师范学生转变为革命队伍中的骨干,学到带兵打仗、教书育人的基础本领。

二是坚决贯彻民主集中制。学员大部分是连指导员等政工干部,虽然参加革命工作只有短短几年,但大家通过血与火的战斗洗礼都深深懂得,民主集中制是我们党的根本组织制度和领导制度,是革命能否成功的关键。在学习中,党支部更应注意这项原则的贯彻实施。譬如,在教学的各个阶段都做好教学民主,定期进行评教评学活动。我父亲及时组织学员与军政干部和各科教员一起,征求对教与学两个方面的意见,评出优秀的教员和学员,激励大家围绕不断改进教学而努力,保证了教学任务的圆满完成。

三是集体领导和个人分工负责二者不偏废。学员队全局性的大事,都要经过大家充分讨论后决定,而集体决定了的事情,大家又按分工不同坚决去办。队长谢国仪(长征老干部,开国少将,后任山西省军区副司令员)和政治指导员王斌吾,像老大哥一样对待他们;马列主义理论课程教员沈图(后任国家民航总局局长)、文化教员孙耕夫(后任中国社会科学院党组书记)与学员们同吃同住、勤恳敬业。支部所有成员按照分工埋头苦干。

我父亲是2月份入学的，先当俱乐部主任，又当支部委员。因为他原先担任指导员的连队1939年被评为晋察冀军区三分区唯一的一个模范党支部，组织信任他，于是3月份就让他担任了支部书记。

四是紧紧抓住圆满完成学习任务这个中心。当时学习的课程主要是军事、政治、文化三大类。军事科目中的单兵科目包括射击、刺杀、投弹、土工作业技术，战术科目包括军事地形学、步兵战术、游击战术等，吕正操司令员有时也亲自来授课，讲解地道战等平原游击战术。政治课的内容包括社会发展史、马列主义基础知识和中国革命的基本问题、党的建设、政治工作、时事政策。文化课包括国文和一般数理化知识。这些课程配置精当，极适应敌后环境下的学习。他们党支部就是围绕这些课程的学习，着力解决学员思想问题，培养学员解决客观实际问题的能力。譬如，毕业前夕，学校布置给他们两个难度比较大的训练任务，一项是全副武装一小时20华里的急行军，一项是在陈庄的团进攻战术演习。当时有的学员存在着松劲和畏难情绪，主要是担心影响最后阶段学业上的冲刺。党支部针对这点及时做好动员、组织工作，发动大家用团结互助精神完成任务，这就凝聚了军心，最后圆满地完成了这两项任务。孙毅校长在急行军终点检查验收时，专门表扬了他们这个学员队。

五是牢牢掌握批评和自我批评的武器。在小组会、支委会、支部大会、班委会、军人大会、学习任务总结会等党内各种会议上，同志们不论职务高低，不分教员学员，都积极地开展思想斗争，从团结的愿望出发，向着不良倾向开火，一直达到分清是非、纠正问题、团结同志、改进工作的目的才罢手。对个别的落后分子，党支部列为帮扶对象，制定帮教措施，由相关领导专门负责，学员队干部和支部其他委员辅助，通过谈心拉家常、生活多体贴入手，弄清思想根源，进行批评教育，要求限期改正。

不到一年的二分校生活，锤炼了我父亲一生受用不尽的精神财富，牢牢铸就了他的军政素质基础。除了本行政治工作能力之外，他的军事指挥艺术也更上一层。毕业后，在1941年秋季反“扫荡”中，作为营教导员的他，带着营部和一连在曲阳县罗家沟村宿营，不料第二天拂晓前，突然从村东、村南方向来了大批日军，眼看将要包围他们，我父亲凭借在二分校造就的素质，审时度势、当机立断，决定抢占村北高山这个制高点。他带着两挺机枪和一个步兵班，早于敌人两分钟登顶，以猛烈的火力压制住了敌人，使部队得以安全转移。后来在保南战役首战，攻占曲阳桥据点战斗中，他担任团政委，更加善于运筹帷幄，狠下了一番设计功夫。这就是火力战加上心理战，战术学附带经济学，先是“围三阙一”，使原想固守的敌人动摇抵抗决心；另外又是“围点打援”且速战速决，在敌人援兵未至前就解决战斗；最后是“穷寇勿追”，他有意把溃逃的敌人交给县民兵大队“扫尾”，为的是节省兵力使用。二分校学到的理论加上战争实践，把他造就成了一个成熟的军事指挥员。

（本文作者：朱卿云之子，辽宁广播电视台主任编辑）

池必卿参与营救盟军飞行员

◇池太岩

池必卿【1917.12 ~ 2007.11】

山西省平定县人。1937 年 7 月加入中国共产党。1936 年 12 月参加革命工作。抗日战争时期，在平定县组织游击队，任中队支部委员。后任中共北方局晋冀豫边区和顺县委委员兼 2 区委书记，中共平（定）东县委组织部部长，中共赞皇县委书记，中共井（陉）获（鹿）县委书记。1938 年 10 月在晋冀豫边区党校学习。1939 年 2 月任晋东南农民救国总会主席兼党组书记。1943 年 2 月任中共中央太行分局 5 地委委员兼农会主席。1943 年 12 月到中共中央太行分局党校参加整风。1945 年 5 月任中共中央太行分局 2 地委宣传部部长、地委副书记、地委书记，军分区政委。

1944 年后，世界反法西斯战争即将迎来胜利，美国空军加紧对日本本土的轰炸，个别飞机在返回途中失事坠落在我国境内。池必卿所在的太行军区二分区也曾营救几位美军飞行员，结下深厚友谊，传为佳话。

1944 年至 1945 年之间，世界反法西斯战争即将看到胜利的曙光。盟军美国空军也经常横穿大半个中国，加紧了对日本本土的轰炸。我的父亲池必卿时任在太行军区二分区政委。

一天，当地老乡报告说山里发现了几个外国人，不像是日军，具体什么模样也说不清，只说都长得像毛猴子。我父亲听后心里一震：前些时候收到上级关于营救盟军飞行员的通知，莫不是真有情况？在二分区除了我父亲略懂一些英文外，还有一个从香港来的大学生能担当翻译。我父亲马上带人上山寻找。经过一番喊话后先出来一个飞行员，当得知是共产党领导的八路军，特来营救他们的，非常激动和高兴。他们是美国驻印度战略轰炸机联队的，在执行轰炸东京任务后返回途中飞机失事跳伞逃生。双方识别后，那个飞行员向林子里打了声招呼，好家伙一下子呼啦啦出来十几个，看样子失事的是个大飞机。

双方交谈时有几个飞行员说我父亲的发音像美国人，我父亲告诉他们上教会中学时学过英文，他的老师就是一位美国修女。

在营救过程中，有几个伤员虚弱得走不动了，我父亲他们就向当地老乡借了几头毛驴给他们骑上，回驻地后立即到总部汇报。总部很重视，由李达参谋长亲自负责，并作了具体指示和安排。我父亲一行汇报完正要往回走时，被李达叫了回来，批了个条子，要他们马上去军需部门每人领一套新军装穿上，然后再去接待盟军朋友。当时根据地由于敌人封锁，条件非常艰苦。举个例子就可说明：记得听我母亲说过一件事，她在妇救会一直是做群众工作的，曾在八路军总部工作。当时根据地建立不久，由于受旧的封建传统影响，动员广大劳动妇女走出家门参加抗日工作比较困难。为了支持妇救会的工作，八路军的副总司令彭德怀曾挂名兼任过妇救会总部的书记，那时我母亲在彭老总和浦安修的直接领导下工作，任通讯员。有一次看到彭老总发火，严厉批评一个工作人员。我母亲就问浦安修怎么回事，原因是警卫员在打扫房间时扔了几张废纸。彭总批评说这些用品都是突破敌人封锁，好不容易从敌占区购买运回来的，本还可以再用，怎么能这样就随便扔掉了？太浪费了！母亲听后很受教育，从此一直学习彭老总艰苦朴素的精神，严格要求自己，养成了多年来从不铺张浪费的习惯。

当时八路军大部分的军装是老乡纺的土布缝制（要不叫作土八路呢），多年不能换新，能穿上崭新的正式军装大家非常高兴，这样的待遇总部首长都少有。同志们都抽时间去照相馆留念。当晚杀猪宰羊，热情款待外国友人。接着还举行了隆重热烈的军民联欢会，给每位盟军飞行员都戴上大红花，骑着高头大马进入会场，李达宴请并会见。不知是根据地卫生条件差还是美国朋友水土不服，多人跑肚拉稀得一塌糊涂，但并没有影响客人

◇抗战时期，池必卿（后排左一）与战友们合影。

们的心情。他们边吃边高兴竖起大拇指说:“Very good，顶好!”当时只能向老乡们解释:人家外国人吃的是西餐，主要是面包牛奶，肠胃和咱中国人不一样，这才闹肚子。

几天过后，我父亲一行人一路护送他们，安全健康地移交给了国民党当局。虽然抗日根据地生活艰苦，但广大军民的抗战决心和热情给盟军朋友留下了深刻印象。分别时大家热烈握手拥抱，不少人留下了热泪。

◇抗战胜利后，池必卿（右一）与战友们一起。

太行山——这块全国最大的抗日根据地在长期的抗战中巍然屹立于敌后，太行军民不怕牺牲、浴血奋战，为抗日战争的胜利作出了巨大贡献!虽然这次营救行动时隔多年，却见证了共产党八路军领导建立的敌后抗日根据地始终是八年全国抗战的坚强脊柱，是任何别有用心的人抹杀不了的。

（本文作者：池必卿之子，中国煤炭进出口集团公司美国公司副总裁）

董越千为白求恩当翻译的日子

◇董洁

董越千【1914 ~ 1978】

北京人。1937年毕业于北京大学外语系。同年加入中国共产党。曾任阜平县县长、白求恩大夫的翻译、晋察冀边区政府秘书、晋察冀一专署秘书主任、北平军事调处执行部中共方面罗瑞卿的秘书和翻译、中共中央外事级新闻处处长、华北人民政府副秘书长。

白求恩到晋察冀后，聂荣臻司令员把时任阜平县县长、毕业于北京大学外语系的董越千调来给白求恩当翻译。他既是翻译，又是助手，而且知识渊博，英语流利，深受白求恩的赏识，白求恩称他是“另一个自己”。在与白求恩相处的日子里，白求恩那直爽热情的性格，高尚纯粹的品德以及救死扶伤的感人故事，令董越千终生难忘……

我的父亲董越千是中国共产党最早从事外交工作的外交家。他经常教育我如何工作和做人，经常回忆在抗日战争期间与白求恩在一起工作的往事。

协助建立松岩口模范医院

1938 年 6 月，我父亲时任晋察冀根据地阜平县首任县长。一天，一份署名司令员聂荣臻的特急电报发到阜平县，急令我父亲交待手中工作，立即赶往五台。到达军区司令部后才知道，加拿大著名外科医生白求恩从西班牙战场转战到中国抗日前线，帮助中国人民抗日，为前线的伤员治病。白求恩不顾旅途的疲劳，到达军区后立刻投入到医疗工作中。他急于开展治病救伤工作，但由于对中国人民抗战极其艰苦的斗争环境和极其贫穷落后的真实现状以及对中国文化传统习惯等认识了解不足，加之语言不通，使我方医务人员不知如何与之配合开展工作，这令聂荣臻司令员非常焦急。聂司令员知道我父亲是北京大学西语系毕业的高材生，温文儒雅，解决问题、化解矛盾的能力极强，遂决定调他担任白求恩的翻译。从此，我父亲就和白求恩一起工作，朝夕相处，形影不离，同时也受益匪浅。

我父亲深知，给白求恩当翻译，不仅仅是两种语言之间的交流，而是要让白求恩对我党抗日救国的大政方针和毛主席的战略思想及中国人民艰苦卓绝的奋斗精神有一个深刻的理解和认识，将他高超精湛的医疗技术和实用有效的战场救伤经验用于中国抗日战争中，同时也通过他把在中国反法西斯战场上看到的中国共产党和中国人民所作的正义斗争广泛传播到世界各国，争取赢得国际上最大的同情和支持以及有效的援助。

◇ 1938 年 9 月 15 日松岩口模范医院落成，白求恩在开幕典礼上讲话。主席台上右为白求恩，左为董越千。

刚到晋察冀边区时，白求恩看到后方医院简陋、不卫生的医疗环境和医护人员简单粗放、甚至错误的治疗技术，非常不理解，并为此发脾气。我父亲就耐心坦诚、实事求是地向他讲解造成贫穷困苦、愚昧落后的原因，讲解在极为严酷的条件下八路军解放区建成的艰难不易，得到他深深的理解和同情，极大地激发了他参与改变现状的决心和行动。他决定创建一个模范医院作为样板，培训和提高医护人员的技术水平，规范医疗工作操作标准，改善和制定手术室及病房的卫生环境要求。我父亲将他的想法汇报给军区和聂司令员，很快得到了批准。在白求恩的指导下，边区军民齐心协力、苦干实干加巧干，花费了五个星期时间建成了松岩口模范医院。1938 年 9 月 15 日，位于松岩口的模范医院落成，军区首长和广大战士及医护人员参加了开幕典礼。在这里八路军医护人员第一次得到了正规的医疗技术培训，伤病员住进了卫生干净敞亮的土病房，普通的民房变成了易于消毒、易于操作的手术室。但医院建成不久，日军集中数万兵力，从各路向这地区开始秋季“扫荡”。为了贯彻反“扫荡”的军事部署，医院不得不拆毁进行转移。白求恩对此甚感遗憾。我父亲及时向聂荣臻汇报了这个情况，聂司令员非常睿智巧妙，在一次同白求恩的会见中，便主动征求他到前方后的观感和意见。白求恩坦率地提出，他不理解军区为什么不以重兵固守外围，这样做，后方医院可以不转移。聂司令员听后，根据毛主席的持久战战略思想，同他畅谈了当前的抗战形势，军区作战方针和战斗部署。白求恩受到很大启发，他要求学习毛主席的《论持久战》。在以后的日子里，我父亲就逐段逐段翻译解释给他听，并把中国共产党人在抗战中运用这一思想取胜的实例一一介绍给他。白求恩认真学习，仔细研读，并把学到的东西按照持久战的方针，贯彻到他的医务工作中去，作出了一系列中国战场式的医疗创造和革新。

白求恩率医疗队赴前线治疗

白求恩到前方后，一直思考如何才能进一步降低战场上伤员死亡和残废率。他坚持要亲赴火线治伤，经常说：在前方用几分钟或十几分钟时间给伤员及时治疗，比用若干小时转移到后方治疗，效果要好得多，有时起决定性的作用。看到有些伤员负伤不重，却由于运转时间过长，或失血过多或发生严重感染，以致牺牲，他非常难过。他说：如果在前方及时动手术或作初步治疗，一般来说，是有把握争取到 75% 的伤员不发生感染或死亡而治愈的。在他反复坚决要求下，军区和聂司令员几经慎重全面考虑和周密细致部署后，同意他组织战地流动医疗队，到各个火线上去治伤。

第一次是前往四分区平山一带，那时洪子店战斗刚刚结束，战地医疗队现场及时手术，治愈了许多刚从火线撤下的伤员，他对良好的疗效感到非常高兴。战斗后，平山县召开反“扫荡”经验总结大会。为了让白求恩对持久战在中国抗日战场的意义及边区军民如何实际运用这一思想与日军开展顽强斗争有更深刻的切身体会，我父亲建议他去参加总结大会。会上每一个人的发言，我父亲都用同声传译的速度讲给他听，当听到用游击战术打击敌人的战例后，他对前方战斗产生了更大的兴趣。

1939 年 2 月，白求恩率领东征医疗队去冀中前线。在冀中平原，当时不能大批集中伤员到医院治疗，只能把初步治疗后的伤员迅速转送到冀西山区；或分散坚壁在游击区老百姓家里。白求恩对坚壁在游击区的伤员非常关心，他坚决要求亲自去敌人常来常往的游击区探视伤员。为了保证他的安全，军区专门组织了一个精干的小队随行，指令驻地部队监视各据点敌人的活动，并且请地下党布置了周密的民兵网。白求恩和医疗队乘夜进入游击区，来到距敌据点不远的四公村。他连夜检查伤员，动手术，安置在附近的伤员也临时集中过来，一直工作到第二天夜半。黎明时，敌军四处出动，一股奔向四公村。医疗队立即首先转移伤员，再等白求恩一行上马离开村东时，警卫部队已在村西同敌人开了火。尽管这次行动非常危险，但白求恩感到收获很大，一是及时救治了许多伤病员，二是亲眼目睹了在游击区八路军和老百姓是如何开展抗日斗争的，他把这些情况详细记录下来，报告给加拿大共产党。这无形中成为中国共产党抗日战场对外宣传工作的又一通道。

1938 年 11 月底，359 旅旅长王震正在部署广灵—灵丘公路伏击战，我父亲随白求恩率医疗队到山西雁北前线，王震只同意白求恩在离火线 12 里的地方设手术站，不同意再往前移。战斗打响后，非常激烈，敌机在手术室上空盘旋投弹，炸弹落在做手术站的小庙旁边。白求恩仍不停地动手术。我父亲和同志们劝他暂时转移，他昂然回答：“前方战士的岗位在战斗的火线，我们的战斗岗位在手术台，前方战士不会因为轰炸而停止战斗，我们也不能因为轰炸而停止手术。”战地医疗队就这样紧张地度过了两昼夜，连续做了 71 台手术。战斗胜利结束了，手术还在紧张进行，王震亲自来到手术站，陪同白求恩做完了最后一台手术。由于治疗及时，效果良好，三分之一的伤员没有发生感染。这使白求恩十分高兴和兴奋，他说：这次治伤开创了新纪录，超过了在西班牙的成绩！这次战斗后，白求恩很快就把在前线看到的中国共产党对日军开展有效的游击战术，在战场取得的以少胜多、以弱胜强的辉煌成绩，报告宣传出去。他热情洋溢地说："我要对八路军和游击队的伤员的勇敢以及他们从无怨言的精神表示敬佩。……他们打仗，不仅是为了挽救今日的中国，而且是为了实现明天的伟大、自由、没有阶级的、民主的中国……主要的是，他们和我们都在用自己今天的行动，帮助它诞生，……它之能否诞生，取决于我们今天和明天的行动。……它必须用我们大家的鲜血和工作去创造——我们这些对于未来，对于人类，以及对于人类自己创造的伟大命运具有信心的人们。"

一个外国人士冒着生命危险亲临火线，为抗日前线负伤的战士日夜疗伤手术，极大地振奋和鼓舞了前方指战员们的士气，激励他们在与敌人作战时更加勇猛顽强、势不可挡。前方的战士们都非常敬佩和热爱白求恩，伤员们尊敬称他"白大夫"，深深地被他这种毫不利已、极端负责、极端热忱的高尚风格所感动。白求恩说过："我们要医治被法西斯枪炮打伤的战士，我们更应消灭制造创伤的法西斯帝国主义。"这些话使前方英勇抗击日寇侵略的战士们受到极大的鼓舞，前方战士们都称赞他是伟大的国际主义者。

火线手术疗伤面临的最大问题是输血。我父亲是 O 型血，为抢救前线送来的伤员，他经常现场献血。紧急情况下，为了保护白求恩的身体，他常常利用语言优势抢着说：白大夫说我是万能输血者，输我的! 说罢，挽起袖子就为伤员输血。那时，我军伙食很差，连一个鸡蛋都吃不上，根本没有营养品。父亲输血后不能有片刻休息，还要陪同白求恩坚持连续强负荷工作，身体体质很难恢复。最频繁时，我父亲曾一个月内献血两次，这令白求恩非常感动，他在给聂司令员的报告中专门提及了此事。那时，为了使战地流动医疗队人员更加精干，行动更加快速高效，白求恩亲手教我父亲学会了手术麻醉，从此我父亲就成了翻译兼麻醉师，一个人能当两个人用，就好比一挺机关枪能发挥两挺机关枪的火力，这使白求恩非常满意。有一次战役中，我父亲因劳累过度发高烧，嗓子肿得连喝水都困难。白求恩心痛地让他去休息，但我父亲为了手术更加快速准确，实施有效，坚持麻醉和翻译直到手术成功完成。他利用两台手术间的转换时间去眯了几分钟，就又陪同白求恩进行下一台手术了。

跟随白求恩学习白求恩

那时解放区书籍匮乏，在白求恩到中国来的行李里有一箱书籍，我父亲看到后非常感兴趣，白求恩见状大方地允许他随便翻阅。我父亲说，他是在白求恩那里第一次看到英文原版的《共产党宣言》，爱不释手地反复阅读。从此闲暇时白求恩就和他经常讨论共产党宣言的意义、共产主义的理想、东西方国家对共产主义的理解和做法，马列主义在不同的国家和地区的具体运用，白求恩讲西方国家的情况，我父亲讲中国的情况，越说越有共同的语言、相同的思想、一致的人生目标。后来白求恩曾反复地说过，我父亲就是他的“精神化身”。我父亲和白求恩的友谊也由于共同理想信念和奋斗目标而变得更加深厚和纯洁，他们之间的配合也更加默契和谐。1939 年 5 月，因工作原因组织调动我父亲离开白求恩到新的工作岗位，白求恩恋恋不舍，临走时他亲手把他最心爱的一本《共产党宣言》送给了我父亲留作纪念。这是当时我父亲唯一接受的白求恩赠送的礼物。

在白求恩的书箱里还有大量的西方文学书籍，这令我父亲十分惊讶。一个外科医生远离家乡到万里外的反法西斯前线转战手术疗伤，居然携带了如此多文学书籍，可见其对文学的热爱和喜好（欣赏和厚爱）的程度！一聊天，果真白求恩文学造诣高深、知识丰富、涉猎广泛，我父亲原在北京大学是主攻西方文学专业的。在紧张的工作之余，两人谈起文学来是一见如故，有永远聊不完的话题，探讨不完的题目。这既是一种休息方式，又是一种愉快享受。白求恩非常喜欢我父亲优雅的说话方式、略带文学范的举止和聪明幽默的行事风格，白求恩非常感慨：难得在中国前线遇有这么一位知音。我父亲尤其喜欢莎士比亚戏剧，读书时就曾对其许多大段的经典英文台词背得滚瓜烂熟，现经过向白求恩请教和探讨，我父亲对其含意的理解就更加深刻了。这使得我父亲在 1945 年至 1946 年军调部对美军谈判中，精准娴熟地引用莎士比亚词句轻松幽默地驳倒美方和蒋介石的许多谬论。谈判后连美国人都惊呼：董越千把莎士比亚经典运用得太精彩了！没想到共产党里还藏有西方文学底蕴这么深厚的人！

白求恩在加美医界早已是出名的外科专家，他到晋察冀边区来，聂荣臻司令员决定每月给他 100 块银元作为生活费，但他婉言谢绝了。他对聂司令说，如果是为了赚钱，自己可以在加拿大当大夫，每月收入比在解放区要多得多。“这里条件艰苦，我要与老百姓同吃、同住，我要这些钱有什么用？”我父亲怕他体力透支，便瞒着他提了一个要求：每天早饭给白大夫加一个鸡蛋。这也是白求恩在晋察冀边区得到的唯一一种特殊照顾了。当我父亲教会 14 岁的小炊事员煮出白求恩喜欢吃的溏心鸡蛋时，白求恩高兴地将一本彩色杂志送给小炊事员并与之合影留念。那时我父亲除了工作外，还要尽全力照顾白求恩的生命安全和身体健康及生活作息、对外交往等各方面事务。白求恩经常连续工作几天几夜不休息，我父亲一直坚持陪同在身边，他总是等白求恩确实睡觉了才去休息，白求恩还没起床，他已经开始周密细致地布置好一天的工作和生活安排了。在我父亲身上体现出的共产党人“先天下人之忧而忧，后天下人之乐而乐”极端敬业的工作精神，也令白求恩非常感动和钦佩。

◇聂荣臻司令员（中）会见白求恩（右），并聘请他为军区卫生顾问。左为翻译董越千。

聂荣臻对白求恩的生活和健康非常关怀，时常把前方缴获的香烟、罐头、食品等送给他。他常常只留一小部分，其余都转送给伤病员。送给他缴获的日本毛毯，他自己不用，也都给了伤病员。当他看到伤病员治疗效果良好，饮食也很好，躺在病床上舒舒服服的样子，就喜笑颜开。

我父亲天天与白求恩在一起，开始白求恩常常请我父亲与他合影，也经常随手送一些稀罕的外国货给我父亲，但我父亲总是亲切地笑着婉拒，从不拿白求恩的一分一毫，也不借工作之机跟着白求恩沾一丝的光。他这种对事业忠诚、廉洁自律的品格深得白求恩的赏识，也赢得他对我父亲格外敬重。每遇军区或《晋察冀日报》记者、摄影师给白求恩拍照时，我父亲总是自觉避在一旁当翻译和参谋。所以到现在除多人工作照外，没留下一张我父亲和白求恩的单独合影。

在晋察冀抗日前线，还有一件令白求恩惊诧不已的故事，就是八路军优待处理战俘的政策。聂司令员向他作过详细的阐释。他恍然大悟，深有体会地说："这是革命的人道主义。"不久，在后方医院和前方火线遇到受伤的日本战俘，他以对八路军伤员同样的态度来医治他们，并不厌其烦地对日本战俘进行教育，指出法西斯侵略是世界人民所反对的，他们应当觉醒，拒绝屠杀中国人民，拒绝执行法西斯命令。他还宣讲了八路军优待战俘的政策，一次，他和两个被俘的日本伤员一起照了相。这些日军伤员很感动，把他们在八路军里受照顾的情形写信告诉家属，信中并附上和白求恩大夫的合影。治愈的日军伤员一般陆续被送回就近的日军据点，白求恩对这一切都很感兴趣，曾把这些经历记录在他的日记中，还讲给新到解放区的外国朋友听。

1939年夏，聂荣臻打电报请他回军区列席晋察冀边区党代表大会，大会邀请他发言。他登上讲台，首先把拳头举向帽檐，行了个敬礼，说他代表加拿大共产党和人民向边区的党代表大会表示热烈的祝贺和敬意。他马上对他的敬礼方式作了解释：西班牙同志敬礼是举拳，中国同志敬礼是举手到帽檐，现在把两种方式结合起来了。他的话引起全场热烈的掌声。他接着用高昂的声调讲道：

"我必须重复，你们的战争是正义的，你们并不孤立，世界人民支持你们。我们加美医疗队来中国，就是证明。反抗法西斯是我们共同的任务，我们来中国，不仅是为了你们，也是为了我们。今天我们支援你们，将来你们胜利了，会同样支援我们。我决心和中国同志并肩战斗，直到抗战最后胜利。日本法西斯一天不赶出中国，我们一天不离开。”他的讲话给大会格外增添了一道醒目的光彩，全场都感到极大的振奋和鼓舞。

白求恩的一生是伟大的国际共产主义者的一生，他留给我们的精神财富是异常丰富的，值得我们永远学习。我父亲总是严格要求我：你一生都要以白求恩为榜样，做“一个高尚的人，一个纯粹的人，一个有道德的人，一个脱离了低级趣味的人，一个有益于人民的人”。现在白求恩离开我们70多年了，再看白求恩这些感人事迹和崇高精神，仍然不过时，仍然有着极其深刻的教育意义。

（本文作者：董越千之女，原中国保利集团上海三利实业有限公司总经理助理）

寸性奇血洒中条山

◇寸品德

寸性奇【1895 ~ 1941.5】

字念洁，云南腾冲县人，中华民国国民革命军少将（1942 年 6 日追赠中将）。1909 年，寸性奇考入云南讲武堂并立志从军。1910 年加入孙中山领导的同盟会。

1927 年，被提升为国民党陆军第 34 旅少将副旅长，并任过陆军第 3 军参谋长。1937 年 7 月被擢升为陆军第 12 师师长。1939 年 12 月，任第 3 军代理军长职指挥作战。1941 年 5 月血战中条山，壮烈殉国。

1986 年 5 月 10 日，中华人民共和国民政部颁发“革命烈士证书”。

2014 年 9 月，寸性奇名列第一批 300 名著名抗日英烈和英雄群体名录。

被日军畏称为“晋东南肉搏将军”“中国战神”的寸性奇有一句在军中广为流传的名言：“将有必死之心，士无贪生之念”，以此来激励官兵奋勇杀敌，报效国家。在1941年5月中条山会战中，他以生命践行铮铮誓言，忠勇殉国，树立了不朽的丰碑。

1937年七七事变后，国民革命军第3军在开封整编，我父亲寸性奇以个人名义向国民政府军事委员请缨北上抗日。在华北战场上，为阻击日军沿平汉线南下，父亲率部在紫荆关、新关、旧关、井陉、阳泉等与日军展开血战，成功迟滞了日军进攻，予日寇重大打击。1937年10月，父亲奉命率部开赴山西，在娘子关一带阻击日军西进，在新旧关战场上与敌鏖战14昼夜，使日军伤亡惨重。他激励官兵奋勇杀敌，报效国家。他有一名言：“将有必死之心，士无贪生之念”，在军中广为流传。1937年冬，父亲任第3军12师34旅旅长，于晋东南、侯马会战中三战三捷。日军在与第3军的刺刀白刃战中遭到败战，父亲被日军华北派遣军畏称为“晋东南肉搏将军”。

与八路军并肩作战，共同抗日

1938年八路军总司令朱德曾在沁县史北镇与第3军全体官兵举行庆祝台儿庄战役胜利大会。这期间，第3军（时任军长为曾万钟）与刘伯承、邓小平率领的八路军129师部队协同作战于晋东南的武乡、襄垣、长治、潞城、榆北等地。他们在抗日战争中为救亡图存，在晋东南的九路反“围剿”中，一起并肩作战，成为了国共合作抗日的典范。

1938年1月，国民政府决定将山西境内的中国军队组建成东路军、中路军、西路军等三个集团军群。东路军以八路军为骨干组建，配属兵力为第18集团军（欠120师）和第3、第14、第47等部，以及山西青年抗敌决死队第1、第3纵队，由八路军总司令朱德任总指挥，彭德怀任副总指挥。

这是台北市“国史馆”2016年解密公开的军事历史档案，一部分为当时第3军寸性奇将军所部与八路军合作抗战的作战电文，兹按时间顺序进行排列记录，以下时间均为1938年。

一、4月10日，曾万钟电蒋正中：屯留之敌，三日增至四千，系由长治移来，潞城亦有增加。及唐淮源师吕旅在屯留北右夏应一带，寸性奇旅在襄垣附近，李世龙师已到潞、黎西北等。

二、4月12日，曾万钟电蒋中正：10日长垣敌步骑炮进犯上封南娥村，唐淮源师寸性奇旅激战退，复与增援敌北遭遇李世龙师截击等。

三、4月14日，卫立煌电蒋中正：敌以108师团一旅附酒井镐次支队，15日窜洪水镇被刘伯承、徐海东旅击溃，四日复被寸性奇旅截击于韩壁村北等。（4月16日韩壁村一带我伤亡中校团附以下官兵280余人）

四、4月19日，曾万钟电蒋中正：敌在武乡与寸性奇旅及李默庵师激战情形。

五、4月19日，曾万钟电蒋正中：在武乡与寸性奇旅战系酒井镐次兵团，并向沁县退去，及于韩壁被截击，日军系108师团，并向襄垣溃退及武乡、韩壁、下良三役伤亡情形。（4月15日武乡附近马庄一带第12师和第7师19旅 我伤亡连长以下官兵350余人）

六、4月20日，卫立煌电蒋中正：陈述赵寿山师攻克长治及徐海东旅击溃窜洪水镇日军，再被寸性奇旅截为两股，及朱怀冰、武士敏两师反攻盘陀等战情。

从以上档案史料可看出，在1938年国共两党、两军在晋东南亲密合作抗日、并肩作战的史实；从中也可以看到，时任陆军第12师34旅少将旅长的寸性奇，作为第3军的主力旅，在晋东南对日军频频发起进攻作战的战史记录。

中条山上铸丰碑

1939 年父亲升任第一战区第 5 集团军第 3 军第 12 师少将师长，奉令调守晋南中条山。在坚守中条山四年之久的时间内，他每战必奋勇当先，给予日军以很大打击。这期间，他从未离开部队。遇有敌情，必听取情报，从容计划，措置整暇。

1939 年 12 月，第 3 军军长唐淮源回滇奔母丧，时值日军发动中条山小岭战役。我父亲代理第 3 军军长一职，亲自在一线指挥前敌作战，血战九昼夜不下火线。父亲指挥第 12 师担任正面作战任务。在战局危急时刻，他毅然亲率官兵与敌展开了争夺冲杀。日军渐趋不支，全线溃退，落荒而逃，小岭阵地失而复得，我军获得全胜。此役击毙日军大队长江岛、联队长重松受重伤，日军伤亡 2000 余人，日军此役之后，更畏称寸性奇将军为"中国战神"。

在 2016 年台湾"国史馆"对外解密公开的抗日战争军事电文当中，有一份 1939 年晋南小岭战役结束之后，在 12 月 14 日的电文：寸性奇电蒋中正详呈该师此次战役人员武器弹药伤亡损耗俘获数目。电文号 28029358 号。其中有"夺获敌旗一面"之语。这也即为民国时期的报刊当中，曾经述及的"寸性奇将军在抗战时期，斩将搴旗"的由来。斩将是在 1941 年晋南会战（亦称中条山会战）中，寸性奇将军率部击毙日军 37 师团步兵第 227 联队联队长上田胜少将。夺旗则是指在 1939 年晋南小岭战役当中，夺得日军军旗一面。由于在抗日战争时期，与日军作战时阵前斩将与阵中夺旗都是极为难得的。我父亲也由此创立了在抗日战争史上唯一的"斩将搴旗"的战例。这也佐证了侵华日军华北方面军畏称寸性奇将军是"中国战神"是实至名归的。

1941 年 5 月，日军集中 20 余万精锐部队，发起中条山战役。日军以第 37 师团主力、第 36 师团和第 16 混成旅团各一部向西正面阵地猛攻，重点进攻我第 3 军与第 80 军的接合部。陆军第 12 师爱国官兵顽强抵抗，他们用简陋的步兵武器打退了敌人多次的疯狂进攻，双方多次展开白刃肉搏。5月10日，当部队行至张家坪时，与日军相遇，与敌人展开肉搏战，死伤严重。午后，奉第3军军长唐淮源命令，撤退至大仕坪，由架桑夺路出击。父亲对部下说：“吾侪今日惟奋力杀敌，枪在手，剑在腰，不令为贼俘也，济则为国加光荣，不济以死继之”。战至12日，左冀水谷朵高地失陷。父亲亲率部队突出重围，可直奔稷王山集合，然而，唐淮源此时“被围东交口，形势危急”。父亲十分清楚，此时若回救军长，则凶多吉少，但他毅然冒死回救军长及袍泽弟兄。12日，唐淮源及其所部在尖山陷入日军的四面包围之中。在三次突围失败的情况下，“唐军长以保卫中条山职志未遂，当前大敌未殄，于尖山顶庙内自戕殉国”。第12师在突围至胡家峪后遭日军截击，副师长杨王昆负伤后突围至胡家峪，与我父亲相遇，见我父亲腰部又负伤，已不能行走，即令营长李振邦守护。我父亲说道：“不成功便成仁，勿因我为累。”他抱定必死之决心，让李振邦离开他去杀敌。

5月13日，日军第37师团227联队上田胜大佐率部进犯至胡家峪。我父亲率部勇猛冲到垣曲县毛家湾胡家峪的村庄附近，被敌封锁所阻，而后面的追兵又尾随而至，前后夹击，战况十分惨烈。父亲左肩又中一弹，仍坚持指挥部队奋勇冲杀，但左腿已被日军炮弹炸断，血流如注，无法包扎，眼看敌兵瞬息即至，当时他已全身致残。自知伤势严重，不肯被俘受辱，面对蜂拥而上的日军，父亲从容不迫，用当年孙中山先生亲赐的那柄名为“忠勇”的中山剑，拔剑自戕，结束了自己48年血与火的一生，展现了李根源先生当年在云南陆军讲武堂所倡导的滇军“爱国拼命”的云南精神。在殉国前，他临

◇寸性奇将军墓

终遗言“我腿已断，不必管我。我决心殉国，以保全国格人格”。继忻口战役第9军军长郝梦龄与第54师师长刘家祺之后，我父亲再写一军之中军、师长同时殉国的悲壮史诗。唐淮源、寸性奇两将军的忠贞大义，集中体现了中华民族的英雄儿女宁为玉碎、不为瓦全的崇高民族气节。

1942年3月27日，国民政府特以1454号褒扬令明令褒奖。1942年国民政府核准寸性奇将军入祀首都忠烈祠抗战殉难烈士名单，在首都及各地忠烈祠供奉英灵。

蒋介石特为在中条山阵亡的唐淮源、寸性奇两将军题写挽联：“百战殊勋着河上，双忠大节壮中原”；中共领导人毛泽东、朱德、周恩来等均为其题写了挽联，中共陕甘宁边区政府挽联为“辛勤练兵救国友谊，传来噩耗哀悼善邻”。

1942年6月6日，云南省在昆明召开唐（淮源）、寸（性奇）将军的追悼大会。云南省主席龙云主祭并致悼词。6月16日，陆军第3军在陕西省城固县召开“追悼唐故军长、寸故师长暨阵亡将士大会”。“大会于16日晨10时在城固民众教育馆隆重举行，计到各机关、学校、民众及各部队万余人。会场布置庄严，满场悬挂各界首长、团体题词、挽联计一千余幅。全城男女老幼来往观瞻者，自晨至晚，约五万人以上。”

父亲的忠勇精神，一如那柄名为“忠勇”的中山剑一般，忠于国家，勇于战死！那是中国传承数千年的军人铮铮铁骨与英雄气节。

（本文作者：寸性奇之子，云南腾冲县城关镇街道退休工人）

『抗日民族英雄』王甲本抗战纪事

◇王飚

王甲本【1901.8 ~ 1944.9】

字立基，云南省曲靖市富源县（原平彝县）人。青年时由省立曲靖师范（今曲靖一中）考入云南陆军讲武堂。1926年参加北伐。北伐后，转任滇军范石生部301独立团团长。1931年冬，入南京中央陆军大学，先后就读将官班和深造班；1937年淞沪会战爆发前夕，任国民党第98师副师长。抗日战争中先后参加了淞沪会战、南昌会战、一次长沙会战、冬季攻势、二次长沙会战、浙赣会战、三次长沙会战、鄂西会战、常德会战、长衡会战等重大战役。1939年11月，因战功卓著升任国民革命军第 79 军中将军长。他在 28 年的军旅生涯中，足智多谋，作战勇敢，身先士卒，身经百战，屡立战功，在军中被称为“硬仗将军”。1944 年 9 月 7 日，在转移途中与日军遭遇，徒手与日军肉搏，壮烈殉国，时年 43 岁。1944 年 11 月 7 日被国民政府追认为“抗日烈士”，追晋为“陆军上将”。1985 年 10 月 18 日，中华人民共和国民政部追认他为革命烈士，颁发了“革命烈士证明书”。 2014 年 9 月，被民政部收入第一批国家级著名抗日英烈名录。

王甲本从淞沪会战开始，与日军浴血奋战7年多，先后率部参加20余次大规模战役战斗，屡挫敌锋，战功卓著，史载“硬战将军王甲本”。1944年9月7日，在转移途中与日军遭遇，徒手与日军肉搏，壮烈殉国，时年43岁。朱德赞誉他为“抗日民族英雄”。

三战长沙

1937年七七卢沟桥事变后，抗战全面爆发。当时驻扎武汉及周边地区的98师奉命开赴南京准备参加淞沪会战。我的祖父王甲本时任陈诚所属第98师副师长。部队出发前夕，蒋介石挽留他警备南京，但他执意与师长夏楚中率部开赴前线杀敌。在淞沪会战中，他冒着枪林弹雨，虽受伤多处，但依然身先士卒，始终在第一线指挥战斗，率领官兵与敌浴血奋战，完成了预定战斗任务。数月的血战，路景荣将军和数千98师将士血染疆场，涌现出以姚子青营长率第3营600将士，七昼夜血战宝山城、与城共存亡的壮举，惊天地、泣鬼神，极大鼓舞了全国人民的抗战决心，是对中华民族之魂和抗战精神最好的诠释。

◇在陆大学习毕业后，王甲本即将奔赴淞沪会战时留影。

1938年3月，我的祖父升任第98师

师长。4月，率98师转战皖南。期间，与老相识罗炳辉将军相遇，见面十分亲热。祖父与罗炳辉及驻地新四军部队密切配合，攻下孙家铺等日寇车站和据点，占领宣城。在战斗过程中，祖父得知新四军参战部队子弹紧缺后，亲自批条，拨给20万发子弹。

6月，98师从皖南挺进江苏武进、丹阳、宜兴一带开展敌后游击作战，击沉日军运兵船和运送物资木船数十艘。7月19日又回师皖南，21日攻下宣城东乡汪家山日军据点，歼灭日军700余人，缴获大炮2门和轻重枪支1800余支，以及大量食品、罐头和粮食，足够一师3个月之食。

1939年元旦，98师从皖南转战赣北，袭击修水河北岸日军，毙敌100余人。

1939年3月，祖父奉命率98师增援南昌会战右翼，因数日大雨所致，仅先头部队赶到时，南昌已经失陷，会战结束；随即奉命转驻湖南湘潭，并兼任湘株警备司令。

1939年秋，祖父奉命率部参加第一次长沙会战。在鄂南通城、申麦市、龙门厂等地与日军第33师团连续作战11天，环攻、追击、猛打，使日军始终没有喘息时间。11天连续作战，足迹遍及湘鄂赣三省相连地区，葬敌约2000人。由于战绩显著，于1939年11月23日升任第79军中将副军长兼98师师长。

1941年9月，日军部署12万兵力，发动了第二次长沙会战。第98师的指挥部就设在捞刀河主阵地附近。9月26日清晨，日军主力一部在9架飞机的配合下，向长沙洪山茅庙以北一带攻击前进。祖父安排一个加强团进行阻击，以保各部缜密布防，完善阵地工事。此时，敌军飞机更是轮番滥炸和疯狂扫射，祖父不避艰险，指挥第98师292团抢占了制高点，使日军的进攻部署严重受挫。当日深夜，第98师参谋钟旭和侦察人员到罗家大山与参战某部接洽返程途中，发现敌军辎重部队和骑兵部队向杨桥方向秘密移动。祖父判断敌军是在作撤退准备，于是下令不惜代价，做好追歼敌军的准备。不出祖父所料，日军经过两三天的作战，伤亡惨重，而我方各部主阵地岿然不动，敌人只得狼狈撤退。司令长官薛岳下令第98师全面堵截。祖父对所属各部作了部署后，便亲自率领第98师294团追击敌军至汨罗江南岸才收兵。而在跟早渊支队预先设伏的战斗中，血战 30 多个小时，日军死伤 1000 多人，第 116 联队第 1、第 2 大队长被击毙。

第二次长沙会战结束后，召开战区总结大会，祖父因指挥有力，战绩卓著受到嘉奖，被誉为“硬战将军王甲本”，载入军事会议手册。10 月，祖父升任 79 军军长，并兼 98 师师长。

会后，祖父奉命率第 79 军移驻衡阳，准备开赴缅甸作战。正要出发前夕，战区长官部请示统帅部，要求 79 军暂缓赴缅，继续留驻衡阳集结待命。接到此令，祖父即已料到，在湖南又有大规模军事行动了。

1941 年 12 月 19 日，第三次长沙会战开始，祖父奉命率部参战；第 79 军按时到达指定位置布防后，战区司令长官薛岳即从川军、滇军等参战部队中调拨 5 万余人的建制部队作为外围作战部队，和 79 军一起在长沙外围作战。1942 年 1 月 4 日下午，敌人因受到我 79 军的沉重打击，伤亡过大，即从长沙向北撤退；到 5 日中午，日军第 40 师团撤到东山市后，猛攻我 98 师 293 团阵地。祖父下令该团狠狠还击，又令预备队攻击日军侧背，预期扭转了战局。同日午后，日军第 40 师团及第 3 师团第 18 联队撤退到榔梨市西岸，企图从磨盘洲偷渡过河撤退。磨盘洲位于浏阳河下游，是战略要地，若被日军占领，损失不可估量。随即，祖父下令死守磨盘洲，决不能让日军进占，他还亲率 294 团增援 292 团。日军向磨盘洲阵地展开了疯狂进攻，中国守军顽强战斗，越战士气越旺，打得日军尸横遍野，死伤 1000 余人，日军第 3 师团第 18 联队长土屋镜次也在这次战斗中被击毙，其余残寇竖起白旗投降。在清理战场时，祖父下令挖坑将死亡日军官兵埋葬；并请榔梨市石工刻碑一块立于冢前，作为侵略者好战必亡的反思。1982 年王甲本葬敌之事，由日本著名诗人悻子等在日本传开后，战争死亡者后代和亲属为之感动，公认王甲本之举体现了中华文明。战犯冈次宁次在他的回忆录中也提到此事。

祖父在第三次长沙会战中由于外围指挥卓越，第 79 军战绩显著，为会战胜利作出了重要贡献。为纪念此战殉国 98 师将士，祖父题“是为国殇”并在长沙秀峰山建立陵园以示纪念。

第三次长沙会战结束后，战区在榔梨市中学举办战利品展览会，供慰问团和军民参观。祖父因战功卓著，战区又颁给他褒扬奖。

衡阳会战

1942年3月，向敏思调任第98师少将师长，王甲本专任第79军军长。

1942年5月，日军发动浙赣战役，统帅部电令饬驻湖南株洲、浏阳附近的王甲本第79军，集结江西分宜策应第三战区作战。遏止敌人进攻后，第79军194师和98师集结宜黄待命，暂编第6师进驻东馆附近。6月23日，祖父据侦察情报，每日午后驻浒湾的1000余日军都有部分下盱江洗澡，祖父命令驻东馆暂编第6师秘密移伏浒湾对岸（盱江左岸）；到24日下午4时许，已有六七百日军到盱江中洗澡。祖父即令暂6师猛烈射击，刹时，敌尸盈江，江水尽赤，打了一场痛快歼灭战。

1943年5月，祖父率第79军千里驰援鄂西会战。他采取机动歼敌，重创日军的策略，打了几场漂亮仗，用卓越战功，被授予二等云麾勋章，第79军获战区褒赠“我武维扬”旌旗。

1943年11月初，祖父率第79军参加常德会战。11月1日，日军五个师团兵分三路，依原订计划，全线出击。敌第39师团（师团长澄田睐四郎）与第13师团（井上真卫）为左翼，直取我第10集团军主力阵地，第68师团（佐久间为人）居中，准备自两个集团军交界中间穿过，径攻慈利；11月1日当日，第10集团军长江南岸第一线前哨部队第98师首当其冲，战况激烈。正面敌军番号经判明为第3、13、39师团、第68师团的一部分及独立第17旅团。番号之多，颇出军委会与第六战区的预期。11月2日，第194师与向暖水街急进的敌第13师团接战。战至7日上午，正当第一线之第79军暂6师因伤亡惨重而撤退，第10集团军王敬久总司令电令前线各部奋勇逆袭，恢复阵地，均未奏功。战况危急。暂6师在街河市与敌激战四日后，退入第10集团军主阵地的中枢——暖水街。祖父指挥第79军的第98师与第194师努力抗击当面之敌，第199师则于暖水街侧翼机动邀击日军，形成以暖水街为核心的防御态势。王敬久总司令以第79军暂6师为暖水街防卫部队，担任吸引日军猬集的“磁铁”，其余四个师则且战且退，将日军诱入暖水街阵地周围。此时暖水街主阵地反而因阵线犬牙交错而孤悬敌后，侧翼暴露。王敬久乃电令暂6师师长赵季平突围。暖水街阵地虽然坚持半周，依然力持不垮。赵师长接到命令后，才率暂6师含泪突围。我祖父仍大胆运动第98师与第194师，突进侧击；而第66军也固守防线，适时配合转移攻势，日军或进或退，皆遭节节阻击。所以即使暖水街弃守，日军仍然无法突破第10集团军的防御阵地，只能一直绕着暖水街打转绕圈圈。11月26日，第六战区各部均有进展。第10集团军长驱大进，我祖父率79军越过澧水，直趋太浮山敌第13师团侧背，攻占慈利外围原第74军的主阵地明月山。11月30日，第79军第98师向敏思部力克临澧，日军突围，其他各部亦连克十余据点。12月4日，第六战区司令长官孙连仲以各路战况顺利，乃电令第10集团军与王耀武集团全力冲入滨湖区，索敌决战。第79军暂6师加速南下，自突破口围攻常德退敌；第100军第63师攻陬市；第66军第185师在攻克石门后，向津市、澧县进击；第18军全师出临澧，第79军与第74军利用目前突破口长驱大进。12月5日，第六战区北面各部作战顺利，第18军清剿澧水沿岸日军据点，第79军续向常德北方逼近。12月12日，79军以暂6师为前锋，直插临澧。日军阵线支离破碎，渡过澧水的部队也遭第18军迎头痛击，南面防线已经崩溃，第74军随时可能冲入日军第11军的指挥所。而敌第13师团也即将在第79军的强攻下崩溃，日军第11军已经陷入绝境。在极度绝望中，横山勇分电派遣军总部与东京大本营，诚实详述第11军的惨重伤亡与失利实情，恳求派遣军同意撤军。我祖父则率部再度越渡澧水，穷追日军，终将日军赶回原战线。此间与日军展开了数十次战斗，屡挫敌锋，战绩突出，祖父再获三等云麾勋章。

1944年6月中旬，祖父奉令率第79军从湖北千里驰援衡阳。6月29日，第79军抵达衡阳西北之陂桥、水东江、石桥一带，攻击推进。到7月14日，所部第194师进至衡阳西北40公里处的金兰市、云公寨、风波岭等地；7月23日，所部第98师进至柿江桥与日军遭遇，在空军支援下，毙敌200余人；24日第194师进至衡阳南10公里处的二圹，毙敌数十名，迫使日军向东南溃退，新桥之敌不支东窜，在周家町、三圹一线又遭第98师猛烈截击。28日清晨，祖父下令所属第98师第194师和暂编第6师向新桥、三圹附近的1137、大雪山、观音山、真仙岭、龙头山等日军阵地展开猛烈进攻，到7时先后攻占新桥东南和观音山两个阵地；10时，日军增援部队向第194师左翼的铜钱渡、杨梅岭侧击包围，少将师长龚传文采取“围魏救赵”战术，解除了日军对第194师侧背的威胁；战至29日上午，被日军拖困在杨梅岭的194师所属官兵死伤过半，杨梅岭失守。正在此时，日军第116师团所属3000余人，由头圹、杨梅岭一线向第79军各部发起进攻；日军第13师团一部也从耒阳急速增援，形势十分严峻，我方其他部队又无法抽调援军。祖父面临此情，毫无惧色，从容指挥第79军各部沉着应战，于29日午后终将日军击溃，两军相峙于板桥东西地区。祖父在衡阳城西鸡窝山昼夜指挥所属部队及时出击，适时调整作战部署，沉重打击了来犯之敌；但因日军兵力装备先进强大，又加之衡阳城内中国守军无力配合外围解围部队作战，外围部队难以扩大战果，衡阳会战经过47天的鏖战，终于1944年8月8日结束，衡阳被日军攻陷。

衡阳失陷后，统帅部电令衡阳西侧外围各部队，迅速撤到广西东北部的黄沙河一带布防。而衡阳至黄沙河有300余里，如果撤退过快，部队、沿途民众和地方机关都会发生混乱，这不仅会给日军有更多可乘之机，尤其会给沿途民众的生命财产和地方机关造成更大损失。部队撤退需要一定的时间，民众和地方机关携老带幼更需要足够的时间才能转移。于是，祖父请示统帅部，集结第79军所属部队滞留衡阳西面的洪桥、黎家坪一线，阻击日军三天再行撤退，使先撤的部队按时到达黄沙河有充裕时间布防，数百里沿途民众和地方机关安全转移。

根据日军“1号作战计划”，从9月1日起，发动湘桂战役；日军第3、13师团和第37、40、58、116师团分别沿湘桂铁路东西地区发起钳形攻势，急于打通滇南通道，支援东南亚战场，围攻滇黔川。衡阳沦陷，在衡阳周围的国民革命军第47军、第62军、第79军，经洪桥、祁阳向零陵方向撤退。当时防御熊罴岭的是我祖父率领的79军98师和194师。8月31日，我祖父率部进入灵宫殿、龙王庙、熊罴岭一线，进行兵力部署和火力配系，构筑防御工事，准备迎击日军。9月3日正午，担任先头部队的日军13师团步兵1104联队第1大队，向占领灵官殿、龙王庙附近隘路口的中国军队发起攻击，双方展开激战。不久，守军佯退，当日军进到龙王庙西侧一条傍山石砌路时，遭到埋伏在西面山上79军的猛烈轰击；山腰守军也用轻、重机枪对日军进行猛烈扫射。日军猝不及防，只能伏在路边还击，第1大队第3中队中队长大崎中尉中弹负伤。后来日军增派援军，加强炮兵火力，79军在击退日军多次进攻后，于夜间主动向祁阳方向转移。9月5日，日军侵入湘南栗山铺、莲塘、黄阳司一带，并向东安县冷水滩北侧卢拱司进犯；祖父沉着指挥第79军各部与多路日军展开了阻击战斗。日军遇到了第79军的顽强阻击，师长龚传文指挥194师已在冷水滩阻击日寇两天两夜，第98师也在防区展开了激烈战斗，拖住了日军的南下进犯速度。于是，日军就派出多股特工队对中国军队指挥部进行偷袭，第79军军部受到袭击，先行撤退黄沙河布防的部队也有一些受损失。

由于数月苦战，79军战斗减员非常厉害，兵力严重不足。祖父派出军部直属搜索营支援98师战斗，派出军部直属工兵营一部掩护炮兵、工兵营主力增援194师战斗，特务营主力也参加战斗，身边只有一个连警卫部队（其中一半为收容打散的官兵）。9月7日凌晨三四点，79军军部所在地龙家坝突遭1000余日军主力和身着国民党军服和便衣的敌人偷袭。祖父当机命令军部警卫部队阻击日军进攻，并对第79军各部作了部署，次第向指定地点突围；安排副军长甘登俊率领军部直属部队急速向西转移。9月7日凌晨7时，祖父率手枪排先行，向山口铺急进，行至山口铺以东2里附近的玉霁亭宽阔地带，意外和日军主力骑兵千余人遭遇。祖父指令手枪排分散进行战斗，叮嘱手枪排要“沉着射击，逝死不失中华人格，逝死不当俘虏汉奸，与中华主权寸土共存亡”。但由于手枪排已身处宽阔地带，射程有限，又全部暴露在日军火力面前，终因敌众我寡，在拼死奋战，击毙部分日军之后，手枪排官兵全部殉国。此时，祖父小腿已经中弹，行动艰难，在少校副官吴镇科的背扶下，两人奋力突围到玉霁亭东侧坡地上。日军妄图抓活的。当群寇蜂拥逼近时，两人依托玉霁亭顽强射击，击毙了数名日军，子弹用完了，就赤手空拳与日军肉搏，又搏杀几个日军。祖父的头、双颊、胸部等都被刺伤，两个手掌被日军刺刀绞得血肉模糊，露出掌指白骨，这是宁死不屈，抓住日军刺刀奋勇肉搏造成的；最后，被日军刺中腹部，壮烈殉国，时年 43 岁。他是中国抗日战争中唯一一个与日军肉搏壮烈殉国的中将军长。副官吴镇科左臂被折断，被刺伤多处，身中数弹，同时殉国，时年 28 岁，他是云南玉溪新平县桂山镇人。

鉴于山口铺地处中日军队交战区域，日军主力昼夜兼程南下疯狂进犯，战事频发，只能将祖父的遗体收殓，当地富户廖铭贮捐赠家中上好棺材一副，连夜简单祭吊，安葬于东安县山口铺芭蕉树张家冲后山坡上；同时，村民刘理谷先生捐赠家中棺材一副，将副官吴镇科的遗体殓葬，与王将军同穴共茔。负责安葬祖父的部队离开时，恳请并嘱咐他们要看好将军的坟墓。当年 42 岁的刘理谷代表乡亲们说：“你们放心吧，我们会世世代代守护将军的”。后来人们称山坡上的坟叫“将军墓”。墓地与他们殉国的战场约 3 里路程。

祖父殉国后，国内各主要新闻报刊都以《第 79 军中将军长王甲本肉搏阵亡》作了报道，军内外大受感动，同声哀悼。

◇南岳忠烈祠王甲本将军纪念碑

9 月中旬，第 79 军奉统帅部命令，全军撤出战场，集结湖南武冈县整顿；由甘登俊副军长主持，为王甲本将军壮烈殉国召开了隆重的战区追悼大会。部队、当地政府和民众、各界人士和中共领导等的挽联花圈布满会场。全军将士痛哭流涕，同声呼号：继承英烈遗志，狠狠打击日本侵略者。八路军总司令朱德也派人送来挽联：“东安县里悲霞日，玉霁亭边混共天”，横批是：“抗日民族英雄王甲本”。

祖父牺牲后，国民政府国防部追认他为陆军上将、抗日烈士。1985年10月8日，中华人民共和国民政部确认，批准追认我祖父为“革命烈士”。

（本文作者：王甲本之孙，武汉市环境建筑设计研究所工程师）

铁血战将卫立煌在华北和云南的抗战往事

◇卫智

卫立煌【1897.2 ~ 1960.1】

字俊如，又字辉珊，安徽省肥东县人，中华民国高级将领，国民党军陆军二级上将军衔。取得了中原大战中击败石友三解除南京之围、鄂豫皖“围剿”、镇压“闽变”分路暨主功、击败冈村宁次收复郑州、缅北滇西反攻战役（含强渡怒江战役）等系列战役的胜利。忻口会战亦破坏了日军的作战计划。新中国成立后，曾任国防委员会副主席，第二、三届全国政协常委，第二届人大代表，民革第三、四届中央委员会常委等职。1960年1月17日，因病在北京逝世，享年64岁，安葬于北京八宝山革命公墓。

卫立煌参加了全民族抗战全过程。他率部与八路军携手抗日，血战忻口，建立卓越战功。他出任中国远征军司令长官，在云南抗战前线沉重打击日军，书写了中国抗战史上的光辉篇章。

卫立煌是我国著名的抗日爱国将领。抗日战争期间，他支持联合各方力量共同抗日，与八路军友好相处，他是到访延安的国民党最高级别官员，受到了毛泽东主席等中共领导人的亲切接见。1943 年 11 月，卫立煌出任中国远征军司令长官，指挥远征军一举击溃滇西和中缅边境日军，打通了滇缅公路，这也是八年全国抗战中中国军队唯一一场在正面战场发起并取得最终胜利的战役。新中国成立后，卫立煌毅然拒绝国民党要他去台湾的安排，并于 1955 年回到国内，曾任中华人民共和国国防委员会副主席。

一、北上抗日，血战忻口

1937 年 7 月 7 日全民族抗战爆发，8 月，时任第 14 集团军总司令的爷爷卫立煌从豫鄂皖边区率集团军北上河北易县、涿州地区，增援已在北平地区开战半个月之久的南口会战。由于他率领的第 14 集团军进军迅猛，同时与他对峙的日军坂垣征四郎主力已进攻至怀来，14 军一度攻入门头沟地区的千军台、昌平地区的镇边城等地，成功切断了坂垣征四郎指挥的第 5 师团的后路，北平已近在咫尺。位于天津的日军司令官香月清司急忙调兵阻挡，严重打乱了日军进攻中原的部署。8 月底，由于张北方面战败，驻守南口的 13 军开始撤退，13 军继续进攻已失去战略目标，因此我爷爷率第 14 集团军原路撤退河北，入山西参加忻口战役。

忻口是太原以北的最后一个关口，历来为兵家必争之地。10月11日，忻口战役正式打响。此次战役由我爷爷任第二战区前敌总指挥，所部郝梦龄第9军、李默庵第14军、刘茂恩第15军、孙楚第33军、杨澄源第34军、傅作义第35军、陈长捷第61军、孙蔚如第38军各一部，川军第22集团军、陕军第41军529旅，部分豫军、冀军，以及炮兵、骑兵和空军等，近百团18万之众，与坂垣征四郎指挥的日军第5师团和第2、第3、第109师团、关东军等一部共5万余人，在绵延50余里的战线上，进行了长达23天的攻势防御作战。

10月13日上午8时许，敌人集中5000余兵力，出动50余辆坦克、装甲车，40余门大炮，在20余架飞机的掩护下，集中兵力向中央兵团南怀化阵地发起猛攻，企图从中间突破，一举攻下忻口守军主阵地。大炮猛烈轰击，坦克纵横冲击，飞机轮番轰炸，战场硝烟四起，黄尘蔽日，血肉横飞。激战至10时许，南怀化阵地一部被摧毁，守军伤亡殆尽，日军乘机向纵深发展，攻占了1300高地。战斗异常惨烈。同日，忻口战役中央兵团前敌总指挥、第9军军长郝梦龄，第54师师长刘家麒，独立第5旅旅长郑廷珍先后壮烈殉国。团长以下官兵伤亡五六千人，战斗之烈、赴义之壮，足以惊天地而泣鬼神。

三位将军同日殉国，郝梦龄更是抗战全面爆发后中国军队牺牲的第一位军长，噩耗传来，举国震惊。蒋介石、毛泽东代表国共双方分别发表祭文，同声哀悼为国捐躯的郝梦龄、刘家麒、郑廷珍等两万余名阵亡将士。

◇ 1938年，朱德和卫立煌在山西垣曲。

由共产党领导的八路军，在朱德总司令、彭德怀副总司令指挥下，率林彪、聂荣臻所部115师和刘伯承、徐向前所部129师，以机动灵活的游击战术，截断日军交通运输线，钳制敌方增援部队，并成功实施了平型关伏击战、雁门关伏击战、夜袭阳明堡机场等战斗，为配合忻口正面战场作战发挥了重要作用。

忻口战役后期，由于娘子关方向被日军突破，我爷爷率部被迫主动撤退。忻口战役是抗战初期华北地区规模最大、历时最久、战斗最烈、对日本侵略者打击最重的一次战役，与淞沪会战、徐州会战、武汉会战并称抗战初期的四大战役。

二、坚守黄河，出战滇北

1938年2月，爷爷任第二战区副司令，不久即访问延安，是第一个到达延安访问的国民党高级将领。爷爷对抗日的八路军一视同仁，为支持八路军抗日，在武器装备、军需物资等方面给予了大力支援。1939年1月，爷爷任第一战区司令长官，并晋升陆军二级上将，9月兼任河南省政府主席，1940年兼冀察战区总司令。他自担任第一战区司令长官开始，率国民党军与八路军连续四年在黄河一线共同抗日，日军曾先后十数次进犯中条山，均被一一击退。日军屡攻不破，被牢牢阻隔在黄河以北，因此日军称中条山防线是他们的“肠梗阻”。八路军驻陕办事处党代表林伯渠曾亲笔写给我爷爷一句话：“黄河保卫华北，先生保卫黄河”。

1943年11月，爷爷出任中国远征军司令长官，指挥数十万远征军一举击溃滇西和中缅边境日军，打通滇缅公路，保证援华抗日物资源源抵达中国，保住了抗日生命线。开战前，爷爷一到云南即着手做各种战略准备。他多次亲自拜访龙云以及相关地区政要、土司，与他们建立起很好的互信关系，为日后获得云南百姓对滇西战争的支持打下了基础。他将远征军司令长官部从原来所在的楚雄搬至离前线更近的保山。虽然危险增加了，但视察前线、指挥作战、通讯联络更方便了，也较大程度地鼓舞了士兵士气。他狠抓部队训练，经常亲自下连队视察训练情况，对美军顾问团的教授和士兵的学习都提出严格的要求。他非常重视部队的团结和整体作战能力问题，对嫡系部队排挤非嫡系部队、克扣非嫡系部队武器分配等情况严加整肃，绝不允许任何人削弱部队整体战斗实力。他也不是一个喜欢坐在家里指挥战斗的将军，他经常下前线视察布防情况，甚至关注前线士兵的身体健康问题（如亲自向美军军医请教如何防瘴气等）。由于配备了先进的美式武器装备，开展了高质量的军事训练，部队思想统一，复仇、求胜心切，因此部队的总体作战能力和水平有了很大提升。作为一个高级指挥官，他恪尽职守，力尽所能，为滇西抗战、乃至接下来的松山战役作了充分的部署准备。

松山战役可以说是滇西抗战中打得最艰苦的一次战斗，军史上有人称它是世界上海拔最高的战争。松山地处惠通桥以西的高黎贡山丛中，是战略要地。日军在上面修建了非常坚固的防御工事，准备长期扼守。由于是咽喉之地，中国军队必须拿下松山，否则无法打通滇缅公路。松山战役打响后，爷爷时刻关注松山战况，及时作出战略部署，他曾冒着枪林弹雨亲自到松山前线视察，现场研究作战，鼓舞士气。

战斗中，攻击部队从山下一点一点往上打，又恰逢云南的雨季，敌人既隐蔽又顽固，因此打得异常艰难困苦，死伤十分惨重。但中国士兵非常英勇顽强，流血牺牲没有消磨掉他们的意志，没能阻挡住他们前进的步伐。当中国军队推进到上面时，才发现日军早已筑成的坚固防御工事，硬攻是不现实的了，必须改变战术。最后，第 8 军想出了坑道爆破的办法，一举拿下了松山，打开了滇缅路上的一个死结，终于赶在国耻日前向全国人民交了一份合格答卷。

归纳起来，远征军攻打松山，战术上主要有以下几个特点：

一是云南百姓的支持。高山丛林作战，运送弹药、给养有时候卡车是不管用的，云南人民就用人力、用骡马，冒着随时有被炮火打中的危险往前线运送弹药、给养等，还帮助救治伤员。

二是武器装备先进。远征军配备了美式先进作战武器。各军配属了炮团，配备了火焰喷射器等先进、有效的武器，有利于打击坚固防御工事；TNT 炸药得到充分配给、利用。

三是战术得当。不能仅以占领制高点为目标，须攻克堡垒，全歼守敌。具体方法是：采取限制目标攻击法，逐步攻略，避免一举突贯；以占领高地棱线为满足，绝对禁止突下反斜面，以免被袭；以有力之兵占领敌工一中，逐步严密肃敌；必以炮火先行破坏敌堡。进攻重点仍是滚龙坡，再逐步推进。推进山炮于最近距离，集中一点续发，迫敌下行，我方再封堵、喷火。

此次战役，以热血换来的松山胜利，极大地鼓舞了国人抗战到底的士气。

（本文作者：卫立煌之孙，中国出口信用保险公司资产管理事业部副总经理）

李根源在滇西抗战中

◇李成宁

李根源【1879 ~ 1965】

字印泉，又字养溪、雪生，别署高黎贡山人，生于云南腾冲。上将军衔。早年留学日本，1905 年同盟会成立，即入盟。1909 年日本陆军士官学校毕业后，回到云南，任云南讲武堂总办（校长）。1911 年，为响应武昌起义，参与和领导了云南重九起义，后任云南军政府军政部总长兼参议院院长、迤西国民军总司令。此后，参加了“二次革命”“护国运动”“护法斗争”，曾任护国军军务院副都参谋、陕西省长、驻粤滇军总司令，北洋政府航空督办、农商总长，兼署国务总理等职。

新中国成立后，历任西南军政委员会委员、西南行政委员会委员、全国政协委员等职。1965 年病逝于北京。

滇西抗战是中国全民族抗日战争的重要组成部分。从1942年5月日本侵略者侵占我国云南怒江起，到1945年1月中国军队收复畹町、日军被完全逐出滇西为止的两年零八个月的时间里，时任国民政府云贵监察使的国民党元老李根源，为团结抗战奔走呼号，凝聚民心士气，加强军民团结，同仇敌忾斗争到底，为滇西抗战作出了杰出贡献。

1923年，我的祖父李根源因反对曹锟贿选，愤然辞职，举家由上海搬到苏州。祖父虽息隐苏州吴县，但他始终不忘国家民族的利益。九一八事变前，于右任先生来苏州小王山看望他，两人诗作唱和。于右任有“难为名士兼名将，卸甲归来老泪多”之句赠与我祖父，以此抒怀挚友之间“江南苦念家山破”的爱国之情。

1937年11月，日军迫近苏州，离祖父居住的小王山仅15公里，一水可达，情况万分危急。工兵总指挥马晋三驶车接我祖父脱离危城。祖父挥泪登上马晋三的汽车，离开了他隐居14年的苏州。

他乘车经无锡过南京至武汉。抵武汉后，即通过八路军驻武汉办事处，与朱德取得联系。由中国共产党主办的《新华日报》在汉口创刊，应董必武之邀，祖父为《新华日报》创刊号题“明耻教战”四字。

1938年8月22日，祖父回到云南。1939年10月，国民政府任命他为云贵监察使。云贵监察使是云南、贵州的最高监察机关的行政长官，权力很大。祖父到任后，标出“三不主义”，即“不请客、不作客、不拜客”。他先后在云南省党部、昆明军官学校、中央军官分校、云南省军官学校作长篇演讲。祖父的一系列讲话，贯穿着一个中心思想，就是要发挥“中国的精神”“云南人的精神”，不屈不挠地去拼死、去战斗，这样，抗战胜利就一定属于我们。

1942年5月，日军侵入滇西，滇西抗战爆发。那时祖父已63岁，且卧病在榻。当他得知自己的家乡腾冲沦陷，整个滇西危在旦夕，重庆军委会有放弃怒江退守澜沧江的意图，更是焦急得寝食难安。他立即电告重庆军委会，力陈坚守或放弃怒江防线之利弊，请求赴前线杀敌。1942年5月9日，祖父亲拟电报致蒋介石："委员长钧鉴：滇西边境情势日急，根源本在病中，目击手摇，不敢惜此微躯，拟即前往保山，补助宋总司令及联络地方作战，为国为乡，均所心安。随行带有医生，请释廑念。俟返，再入都晋谒。仅此电呈，伏乞训示。束装待命，敬叩钧安。李根源佳印。中华民国三十一年五月九日午时"。同时三次向监察院院长于右任请求赴前线襄助军务。

5月下旬，祖父的请求得到了蒋介石的批准。5月24日病中的祖父告别昆明亲友，前往滇西保山。临行前他口占一绝："西徼风波正可惊，要凭宝剑斩长鲸。老夫冒险生来惯，总向人间难处行。"祖父沿途向民众宣传抗日救国的道理，并以"天下兴亡、匹夫有责"来唤醒和激励人民抗日。

5月30日，祖父来到保山，第11集团军总司令宋希濂和参谋长肖毅肃、马崇六（马晋三，工兵司令）等到距保山12公里处的板桥镇迎接。次日清晨，他便冒雨视察保山城。当时的保山城秩序十分混乱，城区一片瓦砾，尸体遍野，鼠疫流行，人心惶惶。眼前这片国破家亡、惨不忍睹的景象，激起了祖父对日本侵略者以及祸国殃民的军政官员的无比憎恨，也更加坚定了他发动滇西军民誓死抗战的决心。

滇西抗战千头万绪，祖父认为最关键的还是要彻底打消重庆军委会放弃怒江防线、退守澜沧江的念头。

6月2日夜，日军300余人强渡怒江，妄图摧毁怒江防线攻占保山。情况十分危急。远征军参谋团团长林蔚派人请我祖父速离保山，祖父表示："誓与永昌（保山）共存亡，不可去，不能去！"并决心在危急时蹈潭殉国。第二天清早，宋希濂亲自到我祖父住处，劝说他尽快离开保山。祖父再次坚定表示要留守保山，与保山军民同生共死。并引用林则徐的一副对联："苟利国家生死以，岂因祸福避趋之"，以明志。我祖父还借机再次向宋希濂说明："保卫云南须先保卫滇西，而保卫滇西，须扼住潞江保住保山。”亲临滇西前线的宋希濂也深知怒江和保山战略地位的重要，看法与我祖父英雄所见略同。祖父在给重庆军委会的一次电文中言：“源于陷日抵保，已与蔚文先生及宋总司令迭次接谈，窃以保山为滇西门户，而怒江为边疆要隘，舍此不守，势必震撼全滇，影响全局。以宋集团苦战之三师，恐难作顽强之抵抗，源意似应续增三师于保山附近，更以一师控制祥云，以防敌由滚弄方面进犯，源以居近战地，见闻较切，敢供刍荛，用供采纳……”由于我祖父和宋希濂多次电告重庆军委会表明他们的看法，终于使重庆军事当局打消了放弃怒江防线的打算，并采纳了他们的建议。

通过在保山的实地调查和研究，祖父还意识到能否改善军民关系和发动全民抗战，是军队能否在保山站稳脚跟、固守怒江防线，从而尽快实现大反攻的关键。他把调查到的问题告诉宋希濂，宋希濂也深有同感。他迅速部署了多项措施，包括：整肃军纪；命令各部队在所驻村寨为军民进行环境扫除和隔离工作；派出大批军医给百姓注射防疫针。

经过一个多月军民的共同努力，保山的瘟疫得到控制，保山一带秩序混乱、政权瘫痪、军民关系紧张的局面发生了根本变化。各级抗日政权及抗日群众组织纷纷成立，县政府各机关开始正常办公，躲避到农村的居民重新返城；商人开市、学生复课、居民安心、军人守纪。抗日歌声四处回荡，到处呈现一派军队爱护民众、民众帮助军队，军民团结抗战的动人景象。

为了进一步加强军民团结，我祖父和宋希濂商定于6月5日、6日，在保山金鸡村召开军民大会，各方代表共计300余人参会，宋希濂等将领也出席了会议。这是一次很重要的滇西抗战动员会，祖父在大会上作了慷慨激昂的发言和动员，金鸡村会议后他又发表了著名的《告滇西父老书》。

这时，祖父突然获悉，女婿杨毓华（腾冲大同医院院长，兼任县立卫生院院长，年仅30岁）在抗击日寇的斗争中壮烈牺牲，他悲痛万分。蒋介石闻之特发唁电给我祖父，唁电云：“保山宋总司令转李监察使印泉先生：令婿腾冲卫生院院长杨毓华死难曲石，青年殉国至堪悼惜，特电唁慰。”

1942年6月30日，在保山郎义村后山圆光寺召开军事会议。到会者有：第11集团军总司令宋希濂（大会主席）、副总司令张轸、参谋长车蕃如、陶晋初，71 军军长钟彬，副军长陈明仁，参谋长周长椿，师长李志鹏、顾葆裕、刘伯龙、胡嘉骥，高参董重苞、欧阳春圃，兵站分监李国源以及上校以上军官。祖父在会上勉励大家再接再厉，夺取胜利，并指出是因第 71 军固守怒江，阻止日军东进，滇西战局才由危转安。会议结束后，祖父说："士气振奋，精神焕发，可慰也。"

滇西是云南多民族聚居区。这一带的 20 多家土司所辖人口约占沦陷区总人口的三分之二，若能团结他们抗日，滇西的抗日力量将会更加壮大。祖父便凭借着他在土司中的声望，通电或函告边地的这些土司，嘱其服从政府命令，追随国民党军队，誓死抗敌。各土司皆以爱国为重，先后复函或派代表与我祖父汇报、联系。祖父将情况上报，并亲书"为国干城"四字制匾，由专人送赠各土司。蒋介石获悉我祖父团结土司抗战的情况后，很是高兴，他在给我祖父的电文中，对其功绩给予了很高评价："边民内向，土司归诚，实施祖训，协助抗战，此皆先生德望所感，抚怀得宜所致，良用钦佩，尚希对于输城报国各土司，尽数代为抚慰为要。"

1942 年 5 月 27 日，中国远征军第 5 军第 200 师师长戴安澜，在缅北撤退时壮烈殉国。当灵柩经过保山县瓦窑时，我祖父与宋希濂亲自前往祭奠，并通电各县，当灵柩过境时，定要举行公祭，以勉忠魂，以固歼灭日寇之决心。电文说："云南迤西各电报局速转送云龙、永平、漾濞、大理、凤仪、祥云、镇南、楚雄、禄丰、安宁各县长鉴：第 5 军第 200 师师长戴公安澜，字海鸥，安徽无为人。此次入缅远征，血战殊域，东瓜一役，声震寰宇，威棱方历，白马不返，于 5 月 27 日在勒蜜阵亡。今戴公灵榇已过曹涧。6 月 28 日奉安东下。软车所经，希我各县县长，各县父老，统率地方全体民众，及学生团队，敬谨郊迎公祭。忠烈既越于前史；哀恸宜异乎故常。赍饰所及，凡百从厚。并望忠诚感动，蕴结于中。发扬蹈历，奋我同仇；使我中华威灵，熠而复耀，恢我缅疆，歼此倭寇，庶可慰忠魂毅魄于地也。李根源印。"

滇西前线稳定后，祖父于 7 月 3 日离别保山去大理。民众闻讯，相约送行。板格至白庙这段路上，挤满送行的人群，祖父步行与群众依依告别。

祖父到大理后，向宋希濂提出四点建议：（1）成立滇西军事干部学校，培养抗战军事人才；（2）团结西南边疆土司，加强抗战力量；（3）设法拯救陷于敌寇之手的腾龙地方清流；（4）设法抢运腾商物资，以免资敌。四条建议正合宋希濂之意，故均被采纳，特别是成立军事干部学校事，很快就办理了。1942年8月“滇西干训团”正式开学，由蒋介石兼任团长，龙云和我祖父任副团长，宋希濂任教育长。

祖父与宋希濂还在大理创办了《滇西日报》。这个报纸创刊于1942年8月13号，对宣传抗日起了积极作用。

1943年2月，蒋介石电召我祖父到重庆述职。3月15日，他到重庆不久，蒋介石在官邸设宴，约五院院长、部长作陪，为我祖父接风洗尘。祖父在重庆之日，受到老友于右任、周钟岳、冯玉祥、张一麟、居正、张继、沈钧儒、杨杰等的欢迎。老友相见，格外兴奋。虽然这时正是抗日战争最艰难时期，但大家对最后打败日寇充满必胜信心。

1944年底，滇西反攻胜利，将日寇彻底赶出了畹町国门，1945年1月27日滇西远征军和中国驻印度军队会师于芒友。

滇西抗战取得了重大胜利，祖父关心滇西事务甚切，遂向蒋介石提出回滇处理善后，获得批准。

为了纪念滇西抗战，缅怀先烈，揭露日寇侵略的滔天罪行，1944年11月在腾冲、龙陵光复后，祖父即致函卫立煌，给死难的英烈修墓、建碑。祖父这一想法，得到卫立煌和第20集团军总司令霍揆彰全力支持。1945年3月，祖父由重庆回到腾冲，亲临主持由腾冲各界成立的纪念阵亡将士建设委员会会议，会议推选霍揆彰为主任委员，祖父为副主任委员，墓地选定在腾冲近郊小团坡。

◇朱德会见恩师李根源将军

1945年七七抗战八周年纪念日，全中国最早建成且规模宏大的抗日烈士陵园——腾冲国殇墓园全部竣工。祖父在纪念和公祭大会上，作了充满深情的发言。并赋诗一首：“八年浴血抗天骄，杀气如云万丈高。写就一篇新战史，留得百世告同胞”。这首七律反映出祖父在滇西抗战胜利时喜悦之情和对英勇牺牲的烈士的深切怀念。国殇墓园的落成不仅抚慰了烈士的英魂以及他们的家属，对正在与日本侵略者作最后斗争的全国军民也是极大的鼓舞。

（本文作者：李根源之孙，中国人民大学退休干部）

乔树人支援八路军抗战的故事

◇乔一勤

乔树人【1898～1969】

又名乔茂材，四川北川县人。1925年毕业于黄埔军校第三期，毕业后留黄埔军校政治部宣传科工作。1925年春加入中国共产党，同年6月参加农讲所第六期学习，毕业后继续回校任政治部指导股股长。后受组织派遣四川从事军运，又参与刘伯承领导的泸顺起义。起义失败后，在遭受挫折，没找到组织的困难境况时，产生动摇而退出共产党。后重新加入国民党。1937年毕业于南京陆军大学第二期特别班。1937年秋，任第18集团军（八路军）总司令部少将高级联络参谋。后调军令部任补训署三十一补训处少将处长、潼蓬师管区少将司令。抗战胜利后，先后任江油、彰明县特委会主任委员，邮检员，反共治安委员会主任委员，江、彰、平、北、松山防总队设计员等职。

新中国成立后，先后任江油县各界人民代表会常委、副主任委员，各界人士土改参观团副团长等职务。1951 年，被调任为江油县第一中学语文教员。1959 年被错定为反革命分子。“文革”期间遭迫害，1969 年病逝。1979 年平反。

毕业于黄埔三期的乔树人在抗战初期奉命到八路军总司令部任少将高级联络参谋，在与朱德、彭德怀等高级将领和八路军将士相处中深受感染和教益，用实际行动支持八路军抗日救国。在抗大四期毕业典礼上，他发表满腔热情的演讲："十年前国民党共产党的血流在一起，汗流在一起，打倒军阀；今天我们要把国民党共产党的血流在一起，去打倒日本帝国主义，所以各位要记住，我们要精诚团结，抗战到底……"

抗日战争全面爆发后，我的父亲乔树人于1937年秋受国民政府军令部派遣到第18集团军（八路军）总司令部任少将高级联络参谋，传达抗战方略，争取抗战胜利。赴任途中，他出于精诚合作、共赴国难的一腔激情写下了《黄河晚渡》一诗。

抗日请缨胆气豪，胸藏韬略腰横刀。
晓行南岳千层雪，晚渡黄河万顷涛。
风雨同舟思共济，疆场效命不辞劳。
丹心一片随明月，不战楼兰气不消。

父亲到了山西洪洞八路军总部后，受到朱德总司令的诚挚相待。他见朱总司令态度诚恳，生活俭朴，日夜操劳军务，且同士兵同甘共苦，深受感动。与朱德总司令、彭德怀副总司令、左权参谋长等八路军高级将领朝夕相处，受到不少教益。

八路军总部移驻沁县道经良马镇，正值日军烧杀之后，见断壁残垣，尸横遍野，遇难同胞断胫折臂，剖腹挖心之惨状，父亲立马痴立，不禁泪如涌泉，深悉覆巢之下无完卵，更坚定了他国共合作、抗日救国、同仇敌忾的意志和决心。他奋笔疾书写下了《过良马镇》一诗：

尸横遍野血模糊，立马停看泪眼枯。

数处村庄成瓦砾，几家妇孺断头颅。

国仇未报心常碎，民愤不平气难舒。

天下兴亡人有责，同心协力灭倭奴。

在八路军总部，我父亲与朱德总司令交往密切，友谊深厚。他亲眼见八路军在极艰苦条件下英勇抗日，深悉中国共产党以民族利益为重，合作抗日的坦诚，由衷地敬佩和信赖。父亲给军事委员会军令部的电稿，发文前均交朱总司令或左权参谋长看阅后，再用八路军的电台发文；八路军的重要文件也交我父亲看阅，家中现保留有朱总司令给我父亲的两封亲笔信。其一：

树人同志：

缴获日军对华作战秘本已译出，请兄校阅一次，以便付印。

朱德

其二：

树人兄：

兹送来129师获得敌人信件摘译一件，阅后请置还。

此致

革命敬礼

朱德十日十时

1938年3月24日，我父亲与朱德总司令、彭德怀副总司令一道参加东路军高级将领军事会议，共商团结抗日大事，与朱总司令、彭德怀副总司令等联名致电蒋介石，电报全文如下：

委座钧鉴，为坚持华北抗战，争取全国抗战之最后胜利，职等于本月二十四日召开东路军高级将领军事会议，谨遵委座不准一兵一卒渡河之意旨，讨论有关目前山西抗战一切问题，聚首一堂，互换经验，充分表现亲密团结之精神，愈益巩固最后胜利之信心，到会将领均表示坚决在钧座领导之下扫灭倭寇、还我河山。部署情形另电呈阅职朱德、彭德怀、曾万钟、朱怀冰、乔茂材及到会将领等叩俭。

该电文由国民革命第八军武汉办事处叶剑英主任抄呈。原件存北京中国革命军事博物馆。

父亲见八路军指战员斗志昂扬，在极为艰苦条件下深入敌后，发动群众，英勇善战屡挫顽敌之锐气，坚信八路军是抗战中坚力量和抗战胜利的希望。但同时也考虑到八路军装备差，械弹缺乏，确实需要补充。他便自告奋勇向朱德总司令请示，愿亲自前往武汉国民政府军令部为八路军领取战械，朱总司令很高兴地接受了，并嘱我父亲带去一厚册日寇在华北烧杀抢掠、人民遭受苦难的惨状照片。父亲受命后日夜兼程地赶赴武汉，见到蒋介石和军令部长何应钦。我父亲先把朱德总司令嘱带的照片册呈给他们看，那一幕幕令人摧肝裂胆、发指冲冠的惨景，同时他还报告八路军在平型关长乐村英勇抗战、杀敌致胜的经过，并反复陈述非团结不能抗战、非补充不能杀敌，言时声泪俱下，终于打动了蒋介石，批准发给步枪子弹100万发，平射炮6门，由我父亲亲自领取，在八路军驻武汉办事处的协助下亲自押送到黄河渡口，送交八路军总部派来接运弹械的同志，圆满完成朱总司令交给他的任务，为抗日民族统一战线的巩固作了有益的工作。

◇ 1938年3月，在山西沁县小东岭召开东路军高级将领军事会议。会议期间，国共两党参会人员合影。

1938年秋，我父亲交清械弹后，就去延安晋见毛泽东主席，与毛泽东主席长谈数小时，敬聆毛主席讲述抗日持久战和巩固抗日民族统一战线的问题。毛主席的高瞻远瞩，使我父亲更坚信只有在国共两党密切合作的基础上，建立全国各党派各界各军的抗日民族统一战线，精诚团结，共赴国难，才能争取抗日战争的最后胜利。

在抗大第四期毕业典礼上，我父亲作为军事委员会来宾，应毛泽东、朱德等领导人邀请发表演讲。父亲讲道，“十年前国民党共产党的血流在一起，汗流在一起，打倒军阀；今天我们要把国民党共产党的血流在一起，去打倒日本帝国主义，所以各位要记住，我们要精诚团结，抗战到底！各位同志要记住毛泽东常常向我们说的话：只有团结一切力量才能抗战，才能战胜敌人……”

（本文作者：乔树人之子，四川省江油市长城特钢退休工程师）

陈颐鼎从八一三松淞会战到衢州保卫战等几次战斗经历

◇陈万忠

陈颐鼎【1906 ~ 1995.1】

字又新，江苏宿迁人。黄埔军校第三期，毕业后在北伐军中任过连长、营长、团长，参加过棉湖、南昌等战役。

抗日战争爆发后，1932 年 1 月调任国民党第 87 师参谋处中校参谋，后任第 87 师第 261 旅第 521 团上校团长、陆军步兵中校、陆军步兵上校。1937 年 12 月，担任国民党第 87 师 261 旅少将旅长，参加南京保卫战。后任第 87 师少将副师长兼第 261 旅旅长、第 67 师（师辖三团）少将师长、第 86 军少将副军长、第 70 军少将副军长等职。1945 年，时任国民党第 70 军军长的陈颐鼎率部跨越海峡从日军手中接收台湾。

新中国成立后，在南京军事学院任教，先后担任江苏省政协常委、江苏省政府参事室副主任、江苏黄埔军校同学会会长等职务。

1995 年，在江苏南京病逝。

抗战名将陈颐鼎几乎参加了抗战时期所有大的会战，始终出生入死在抗日最前线。八一三淞沪会战中，他执行“铁拳计划”立功受奖。南京保卫战中，他指挥了最惨烈的光华门之战。武汉会战中，他率部攻占仪封寨，反攻兰封城……特别是在衢州保卫战中，他机智勇敢地带队冒充敌军，混出日军的包围圈，保存了有生力量。

我的父亲陈颐鼎曾率部参加了上海“一·二八”“八一三”、南京保卫战、徐州、武汉、湘北会战及皖南、浙赣线、湘北、福州、厦门等地对日作战。打击了日本侵略者，为抗日战争的胜利作出了贡献，并于1945年10月率70军去台湾参加接受日本投降工作。八年全国抗战间，父亲始终出生入死战斗在抗日最前线，从士兵到将军，一步一血印，不愧为一个革命军人。

一、率部参加八一三淞沪会战

1937年全国抗战爆发后，我父亲时任国民革命军87师261旅521团上校团长。

8月11日，87师在苏州、常熟地区征用300多辆汽车，连夜开赴上海。87师曾作为机动作战摩托化运输的战术试验单位，多次进行过运用摩托化车辆实施远距离机动的训练，所以此次进军上海，87师能够迅速利用就地征集的车辆实施运输，组织有序、迅捷。这也是中国军事史上首次进行的师级单位摩托化运输。

12日天将破晓，父亲率521团赶到蕴藻浜火车站，吴淞镇待命。13日凌晨3点多钟，八一三淞沪会战爆发。吴淞镇是日军炮火集中攻击的目标，刹那间吴淞镇和同济大学一片火海。为了更加有效地打击日军，第九集团军总司令张治中在德国顾问的帮助下制订了“铁拳计划”。挑选有作战经验的官兵组成突击队，配属各种近战武器，并有强大炮火掩护，力争一举突破日军防线，然后不顾一切地持续深入突进，其目的不在于夺取敌据点和杀伤敌人，而是以持续不断的推进来破坏敌军阵地的稳定，造成不利于日军的态势，为主力部队大量歼灭敌人创造条件。这一先进战术思想正是日后德国在二战中大显神威的“闪击战”的精髓。于是由 87 师、36 师各抽调一个团组成突击队，我父亲的 521 团以两个轻装步兵营、一个 37 毫米加农平射炮连、一个工兵爆破连、一个通讯班组成突击队，每个连营长都配备有步话机一架，士兵携带两日干粮，向北四川路日军心脏地区进攻。遇到敌人火力猛烈封锁时，穿墙破壁，或在房上架桥通过，力求快速接近敌人主要据点，一举攻克。

17 日拂晓，突击队开始行动，逐屋逐室与日军白刃拼搏，连续打下地堡十余个，迫使残敌龟缩在大据点内不敢露头。突击队每攻入一处都将街道门牌号拆下，作为攻入地点的凭证。父亲带领 521 团第一营挺进到黄浦江边汇山码头，烧毁日军仓库一座，并受到总司令张治中通令嘉奖。战斗打响后，521 团像一把钢刀直插日军心脏，能把日军重要据点围困起来，挺进至黄埔江岸，在很大程度上得力于事先准备得比较充分。中日开战之前，87 师就安排连排长以上军官，身着便装，分批潜入上海市区进行实地侦察，对日军所建地堡、街垒，按自右至左的顺序统一编号，标示在五千分之一的地图上。每个据点的通道、射向、兵力，可能配置的武器，均另册登记。除呈报上级外，每个步兵团印发一本备用。

连续突击三天，突击队伤亡很大，同时又缺少攻坚武器，没有穿甲弹，枪弹打到钢筋混凝土工事上，仅现一点弹痕。特别是在公大纱厂，中国军队的武器太差，用血肉拼搏、用炸药包，啃不动日军重点工事。日军用坚固的障碍物阻塞每一通道，并用装甲车作为活动碉堡，防御部署几乎无懈可击，于是上级无奈放弃了“铁拳计划”。521 团转移到蕴藻浜车站西侧的黑桥宅、陆家桥宅至蕴藻浜一线设防。

时间进入10月份，在激战的50余天里，由于父亲身先士卒、敢打敢拼，率部消灭大量日军，战绩显赫，并接任了第261旅旅长职位。日军为了控制大场、南翔，以断闸北、江湾、庙行中央军的归路，向蕴藻浜发动了强大的攻势，不顾一切向其猛扑。10月11日，日军突破了蕴藻浜阵地，大场方面吃紧，261旅奉命增援。经过2个月的激战，部队已经进行了四次补充，且有一支武装齐全的保安团开来补充261旅。当时大场正东阵地被日军突破，情况紧急。保安团全体将士抗战激情高涨，要求立即投入战斗。父亲命该团向日军猛烈冲击，官兵个个奋勇争先，几经肉搏，终于夺回阵地，但全团1300余人，仅存400人。

10月26日，日军占领大场。18师师长朱耀华因大场失守而悲愤自戕。战斗越来越激烈了，87师撤到苏州河南岸。261旅以北新泾为中心，沿河据守。日军多次强渡苏州河，均被我旅击退。11月初，日军集中火炮、飞机，沿河滥施轰炸，弹如雨下，日军步兵又一次强渡苏州河。父亲冲出指挥所跑到前沿阵地，用重机枪向日军猛烈扫射，战况非常惨烈，部队打退了日军这次疯狂的强渡。

87师自8月13日开战到11月9日撤出上海整整三个月，无日不战，其间补充兵力四次，每次二三千人，共伤亡官兵1.6万多人。激战中，团旅长都亲临第一线与士兵并肩作战，全师官兵士气始终旺盛，浴血奋战三个月，以巨大的牺牲打破了日军速战速决的迷梦，写下了抗战史上可歌可泣的一页。由于11月上旬日军以两个师团兵力在杭州湾金山卫登陆，切断了沪杭线，陷松江趋青浦，妄想全歼上海中国军队有力力量，于是蒋介石命令开始从上海大撤退。撤退命令下达后，各军仓皇溃退，加以敌机追逐轰炸，数十万大军拥挤在沿铁路线的公路上，人马践踏，秩序极为混乱。87师是从南翔沿着公路向昆山城后撤，在离昆山不远处，遭到敌机轰炸。一时间，炸死官兵100多人，鲜血染红了路面，令人惨不忍睹！当261旅撤至苏州大学时，大家都预想在此还有一搏，后得知命令继续后撤。原先87师在吴福线所建的国防工事，预设利用这些坚固的工事逐次防御的计划全部落空时，许多官兵捶胸顿足大哭，他们在这里进行了两年多的国防工事构筑，对这里的一草一木具有深厚的感情。

261 旅 11 月中上旬撤至镇江，87 师随后进行了休整，将原补充旅改为 260 旅，和原所属的 259 旅、261 旅，三个旅共同组成 87 师。71 军军长王敬久不再兼任 87 师师长，由沈发藻任师长。父亲任 87 师副师长兼 261 旅旅长，并担任镇江警备司令。87 师 259、260 两旅先行赴南京，261 旅留守镇江。

二、悲壮的南京保卫战

1937 年 12 月初，镇江外围战斗打响了。6 日部队换防，261 旅赶赴南京参加“南京保卫战”，在下蜀车站列车往返三次才将部队运完。部队在尧化门车站集中后步行前进。8 日拂晓，全旅官兵 3000 多人到达南京东郊，当时指示，唐德的 521 团在中央体育场待命、郑国选的 522 团在钟灵街待命，261 旅部设在四方城。刚刚整顿下来，忽然听 521 团方向有枪声，司号长来报日军把 521 团一个正在做饭的炊事兵抓走了。我父亲立刻到孝陵卫东侧高地用望远镜一看，对面队伍果真全是日军。他立即将 522 团展开在白骨坟、孩子里一线阵地。第 521 团后撤到遗族学校东侧一带高地，阻止日军沿宁杭公路直扑中央门。中山门外的战斗由此展开。日军飞机轮番轰炸，地面部队不断向白骨坟、工兵学校冲击。261 旅 522 团坚守阵地，打退日军三次进攻。

从阵地中敌人尸体上发现，进攻部队是日军 16 师团。12 月 10 日，南京城廓阵地经日军两天狂轰乱炸，许多阵地被炸平。光华门两侧城墙被炮火击开两个缺口。午后，日军一部在坦克掩护下，突破了 87 师 259 旅阵地，一股 500 人左右的日军在密集火力掩护下突入光华门城门纵深 100 多米，占据街道两侧房屋作为据点，掩护后续部队扩大战果，情况十分危急。为此，唐生智在电话中严厉斥责王敬久。于是，王敬久命令 259 旅旅长易安华和我父亲一定要把突入之敌消灭掉，恢复原阵地，完不成任务拿头来见。王敬久军长从没有下过如此严厉的命令。于是，我父亲和易安华旅长商定趁日军立足未稳，黄昏后开始行动。由易安华亲率一个加强团在通济门外东北方向进攻侵入光华门之敌。父亲亲率两个加强营，由清凉巷、天堂村方向夹击突入光华门的日军背后，并阻止小石山附近日军增援。攻击行动开始，261旅参谋主任倪国鼎见战况十分紧急，上级的命令又是如此之严厉，主动要求跟随我父亲一同行动。经过3个小时浴血奋战，终于将这股属于日本第9师团的日军全部歼灭。但易安华、倪国鼎都牺牲在这一反击战中。倪国鼎在紧急关头，主动出战，我父亲为失去一位好助手感到十分难过。这场恶战是南京保卫战最激烈的一仗，牺牲的人们应永为后人所怀念。

12月11日，正面日军16师团再次组织对261旅工兵学校阵地的争夺，所有阵地前沿防御设施都被炮火摧毁殆尽，而我阵地始终屹立未动。这几天的战斗最大困难是伤员送不出去，占据老冰厂高地的敌人，火力封锁了去光华门的交通，守城部队不同城外部队协调沟通，就擅自将城门和被日军炮火击开的两个缺口全部堵死，不留任何通道。守城部队既没有增援外围阵地的打算，也没有在必要时将部队撤至城垣阵地的考虑。正是上述这种情况的存在，所以防御阵地一点被突破就导致全线瓦解。这是一次指挥混乱，计划不周，准备不足，各部队不协同的仓促作战，何况又使用在8月13日撤退下来的疲惫之师来守南京，输局越演越劣。通道完全被堵塞，这样不仅伤兵不能运送，连接城内所有电话线也就此中断。更不可理解的和让人气愤的是，当日军向工兵学校阵地猛烈攻击时，中山门外路北有友军普福斯山炮12门，整齐地排列在路边，他们竟然拒绝我父亲的求援。我父亲说部队打仗，仗前要计划，仗时是怎样下达命令，为什么要下达这些命令，命令下达后实施情况，仗后都要总结详报。像这种拒绝求援的行为，战后一定是要受到惩罚的。但是奇怪的很，南京保卫战过后，没有任何人受到任何处罚。

12月12日，261旅正面日军活动较为沉寂，只听到雨花台方向枪炮声比较激烈，下午3点钟无线电联系也中断了。入夜后联络官来报告，广东部队叶肇部队出太平门往东北方向去了。教导总队马威龙旅也向铁路方面靠去，我父亲在四方城指挥所瞭望城内三处大火黑烟冲天，中山门到光华门左侧也没有守军身影。父亲判定战局必有变化，13日凌晨派出去侦查的副旅长孙天放回来汇报，南京已经不守，所有部队纷纷向下关撤退。但守土有责，没有撤退命令，全旅官兵都有同南京共存亡的意愿，谁也不愿意南京保卫战就这样糊里糊涂的结束。我父亲召集了团以上军官开会，特邀了260旅旅长刘启雄、参谋主任刘云五等人参加。大家在决议上签名，表示共同负责，决定撤退。87师这支德式师尽管部队进行了四次补充，原先训练有素的中下级军官和士兵几乎损失大半，但依然建制完全，在此大混乱局面下，261旅凭借平素严格的训练和严明的军纪，没有溃散。12月13日凌晨2点，部队从阵地逐次撤退下来，派团第521团3营占领苜蓿园村到中山门一线，掩护阵地，阻止敌人跟踪追击。3时，大部队从中山门出发，有序地向下关撤退，沿途一片沉寂，马路上路灯照常亮着，玄武湖的霓虹灯一闪一闪的，谁会想到这就是南京大屠杀的前夜。当部队到达下关车站，遇到87师师部某副官才知道，军长王敬久、师长沈发藻12号下午已过江而去。他是沈发藻派来寻找师参谋长的。据这位副官说，在煤炭港码头师部控有一艘渡轮，于是我父亲继而奔向煤炭港。到达煤炭港流散在那里的官兵非常多，随即映入眼帘的是一片黑压压的人群，人声鼎沸，混乱极了。这时部队被冲散了，失去控制，87师261旅就是这样消耗殆尽了。这支装备精良、军纪严明、训练有素、接受过先进军事思想理念的部队，没有在战场上倒下，却在南京保卫战中因为决策失误而毫无价值的损失在溃退中。转眼成了光杆旅长的父亲，身边只有2名卫士、1个副官和特务排长等7人。在他们的帮助下到达了燕子矶。让我父亲感到诧异的是，跟着自己走的人越来越多，其中有警察、宪兵、各级军官、士兵，人数不下三四千人。原来我父亲身穿少将军服，他们都愿意听从父亲指挥。父亲想如果能把这些人组织起来，是一支不小的武装力量，也可背水一战。当即父亲在燕子矶派一部人在高地警戒，然后他命令军官先站出来，临时组织编制，刚刚进行不久，高地上枪声响起，原来日军已经追击而来。哄的一下，刚刚编制起来的士兵们四向逃窜。在紧急关头，父亲在卫士们的簇拥下，踏上一块门板顺江而下，后来门板倾覆，掉入江中，幸亏被教导总队士兵马振海救起，辗转过江，向徐州奔去。

三、攻占仪封寨，反攻兰封城

1938 年，国民党重新组建了 87 师，其番号依旧在国民党军序列中，仍归属 71 军。原军长王敬久调任，宋希濂任 71 军军长，我父亲仍任 87 师副师长兼 261 旅旅长。87 师师长仍是沈发藻。261 旅在洛阳进行了整训，平时训练多流汗，战时少流血，实乃古训。

1938 年 4 月，日军沿着津浦路南下，直取徐州，到达台儿庄附近。中国军队取得了台儿庄大捷。日军在此惨败后，改变进攻徐州作战计划，自 4 月下旬起，增调兵力 30 万人，计划构成多个包围圈，随后再逐步缩小包围圈，企图一举歼灭徐州战场的国民党野战军。日军为实现上述作战目的，又派土肥原的第 14 师团，由河南濮县渡过黄河南下，挺进陇海路，截断国民党军东进增援徐州之路。

1938 年 5 月上旬，土肥原 14 师团攻占了菏泽，顺势南下，企图占领仪封寨有利据点，掩护后续部队，向陇海铁路急进，截断我陇海铁路交通。261 旅接到命令去阻击日军的行动，在兰考葡萄架附近与日军先头部队遭遇，继而日军摩托化步兵增援上来，激战半天，300 余日军乘隙抢先占领了仪封寨。日军十分顽强，据点死守，于是我父亲集中了全旅所有的迫击炮、重机枪向仪封寨猛攻。这是 87 师 261 旅重组以来第一次战斗，官兵个个奋勇当先。一个步兵连迅速突入寨内，占领房屋做支撑点，掩护后继部队源源投入作战，扩大战果。战斗愈演愈烈，各种枪弹爆炸声，有如疾风骤雨，营长史孝堂身负重伤。经过半天战斗，寨内日军支撑不住，被中国军队消灭，小部分逃窜。中国军队顺利夺回仪封寨，缴获大量弹药和罐头食品，士气高涨。

5 月 23 日，原固守在兰封城第 27 军桂永清部 46 师旅长马威龙阵亡，部队溃退向西逃跑。桂永清知道丢失兰封城责任非同小可，乃命令临时归他指挥的 88 师师长龙慕韩增援上去，固守兰封城。88 师对日军的进攻招架不住，便自行决定撤出兰封城，打破了薛岳前敌总司令在兰封附近歼灭土肥原 14 师团的计划。（此战后，薛岳向军事委员会报告龙慕韩贪生怕死、贻误战机罪，龙慕韩被军法判处死刑，在武汉枪决。）

重夺兰封城的任务改归71军担任。兰封城城池面积不大，城垣不高，唯是四周地形开阔，不易接近。当时部署以71军军长宋希濂兼任88师师长，进攻兰封城西南部，87师则从城东北角进攻。5月25日黄昏，部队连夜挖掘交通壕，26日拂晓，总攻开始。集中炮火摧毁日军野战工事，火力掩护518团唐化南部爬城，三次冲锋，日军顽强抵抗。518团伤亡枕藉，没能获得一点突破，随又调整部署，将重野炮进行直接瞄准射击，打破城垣三处缺口，517团立即登城与敌军展开搏杀，一直战斗到黑夜。517团占领部分阵地。27日凌晨3点，日军突然向517团发动反扑进攻，战况激烈。随即518团的一个步兵营增援上去，经过两个多小时的战斗，天已黎明，始发现日军撤出兰封城，向黄河岸边三义寨逃窜。我父亲立即要521团张越群部跟踪追击，仅仅打到日军后撤掩护部队，而大部队向三义寨逃窜了。

这次战斗又缴获大量军用物品、上品军马20余匹，我父亲挑选出一匹最为壮实的送给军长宋希濂作为纪念，宋希濂十分高兴，诙谐的将此马取名“土肥原”，作为自己的坐骑。其余的军马、物品全部分配给全旅官兵使用。全旅官兵士气高昂，非常开心。这是87师重建以来的第一仗，牛刀小试，取得局部战斗胜利后，调回洛阳休整。兰封城的收复，使陇海铁路恢复了交通，被隔断于商丘的42列满载着重要物资的列车得以撤回到郑州。

战斗从9月18日一直打到10月下旬。日军始终没有拿下这最后的防线。我父亲1938年7月左胯骨旧伤复发（北伐战争期间攻打南昌城，父亲勇当敢死队队长时负重伤，当时医疗条件有限，遗留在身体里的弹片未能取出），重新做完手术后，躺在担架上随部队行动指挥战斗。87师261旅正是防守在小界岭，两路口南北之线，沙窝、小界岭、百雀园一带阵地是30军田镇南部和71军宋希濂部共同防守。

日军久攻小界岭不下，于是改变了进攻路线，在增加后续部队后，实施从潢川、罗山，向信阳进攻迂回包抄的作战方案。1938年10月12日，日军占领了信阳，迅速出平靖关，越过桐柏山，准备南下安陆、云梦、孝感、汉川等地，企图把武汉东北地区、大别山北麓作战部队全部陷进日军包围圈。10 月中旬，军部陈素农参谋长命令我父亲他们旅立即从小界岭撤退，向西突围，武汉会战又失败了。持续四个半月的武汉会战，最后因广州失守，武汉已失去战略上的作用。110 万国民党部队又往后方撤离。父亲落下滚滚热泪，深深为中国的前途担忧。

四、1942 年衢州保卫战

1941 年 12 月，太平洋战争爆发，美军将在我国东南沿海地区登陆，开辟第二战场，扩建浙江衢州飞机场势在必行。美军要利用扩建后的浙江衢州飞机场对日本本土东京、横滨、名古屋进行轰炸。日本朝野十分惊慌，严令日军驻浙东、杭州萧山等地日军摧毁衢州飞机场。

1942 年，父亲当时已改任 86 军中将副军长兼 67 师师长。67 师是属于陈诚土木系精锐部队，67 师营以上的军官全部是黄埔军校各期毕业生所担任。武器装备精良，在当时第三战区所属各师来说，是战斗力较强的部队。86 军 1941 年 12 月由浙江诸暨调到衢州担任衢州城飞机场守备任务，阻止日军破坏机场。1942 年 5 月 15 日，日军调动了 5 万兵力，同时从奉化、上虞、绍兴萧山方向出动。5 月 16 日，日军攻陷嵊县、诸暨，20 日又攻陷东阳、义乌，21 日永康也被日军占领。形势严峻，第三战区长官顾祝同下达 86 军所属的 67 师、16 师不惜任何牺牲守住衢州“拖住敌人、给敌以重大杀伤”的战斗命令。

5 月 27 日，日军攻占龙游，渡过信安江，溯江而上，向 16 师衢州城外围阵地进攻。29 日，16 师各个阵地被日军攻占，同时日军占领了通往常山、江山水陆交通要点双江口，形成对衢州半包围态势。形势十分急迫，日军兵临城下。29 日下午 5 时，86 军军长莫与硕以去航埠方面收容 16 师残部为由离开衢州城。（5 月 30 日，第三战区司令长官顾祝同发现莫与硕这一行动，命令他重返衢州城。莫与硕没能返回。蒋介石命令将莫与硕立即免职，后以贪生怕死、擅离职守罪被军法审判，判处有期徒刑 5 年。16 师师长曹振锋作战不力，予以撤职。）军长一离开，军部直属部队也相继撤离衢州城，造成衢州不守的错觉。于是城内炮兵部队装上车马装备出城，城内的各种机动车也争夺城门向外逃走。一时城内乱做一团，人人面上都是惊恐不安的表情。

我父亲从城外指挥所回城看到这种情况，南京保卫战溃退的情景又出现在眼前，如不立即控制局面，势必造成南京大屠杀一样的悲剧。悲剧绝不能再次上演。父亲立即出面调动警卫部队及时制止了这场混乱，控制住了局面，凭借平素在部队的威信，严明军纪，召集团级干部开会，并在全军进行政治动员，各作战单位也都填具守住所在阵地的保证书，并印发了蒋介石致第 86 军军师长电，分发到连级单位。这样的政治动员，确实提高了全军的士气，稳住了军心。

6 月 3 日，日军对衢州城进行全面进攻，缩小包围圈，出动了更多的飞机狂轰乱炸，所有阵地、野战工事和炮兵阵地多被敌机炸毁，连父亲指挥所里的三架无线电收发报机也先后被敌机炸毁，对外完全失去联系。是日午后 2 时许，日军有两股部队，每股约百余人，从衢州南门附近，在炮火、空军火力掩护下，冲入城内。经中国守军 16 师第 46 团团长谢士炎反复组织反击，打出去一股，另一股冲到南门军指挥所附近，经 67 师特务连连长高远举率部与日军肉搏多次，消灭了这股日军。高远举手脸都被日军刺刀刺伤，最后不幸中弹身亡。

6 月以来，衢州连日暴雨未停，一时间山洪暴发，信安江、乌溪河等大小河流都涨水，所有阵地工事都积水盈尺。从 6 月 3 日起，敌军从衢州火车站对南门我阵地不断发起冲锋，日军冲过来打出去三次，这天是衢州保卫战最为激烈的一场战斗。每个官兵都发扬了为民族而战的最大勇气，稳住核心阵地，轻伤不下火线。16 师参谋主任袁福荣及以下官兵 100 多人、67 师副团长李实及以下官兵 600 多人都阵亡了。日军在这场战斗中也付出很大伤亡。不到一千公尺的战场上血流成河，尸横遍野。

衢州保卫战已经进行了五昼夜。86 军先后伤亡官兵达 2200 多人。86 军处在四面包围之中，在对外失去联系的情况下，仍进行战斗，官兵同仇敌忾，情绪高涨。6 月 4 日晚，我父亲再一次召集部队长开会布置作战方案。

眼前日军已将86军围困得像铁桶一般，水泄不通，就是突围成功希望也不大，更不忍心将几百名重伤员遗弃在这里，他们的后果更悲惨。南京保卫战已证实了这点，日军是没有一点人性的。如何能对得起这些久共生死的袍泽，不撤退坚持下去，日军进攻得这样猛烈，城内储备的粮食、弹药已经不足了怎么办？等待增援部队来解围也没有希望，各种考虑都涌上心头。我父亲的心在激烈地跳动，在当前形势看来，撤退极易形成溃逃。眼前大雨滂沱，这是决定全军将士性命的时刻。一个大胆的设想涌上心头：利用大雨滂沱的深夜，丢掉重武器、骡马、车辆和特重伤员向外突围。衢州是个两面环水的城市，西靠信安江、北临乌溪河，连日暴雨河水猛涨，均宽在300—400米，深于3—5米，人员不能徒涉，只有东南两面狭小地带可走。于是指派一小部分兵力正面与敌人保持接触，其他部队一律到北门外飞机场集合，兵分两路向溪口方向一路经茅坪、孔家，另一路沿乌溪河南岸均向溪口突围。行动前每路组织破坏通讯小组，剪断日军电话线，抹掉敌哨。另组织能说日语的人员在部队前头，冒充皇协军调防，混出包围圈。

6月5日夜，大雨如注，凌晨1时许，86军官兵都身着雨衣雨帽，使人分不清真伪。部队前头主动用日语喊话，说奉命由胡村调去上叶，另有任务，一面应付敌哨盘问，一面快速行军。日军信以为真，居然一枪未放闯出日军包围圈。凌晨4点，已奔走30多华里路程，这时发现日军到处施放信号弹，好像已经发现中国军队突围行动。但这时部队已经安全进入了友军74军57师阵地。父亲在57师前沿阵地与74军军长王耀武通了电话，请他代向王敬久汇报并请示今后行动，86军就这样安全突围了。但衢州保卫战也就这样虎头蛇尾般结束了。

16师、67师全部安全闯出了日军铁桶式的包围圈，保存了67师这支从营以上军官都是黄埔军校各期毕业生、战斗力十分顽强的基本部队的战斗力。衢州保卫战充分体现出了我父亲的沉着冷静与机智勇敢。

（本文作者：陈颐鼎之子，曾任南京市红十字医院主管药师）

张文心参加一·二八淞沪会战和豫中会战

◇张素郧

张文心【1904 ~ 1995】

原名本汤，安徽巢县（今巢湖市）人，张治中之弟。日本陆军士官学校第19期步科、陆军大学第14期毕业。1931年任中央军校教导总队总队附兼2营营长，1932年1月参加淞沪抗战，后任中央军校第10期学生第2总队总队附。抗战爆发后任国民党第9集团军总部参谋，参加淞沪会战。1938年任中央军校长沙分校军事教育科长兼教导团长，1939年任第85军23师副师长，1943年2月任第85军23师少将师长。1944年4月参加豫中会战，7月任第85军副军长。抗战胜利后参加内战，1948 年 12 月 15 日在淮海战役中被俘。后任江苏省政协委员，民革中央委员兼祖国统一工作委员会副主任，南京市政协副主席。1995 年 7 月 27 日在南京病逝。

一·二八淞沪会战中，时任国民党中央军校教导总队营长兼教官的张文心，受到长兄张治中爱国情怀的感染，毅然率部奔赴抗日战场。他先后参加一·二八淞沪会战和豫中会战等战役，指挥爱国官兵沉着应战，与敌人展开白刃战，奋勇拼杀，留下彪炳史册的光辉战绩。

参加一·二八淞沪会战

九一八事变后，日寇狼子野心，不断侵吞中国。1931 年 1 月 28 日，日本海军陆战队突然对上海闸北进行夜袭，驻在上海的十九路军首当其冲，奋起抵抗。但孤军作战，势难持久。我的大伯张治中时任中央军校教育长，对此十分焦虑，遂向蒋介石表态，愿意亲自带领中央部队参加淞沪抗战，支援十九路军，并立下遗书，表示尽忠国家的最大决心。我父亲张文心时任中央军校教导总队营长兼教官，受到长兄爱国情怀的感染，奉军令奔赴战场。

◇一·二八淞沪前线

2月16日上午9时，教导总队由南京和平门登车出发，到达南翔时，不料遭敌机袭击，有一弹投中一位副排长身边，顿时血肉模糊，惨不忍睹。全营官兵见状，无不义愤填膺，誓报血耻！2月17日，父亲所在营奉命担任狮子林炮台防务任务，以一个营的兵力要防守四五十里长的阵地，兵力显得极其薄弱。2月29日佛晓，十几架日军敌机在狮子林上空进行轮番轰炸，阵地工事大片被毁。敌机轰炸时，欺负中国军队无空防设备，低飞至离地面仅百米。父亲带领官兵战士在战壕内沉着应战，对空射击，击中多部敌机要害，敌机冒着浓烟一摇一晃地向东飞行，坠毁在不远的地方。自此，敌机便不敢低飞了。

2月30日，日军又派了10余架飞机到狮子林上空轰炸，同时有敌舰两艘拖着20余只驳船，凭借飞机做掩护，强行登陆。父亲带领守在战壕内的官兵，沉着不动，等待敌船靠近岸边时，方用步机枪进行密集射击，给日军以迎头痛击。少数偷偷上岸的敌人，也被中国守军用手榴弹和刺刀肉搏，予以消灭。在这次战役中，父亲手下防守炮台的一连官兵，死伤四五十人，表现了英勇奋战，前仆后继，义无反顾的牺牲精神。

参加“豫中会战”之密县战役

1944年4月中旬，日军在豫中、豫东发动进攻，我父亲时任31集团军23师师长，受命接防密县，阻止日军西进。第23师的绝大多数官兵，在抗战初期台儿庄会战时曾与日军血战过，原师长李必蕃英勇阵亡，大家对敌旧恨记忆犹新，早就想要为已殉国的战友报仇。父亲在一·二八与日寇血战的经历，以及父亲的三哥张本禹，在抗战初期的南口战役中壮烈牺牲，此时国仇家恨，齐集于心，誓与敌人拼个你死我活。因此，全师官兵上下一心，士气极为高涨！

密县战役，自1944年4月19日至23日，共经历五昼夜，前三日为前哨站和前进阵地战斗，从22日起，则为密县城郊主阵地之战。

4月22日佛晓，日军约五六千人借炮兵掩护，向密县城郊五里店阵地进攻。父亲带领的23师在密县城郊做好了部署，以6000名士兵坚守防御，3000人为总预备队。由于父亲所带军官士气旺盛，且所处地形有利，激战半日，日军始终未能越我阵地半步。下午，日军倾巢出动，父亲带领的官兵，视死如归，几度与日军展开白刃战，日军遗尸累累，不支而退。

4月23日，日军出动六架飞机对我父亲所在阵地轮番轰炸，下午日军得到增援至万人，父亲的23师阵地一度被突破。父亲沉着应战，指挥官兵与日军展开激烈肉搏，激战至黄昏，忽然发现一股日军约五六百人向我方阵地右后方急进，若不火速阻止，则23师阵地将有被日军包围的危险。于是，父亲急速派总预备队仅有的一个营，组成敢死队，配合师直属部队几个连，分进合击，将这股日军全歼。

与此同时，在城郊战场，占优势兵力的日军，不断侵入23师主战场。父亲指挥爱国官兵，与日军短兵相接，展开手榴弹和白刃战，喊杀之声，惊天动地！这次战斗，异常惨烈，23师以牺牲1000余人的代价，最终守住了阵地。

父亲带领23师英勇作战五昼夜，汤恩伯总部除去来几封嘉勉电文外，不派一兵一卒增援，也不做新的指示，而其他友邻部队早已逃之夭夭。23师在面临围歼的困境下，父亲只好决定当夜向预定地点突围，再待新的命令。至此，中原会战中仅有的一个真枪实弹与敌血战的战役——密县战役，就这样结束了。次日，日军占领密县，短短数日，共残杀居民452人，烧毁民房1600间。日军在侵占密县期间所犯下的滔天罪行，将永远铭记在新密人民心中！而我们民族的历史，也将永远铭记这些为国捐躯的英勇将士们！

1944年的密县战役，父亲在前方卫国，母亲带着孕身与军眷家属们在后面跟随。我于1944年出生在河南距离密县不远的郧县山洞里，当时一颗敌军炮弹正好在山洞门口爆炸，导致我一只耳朵失聪。我的出身，见证了这场浴血的卫国战争，父亲赋予我的名字“郧”。

我一直记得，父亲晚年常常提起那1000多位在密县战役中为国捐躯的官兵，希望在密县的青屏山能为他们树立一块英雄纪念碑，让后人铭记历史。

（本文作者：张文心之女，南京师范大学退休教师）

为了不被忘却的纪念
——编后记

在庆祝中华人民共和国成立 70 周年之际，《我的父辈在抗战中》（三）一书，经过抗日战争纪念馆编委会同志们的辛勤努力付梓出版了。本书主要是部分当年参加抗日战争的国共两党高级将领的 35 位后代撰稿，他们记忆和撰写那段战争岁月的经历和由此延伸开去的人生过往。

在编纂整理过程中，撰稿者大都八十开外，每一篇文稿的形成都是他们心血的结晶，殊为不易，在此向他们致以崇高的敬意和感谢。我们坚持以史料性为主，突出生动可读原则，对每篇文稿进行了适当的打磨和完善，在核准史实的基础上保持了原稿的语言风格和特点。

我们编写此书的目的是为了沿着抗战将领的心路历程去探索他们的初心，这对青少年在当前学习抗战史是有一定教育意义的，本书作者提供了许多图片，有的是第一次与读者见面，具有重要史料价值。

《我的父辈在抗战中》（一）、（二）的出版深受广大读者的喜爱，相信本册同样会得到读者的青睐。《我的父辈在抗战中》（一）、（二）、（三）作为抗战的一部历史读物，广大读者能借助这批史料文献，增进对抗战历史与之相关的战斗经过的认识和了解，将有助于更好传承发扬中华民族不屈不挠的斗争精神。我们非常希望广大读者，通过阅读本书，能够加深对抗战精神的深入理解和认识，深切体会到抗日将士们为了民族尊严和国家利益，不怕牺牲，克服困难，勇于胜利，从中受到一些教益和启迪，弘扬抗战精神，更加积极地投身建设、改革事业和实现中国梦的伟大实践中去。这是我们编辑出版本书的出发点。

本书在出版过程中得到了中共党史出版社的大力支持，感谢社领导、专家和编辑为书稿的审读、修改和编校所付出的艰辛劳动。

由于本书中涉及人物较多，并受资料、记忆等方面的限制，会有一些疏漏之处，希望广大读者提出宝贵意见和建议，以便我们再版时修改完善。

王太和

2019 年 8 月 15 日